幼 儿 园 工 作 必 备 手 册

幼儿园保育工作手册

YOU' ERYUAN BAOYU GONGZUO SHOUCE

梁雅珠 陈欣欣 主编

人民教育出版社
PEOPLE'S EDUCATION PRESS
·北京·

图书在版编目（CIP）数据

幼儿园保育工作手册 / 梁雅珠，陈欣欣主编. —北京：人民教育出版社，2016.8
（幼儿园工作必备手册）
ISBN 978-7-107-30951-9

Ⅰ. ①幼… Ⅱ. ①梁… ②陈… Ⅲ. ①幼儿园—工作—手册 Ⅳ. ①G617-62

中国版本图书馆 CIP 数据核字（2016）第 203820 号

幼儿园工作必备手册 幼儿园保育工作手册

出版发行 人民教育出版社
（北京市海淀区中关村南大街 17 号院 1 号楼 邮编：100081）
网 址 http://www.pep.com.cn
经 销 全国新华书店
印 刷 北京天宇星印刷厂
版 次 2016 年 8 月第 1 版
印 次 2017 年 11 月第 4 次印刷
开 本 787 毫米 × 1092 毫米 1/16
印 张 20.75
字 数 260 千字
印 数 20 001～26 000 册
定 价 39.80 元

编写说明

幼儿园保育工作非常重要。这不仅仅是因为我国幼儿在园时间普遍较长，平均每周50小时左右，更是因为对于3~6岁的幼儿而言，他们的身体能否得到健康发育，他们的心理能否得到精心呵护，他们在幼儿园的生活是否有“质量”，直接与保育工作息息相关。从这个意义上来说，保育工作不但与教育工作同等重要，甚至更为重要。

令人担忧的是，在幼儿园实际工作中，大量存在着“重教轻保”的状况。许多人认为保育工作只不过就是搞搞卫生，“伺候”幼儿的吃喝拉撒睡，没有专业性可言。这种认识致使许多刚刚走上幼儿园工作岗位的年轻教师对保育工作存在着抵触情绪，甚至不愿意从事保育工作。

实际上，要想做一名称职的幼儿教师，首先要做好一名保育员。只有通过日复一日对幼儿耐心细致的观察和照顾，教师才能逐渐加深对幼儿的了解，积累保教经验，树立责任意识。这也是新手教师上岗时必须先从保育工作做起的原因。教师在保育工作中所展现出的关注、敏感、友好、支持等专业素质，也同样是在教育工作中必须具备的。

此外，随着现代医学模式的发展以及教育观念的转变，保育工作的理念与实践也在发生着很大的变化。保育工作的范围越来越广泛，涉及幼儿园保健管理、膳食营养、健康检查、消毒隔离、疾病预防、教育工作、安全工作、家长工作等多方面的内容。保育工作越来越需要集实践经验和专业知识为一体，越来越具有专业性。因此，即使是对于经验丰富的保育员或教师而言，其保育工作的专业技能和水平也需要不断学习和提高。

近年来，随着我国幼儿教育事业的蓬勃发展，适龄幼儿的入园率不断提高，为幼儿提供高质量的幼儿园保育越来越受到广大幼儿教育工作者和家长的重视。为此，本书以幼儿园一日生活为线索，力求通过活泼的文字、简明的图例、生动的案例，帮助广大教师和保育员更加深入了解幼儿园保育工作的基本内容、各个环节的具体要求和操作规范，解决保育工作中遇到的实际问题，使他们更加明确哪些保育行为是适宜的，怎样做才能有利于幼儿身体和心理的健康发展。

本书主编为北京市教育科学研究院早期教育研究所原所长、学前教育专家梁雅珠，北京妇幼保健院儿童保健科原主任、主任医师陈欣欣；副主编为北京市教育科学研究院早期教育研究所教研员孙璐；编委为郝建秋、成勇、彭迎春、苏健、池朝铭、曹雪梅，他们都是多年从事幼儿园保教管理工作的园长；作者均为多年从事幼儿园保育指导工作的研究者和实践者。其中，第一章由吴超、孙然撰写；第二章由杨意、成勇撰写；第三章由孙然、刘辉撰写；第四章由孙然撰写；第五章、第六章由杨意、成勇撰写；第七章由吴超、孙然撰写；第八章由成勇、杨意撰写；第九章由翟立明撰写；第十章由吴超撰写；第十一章由吴超、孙璐撰写；第十二章由窦海玲、房玮婧撰写；第十三章、第十四章由窦海玲撰写；第十五章由翟立明撰写。

本书内容集中体现了北京市众多优秀幼儿园在保育工作中多年积累的、行之有效的做法，它既可以作为新教师和保育员手头常备的工具书，也可以作为幼儿教师的上岗培训和继续教育教材。在具体使用本书时，广大幼教工作者不应拘泥于条条框框，而是要结合本园的实际情况和管理要求灵活加以运用。希望本书的出版能够对当前幼儿园的保育工作起到积极的促进和指导作用。书中如有不妥之处，敬请读者批评指正。同时，在此谨对为本书的编写工作提供大力支持的解放军总政治部幼儿园（除标明出处的照片外，本书所有照片均由解放军总政治部幼儿园提供，在此特别表示感谢）、北京市东华门幼儿园、北京市第三幼儿园、北京市六一幼儿院、北京市第一幼儿园附属实验园、北京市东城区卫生局第一幼儿园等表示诚挚的感谢！

编者

2015年12月

目录
Contents

第一章

入园环节的保育工作

学习目标

1. 掌握幼儿入园前教师需要做好的各项准备工作，包括上岗前的准备、通风、调节温度和光线等。

2. 掌握幼儿入园后教师的保育工作内容，如接待幼儿和家长、晨检、组织晨间活动等。

3. 了解入园环节常见的保育问题及对策。

俗话说：一日之计在于晨。入园，是幼儿在园一日生活中的第一个环节，也是最重要的环节之一。温馨、愉悦、有序的入园环节会为幼儿带来美好的一天，而及时、到位的保育工作则是开启这美好一天的首要条件。因此，每天早晨幼儿来园之前，教师都要做好入园的准备工作，如洗手、换服装、开窗通风、清扫活动室、准备盥洗用品和饮用水、接待幼儿和家长等。可见，入园环节涵盖了大量保育工作的内容。正是因为有了教师认真细致的保育工作，才为幼儿在园的一日生活提供了安全、健康、快乐的环境。

一、上岗前的准备

（一）清洗双手

教师按正确的洗手方法洗净双手。洗手后要用已经清洗、消毒、晾晒的教师专用毛巾擦干双手，并将毛巾挂在指定挂钩上。

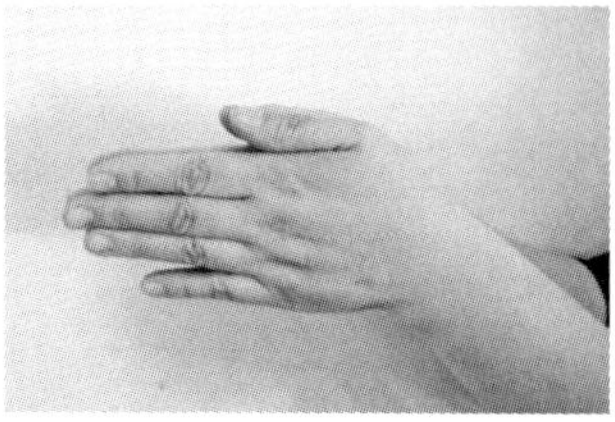

① 掌心相对，手指并拢，相互揉搓

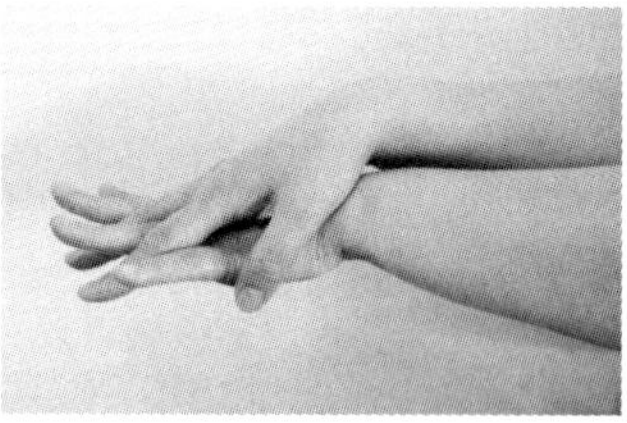

② 手心对手背沿指缝相互揉搓，交换进行

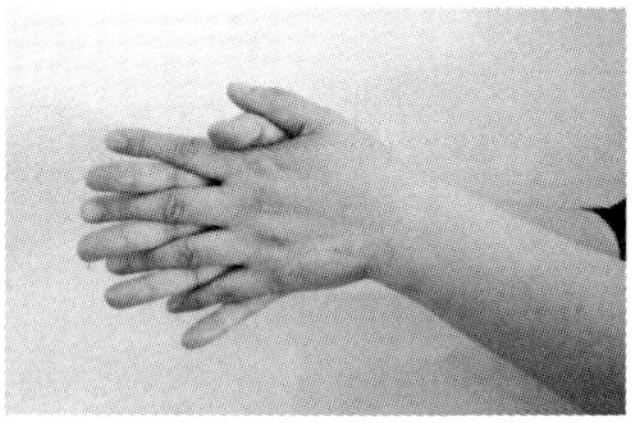

③ 掌心相对，双手交叉指缝相互揉搓

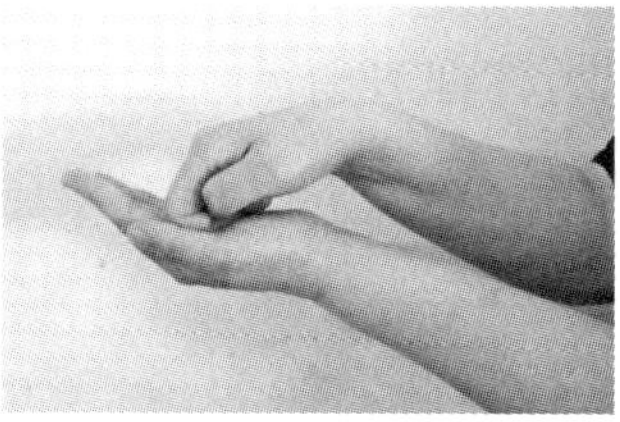

④ 弯曲手指，使关节在另一手掌心旋转揉搓，交换进行

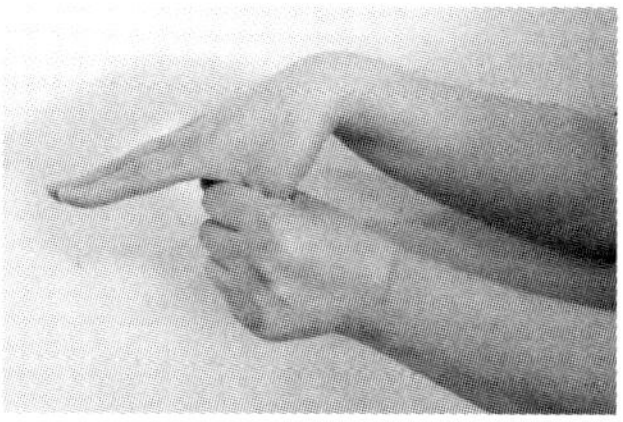

⑤ 一手握住另一手大拇指旋转揉搓，交换进行

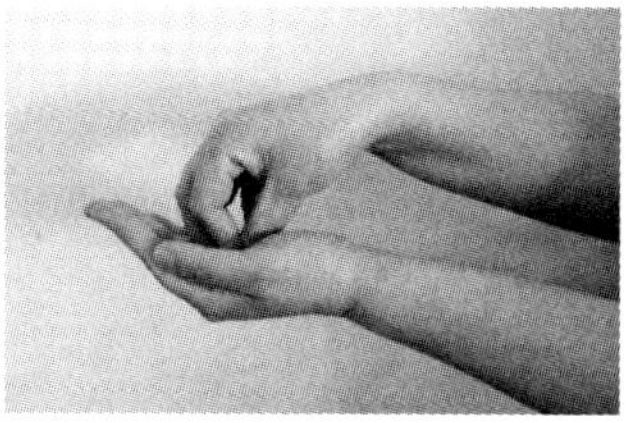

⑥ 将手指尖并拢放在另一手掌心旋转揉搓，交换进行

图1-1 洗手六步法

（二）整理仪容仪表

教师要和幼儿们朝夕相处，照顾他们的饮食起居，和他们一起游戏、运动，因此，教师的工作服装既要美观、得体，让幼儿感到亲切、喜爱，还应便于活动和清洗。低胸、紧身的服装和超短裙、高跟鞋是不适宜穿着的。

爱美之心，人皆有之。教师可以化自然的淡妆，但是化浓妆、喷味道强烈的香水是绝对禁止的。戒指、耳环、项链、尖锐的发卡、镶有玻璃或钻石的饰物有可能伤害到幼儿，也不适宜工作时佩戴。

另外，为了全心投入工作，教师带班期间不应随身携带手机，应把手机调成振动放入教师储物柜中或其他指定位置，把工作单位电话号码留给家人。亲友如有紧急事情可拨打幼儿园传达室电话。

（三）保持愉快的心情

在正式开始工作之前，教师不妨先对着镜子给自己一个大大的微笑，让一天的工作在愉快心情的伴随下开始。当然，要想做到精神百倍地工作，必须要保证每天晚上有充足的睡眠，并且吃好早饭。否则，就算再怎样给自己加油鼓气，也是无济于事的。

需要特别注意的是，教师如果出现身体上的不适，如发热、腹泻、腹疼、血压偏高或偏低等，应及时向保教管理者和保健人员说明。特别是前一天晚上出现发烧、腹泻等症状时，一定要及时就医并在家休息。

二、活动室的通风、温度与光线

（一）通风

经过一整夜的门窗紧闭后，屋子里会有股特殊气味，打开窗户，污浊的空气就会顺窗而出，有效改善室内空气。因此，幼儿来园前教师必须先开窗通风。活动室、睡眠室、盥洗室、卫生间都要开窗通风以保持室内空气清新。

新鲜的空气不但对于幼儿的健康很重要，对幼儿学习的表现也有着重要的影响。在二氧化碳浓度较高的活动室，幼儿的注意力容易涣散，情绪也比较急躁；如果长期生活在这样的空气中，对教师和幼儿自身的健康状况也是不利的。

表1-1　不同季节开窗通风的注意事项

温暖季节	·春、夏、秋季，在外界温度适宜、空气质量较好的条件下，应全天持续开窗通风。 ·遇到阴雨天气或温度较低时，可分时段开窗通风，每天至少开窗通风两次，每次至少20分钟。

续表

寒冷季节	·每天至少开窗通风两次，每次至少20分钟。 ·在房间较大、室外无风或天气较暖和的情况下，可延长开窗通风时间至30分钟以上。 ·房间较小或房屋南北通透的情况下，开窗时间可稍微短一些，但不能少于15分钟。 ·天气寒冷时，开窗会使室温迅速降低，为预防幼儿因温度骤降患病，可利用幼儿户外活动的时间开窗。如果通风时幼儿仍在室内，最好提前给幼儿添加衣服。
特殊情况	·在天气状况不佳的情况下，教师可以选择最佳的开窗通风时间，一般为上午9~10点和下午3~4点。 ·遇到雾霾和风沙天气时，应根据天气变化的情况选择开窗时间。 ·临街的窗户应在过往车辆较少时打开。

（二）温度

应保持适宜的室内温度。温度计应悬挂在活动室正中的位置上，以保证测量结果的准确性。不要把温度计悬挂在空调、窗子附近或活动室的边远处。

冬、夏季节里可以通过暖气、空调等调整室内温度。冬季室温应保持在18~20℃之间，夏季室温应保持在24~26℃之间。教师要科学地使用空调、暖气、电风扇等设施，不要把室内温度调得太低或太高。一般情况下，室内与室外温度之差不要超过7℃。

即使在寒冷的冬季，教师也不要让室内温度过高。同时，还要保持适宜的湿度。一般来说，室内湿度保持在45%~55%是比较适宜的，并且可以有效抑制流感病毒的存活。这是因为，在干燥的环境里生活，容易诱发幼儿鼻出血。而且，如果室内温度过高，幼儿全身毛孔开放，遇到冷气时，毛孔不能迅速收缩阻挡冷风的侵袭，容易着凉。室内温度过高还会导致室内湿度过低。室内湿度低，会造成呼吸道黏膜干燥，纤毛运动能力下降，对病毒、细菌的抵御能力减弱，易患呼吸道感染。

（三）光线

正常天气情况下，室内最好是自然光线。这样能使幼儿感受到每个季节、每天的不同时刻中自然光线在室内的变化，开启他们对色彩和光线的感觉。过强或过暗的光线对幼儿的视力和情绪都会有不良的影响。在阴雨天等室内光线较暗的情况下，要及时开灯；在夏季日光照射强烈时，要摇下百叶窗或拉上遮阳纱帘。

一些教师在布置活动室环境时，常喜欢在门窗的边框上垂吊一串串自制的挂饰，这样做会使采光不好的活动室显得更加黯淡。这种情况下，保证室内充足的光线远比美观更加重要。

教师加油站

开窗通风与幼儿健康

通风可以促使空气流动，让室外新鲜的空气和室内污浊的空气互换，有效稀释室内有害气体或病菌的含量，达到净化空气的目的。同时，通风还能调节室内的温度、湿度，使人们在室内感觉更加舒适。

由于人体不断呼出二氧化碳，因此，除了灰尘、家具、地板所散发的有害气体之外，人体也是室内的一个污染源。因此，室内的幼儿数量越多，就越要注意通风。而且，幼儿的肺正处于发育之中，在相同体积的情况下，幼儿呼吸到肺里的空气要比成人多，而幼儿在室内度过的时间大约要占到70%以上。因此，良好的通风对于幼儿的健康十分重要。

一项对于幼儿园不同通风方式的调查研究表明：自然通风是预防幼儿传染性疾病的最佳方式。自然通风除了增加室内氧气、保持空气清新外，还能有效预防幼儿哮喘、过敏、呼吸道疾病的发生。而在那些使用空调频率较高的幼儿园里，幼儿传染性疾病的发病率就较高。

当幼儿园发生传染病时，教师应在保健人员的指导下增加通风的次数和时间，必要时可采用空气消毒器等辅助设备进行空气净化消毒。

三、活动室的清洁卫生

（一）活动室

一般情况下，幼儿入园前，教师要用清水对地面以及所有幼儿接触到的物体表面进行清洁。预防传染病或传染病期间可以使用适当的消毒液进行清洁。活动室的清洁卫生标准主要有如下几条：

1. 活动室地面整洁，无垃圾，无污渍；
2. 门窗玻璃干净透亮，纱窗无积尘，门窗框无灰尘；
3. 墙面干净；
4. 室内家具摆放整齐，无尘垢；

图1-2 幼儿活动室

5. 玩教具归位，摆放有序，清洁无尘。

（二）睡眠室

睡眠室是幼儿睡眠的场所，应达到以下几条标准：

1. 家具设备摆放整齐，无灰尘；
2. 床单平整干净，被子折叠大小与床铺宽度一致；
3. 枕头平放在被子上，枕巾正面朝上，平整；
4. 幼儿备用衣物清洁，叠放整齐；
5. 墙壁干净；
6. 灯罩无灰尘。

图1-3　幼儿睡眠室

（三）盥洗室

盥洗室是幼儿洗手、洗脸、大小便，以及教师清洗各种幼儿物品的空间，应做到以下几条标准：

1. 地面洁净、干燥、无积水、无污渍；
2. 垃圾桶内无垃圾；
3. 毛巾架、水杯架、饮水桶表面洁净无污渍；

4. 门窗框无尘垢；

5. 墙面、镜面干净无水渍；

6. 洗手池洁净无油腻，下水道处无头发、无污物、无堵塞；

7. 便器刷洗干净，无尿碱、无异味、无苍蝇。

图1-4 幼儿盥洗室一角

四、保障幼儿的安全

幼儿入园前，教师要对以下物品进行检查，全面排除安全隐患，需主要做好以下几方面的安全检查工作。

1. 家具：摆放是否平稳，以免倾倒砸伤幼儿；窗前不要摆放床、桌子、椅子等能帮助幼儿爬窗的家具物品。

2. 木制桌椅：有无钉子凸起现象，以免刮伤幼儿；根据幼儿的身高调节桌椅高度。

3. 玩具：关注玩具的安全性和适宜性；玩具的小部件是否牢固，

以免脱落被幼儿误食。

4. 用电：检查电器插座是否漏电；外接电源线板是否外露在幼儿能触摸到的地方，以免幼儿触电；插座和接线板的高度不能低于1.6米。

5. 地面：检查活动室、睡眠室、盥洗室、卫生间地面有无积水、是否湿滑，以免幼儿滑倒跌伤。

6. 洗消用品：检查洗涤灵、洗衣粉、消毒水、洁厕灵、去污粉等洗消物品是否已经锁在柜子里或放在幼儿拿不到的地方，以免幼儿误食。

7. 刀具：是否已经锁在柜子里或放在幼儿无法拿到的地方，以免伤到幼儿。

8. 开水瓶和教师茶杯：检查班级中的开水瓶和教师茶杯是否已经锁在柜子里或放在幼儿无法拿到的地方，以免烫伤幼儿。

9. 自然角：检查动植物有无死亡、腐烂，如有发现要及时清理，以免污染环境。

10. 灭鼠灭蟑药品：节假日投放的灭鼠灭蟑药品要及时清除。

五、幼儿盥洗用品与饮用水的准备

（一）擦手毛巾的准备

教师将清洗、消毒、晾晒好的毛巾从毛巾架上逐一摘下，放在清洁好的桌面上一块块铺平、叠摞，将其放置在盥洗室中方便幼儿自由拿放的指定地点，供幼儿洗手后取用。教师可以和幼儿一起讨论“干净毛巾放在哪里？”“小朋友洗手后怎样取用？”等问题，引导幼儿主动参与常规的制定，这对培养幼儿主动遵守常规是非常有益的。

（二）洗手肥皂、厕纸的准备

教师要检查盥洗室内的洗手肥皂、卫生间里的厕纸是否充足够用。如果幼儿使用洗手液洗手，教师要检查给液器是否能正常使用，给液器中的洗手液是否充足，用量不足时要及时补充。

投放肥皂和厕纸时，教师要充分考虑幼儿年龄特点。对小、中班幼儿来说，他们的手小，拿一整块肥皂洗手会有困难，教师可将肥皂切成两份或四份，以便幼儿使用。同样，小班和中班初期的幼儿还不能很好地自己撕取厕纸，教师应将厕纸剪成适宜的长度，一张张摞放整齐后放入厕纸专用盒（筐）中。因为入园准备环节中，教师的工作琐碎、时间有限，教师可以提前剪好一定量的厕纸，放在洁净的塑料袋中储存、备用。

图1-5　幼儿厕纸的准备与使用

（三）幼儿饮用水的准备

幼儿饮用水的准备时间各园的安排不同，大多数幼儿园会在前一天幼儿离园后，往清洁后的饮水桶中注入热开水，并将饮水桶的桶盖盖上、锁好，以备第二天幼儿饮用；也有些幼儿园会在晨间做入园准备时将温开水注入饮水桶中，以备幼儿来园后饮用。

幼儿饮用水的水温要符合幼儿安全的要求，水温以滴在成人手背上不烫为宜。教师打开饮水桶龙头后用手背试试饮用水的水温，需要特别注意的是，教师的手一定不要触碰饮水桶龙头的出水口。如果水温过烫，教师要打开饮水桶的桶盖进行降温。饮水桶开盖后，教师要在桶口盖上消毒后的专用纱布，以防止飞尘、异物落入桶中污染饮用水。开盖降温后，特别是幼儿入园前，教师要及时将饮水桶的桶盖盖好、上锁，并清洗、消毒专用纱布。如果水温过凉，教师要向桶中补充一定量的热开水。教师还应及时将水温过烫或过凉的情况反映给保教管理者和保健人员，幼儿园可从管理层面调整备水、注水时间。

幼儿园春夏和秋冬季节使用的饮水桶的保温功能是不同的。一般来说，秋冬季节用桶的保温层更厚，保温效果更好。因此，教师要依据季节变化和温度状况及时更换饮水桶，尽量减少开盖降温的机会。

温馨提示

- 幼儿的水杯和毛巾要做到一人、一杯、一巾，以有效杜绝传染病的发生。
- 教师在为幼儿准备盥洗用品及饮用水前，要用肥皂或洗手液在流动水下仔细洗净双手。

六、接待幼儿与家长

（一）接待幼儿

由于种种原因，早晨来园时幼儿的情绪状态常常各不相同，有的愉快、有的不安、有的悲伤……此时的情绪好坏，会直接影响到幼儿参加各项活动的兴趣，更会影响到幼儿在园一天的生活。如果教师态度积极，同伴情绪愉悦，幼儿会受到感染；如果教师态度冷漠，班级气氛紧张，幼儿的情绪也会变得低落，甚至不愿入园。教师的情绪、态度对幼儿有很大的感染作用，因此，入园接待时，教师在与幼儿见面的最初一刻就要让幼儿感受到温暖与关爱，感受到教师喜欢他（她）、在等他（她）、欢迎他（她），由此他（她）也会喜欢教师，喜欢幼儿园生活。

（二）接待家长

幼儿相对集中来园时，带班教师要站在活动室门口，面向幼儿和家长来的方向，看到幼儿和家长迅速迎上去，面带微笑，主动向幼儿和家长问好，耐心倾听家长的嘱托，对双方需要及时沟通的问题交换意见。在家长离开时，教师要提醒幼儿对家长说“再见”。保育教师应在活动室内配合带班教师引导已入园的幼儿进行晨间活动。

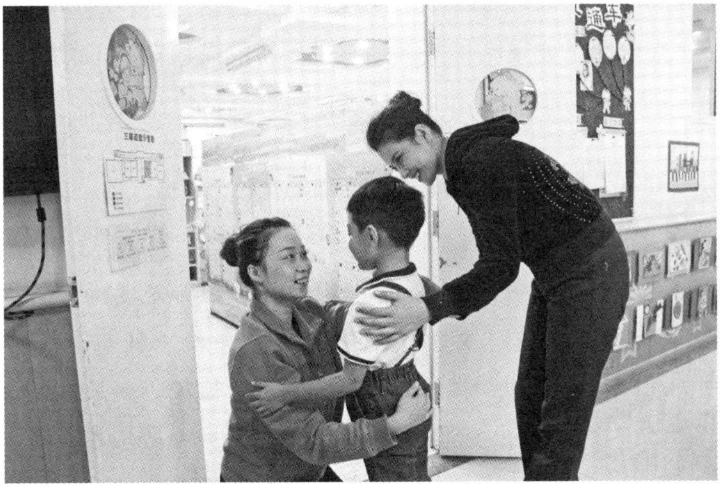

图1-6　教师在接待幼儿和家长

（三）物品交接

教师要细心与家长交接幼儿的衣物。进入活动室时，如果需要脱减衣物，教师应指导家长在活动室门口帮助幼儿脱下多余的衣服，摘下帽子、围巾、手套等物品，并将脱下的衣物叠好，存放在幼儿相应的储物柜中。如果家长带来备用衣裤，交接后请家长一并放入幼儿储物柜中。入园接待时，教师还应注意检查幼儿是否携带贵重物品入园，如果发现，一定要在有他人见证的情况下将其退还家长，让家长带出园。教师需叮嘱家长不要在幼儿储物柜中放置幼儿衣物之外的物品，特别是贵重物品。

（四）注意事项

因入园时间紧凑，人员往来密度较大，教师还要组织已入园的幼儿进行活动，所以，教师不宜在入园接待时与家长进行长时间的沟通。但是为了更加细致地做好保育工作，避免家园信息沟通不畅，教师可以提前制作、准备好“爱心小纸条”，家长有什么需要特别关注的事情，或对孩子有什么不放心的地方，都可以通过“爱心小纸条”来传达。如果家长或教师有进一步的沟通需要，教师可和家长另外商议、约定交流时间。

保育问答

问题：

要同时倾听来自几位家长的嘱托，应接不暇怎么办?

幼儿入园接待环节，教师既要向家长询问幼儿的情况，又要听取家长有关餐饮、服药、如厕等方面的嘱托，常会出现应接不暇的情况。如果教师记不清家长嘱托，就会失信于家长，也影响幼儿在园的正常生活。教师可以在家园联系栏中布置反映幼儿一日生活情况的互动栏目，如“把您的担心告诉我”“今天我便便了”“宝宝生活共同关注”等，将准备好的幼儿名卡放置在栏目旁边，家长可在相应栏目中插上幼儿的名卡。入园环节结束后，教师可仔细查看家长的嘱托，帮助家长解决问题，照顾好幼儿生活。

七、晨检

晨检非常重要，它可以帮助教师在第一时间了解幼儿的健康状况。每天清晨，幼儿要在幼儿园门口或大厅中接受保健人员的入园健康检查。确定幼儿身体基本健康、适合在集体中生活后，才能够允许幼儿进班。班级教师应配合保健人员进行幼儿进班时的晨间健康检查，发现问题及时处理。教师若发现有异常情况，应及时针对具体情况采取措施，以保证幼儿的健康。

晨检时，教师要在家长送幼儿进班的时候，很快地对幼儿进行从上到下的全面观察，一般按照下列方法进行。

（一）看

1. 看幼儿的精神状态

清晨，幼儿最易表现出饱满的精神状态，如果幼儿出现表情不悦、双眼无神、无精打采、不爱说话、依恋家长不愿意进班等表现时，教师就要询问家长幼儿昨晚睡眠情况如何，是否有身体上的不舒服，或者出现情绪问题等。

如果幼儿是由于睡眠不足出现的精神萎靡，教师要告知家长保证幼儿充足的睡眠，每晚按时上床（以不超过9点为宜）；睡前不要过度兴奋，睡前一小时不再吃食物；盖被适当，不要过厚，夏季要关注卧室是否有蚊蝇等。

如果是由于幼儿不舒服引发的精神状态不佳，教师就要检查幼儿是否发热，并且请家长带幼儿到保健室使用温度计测量体温。

2. 看幼儿的面部

看幼儿皮肤是否正常红润，有无划伤、红疹，眼睛的白眼球是否泛红，面部有无肿大，双面颊是否对称等。

（1）如果幼儿面部出现异常泛红，教师就要询问家长幼儿回家后进食的情况，以及擦脸油是否第一次使用，判断是否由过敏引起，严重者应送保健室请专业人员处理。

（2）如果幼儿面部出现红疹，排除过敏后，还要询问家长幼儿是否发烧，查看幼儿身上是否也有红疹，如果判断不了送保健室请专业人员处理。

（3）幼儿面部出现划伤时，一定要与家长沟通，了解外伤的原因，让家长仔细查看幼儿划伤的形、色，以及是否肿胀，避免出现纠纷；同时，和家长协商是否需要由教师带幼儿到保健室进行消毒处理。教师还需要全天观察幼儿划伤部位的情况，必要时请保健人员处理。

（4）幼儿眼睛白眼球泛红，还有眼屎，教师需首先判断幼儿是否患了传染性结膜炎，也就是“红眼病”，请家长带幼儿到医院诊治，不能进班。

（5）幼儿出现面部不对称，双耳下方明显肿大时，教师要考虑幼儿是否患了腮腺炎，请家长带幼儿到医院诊治，不能进班。

3. 看幼儿的肢体运动

在家长领幼儿进班的过程中，教师应观察幼儿肢体活动是否正常，如果有走路不稳、自述下肢疼痛等情况，教师应加以重视，了解情况。

首先，了解幼儿从幼儿园回家后是否出现过外伤，必要时请幼儿园保健医出面处理。其次，了解幼儿疼痛的时间和部位，单腿疼还是双腿都疼；如果只是膝关节周围或小腿前侧疼痛，这些部位没有任何外伤史，活动也正常，局部组织无红肿、压痛，那么有可能是“生长痛”；教师当日要避免幼儿做剧烈活动，并加以观察。

表1-2 幼儿患有常见急性病时的面部特征

脸部整体	苍白、泛红、黄疸、浮肿
眼	眼屎、红眼、眼皮肿
耳	耳朵有湿疹、耳朵下面肿大疼痛
鼻	鼻涕、鼻下有脓、鼻血
唇	唇肿干裂、发紫、口角破裂
脸颊	发红、红斑、湿疹、淋巴或耳朵下面肿大

教师加油站

幼儿健康状况不良时的常见表现

- 心情不好。
- 想躺着，不想玩耍。
- 难哄、不笑。
- 反复呕吐。
- 呼吸困难，发出呻吟声。
- 手脚冰冷。
- 对别人的呼唤没有反应。
- 发烧。
- 皮肤有红疹、淤青、划伤等。
- 睡觉时容易惊醒。
- 不停地尖声哭泣。
- 不吃不喝。
- 脸色苍白。

温馨提示

由于年龄特点的局限，幼儿往往对自身身体变化关注不够，对自身身体不适感受不明、表达不清，无法准确说出异常的部位、状态及程度，这有可能会延误某些疾病的及时发现与治疗。因此，在一日生活中，教师都要非常重视对幼儿进行健康观察。

（二）摸

进班晨检时，如果幼儿精神状态很好，欢蹦乱跳的，没有异常，教师可以省略“摸”的环节。若发现幼儿有异常表现，应采用“摸”的方式进行晨检。例如，如果发现幼儿精神状态比较差，双眼无神，面颊泛红时，就要摸摸幼儿额头、颈部是否发热；发现幼儿双耳有些不对称时，要摸摸幼儿耳下有无肿大。如果发现异常，教师要及时请家长带幼儿到保健室测量体温，作进一步处理。

（三）问

晨检时，教师要询问家长幼儿前一天晚上在家的健康情况，特别是带药幼儿，一定要询问前一天晚上是否发烧、咳嗽等，还要问清楚幼儿前晚发烧后是否吃过退烧药，而不是仅仅了解幼儿当前的发烧情况。教师还要询问幼儿，如果幼儿有口臭，说明胃肠道食物堆积较多，需要和家长协商，根据幼儿的情况适当减少早饭的量，并观察幼儿一日排便情况。

（四）查

幼儿经常会将瓜子、小石子、小铁片、豆子等异物装在兜里带到班级中，晨检时教师需要检查幼儿随身衣物的兜内是否有以上小物件。如果教师检查不及时、不到位，幼儿可能会将异物塞入口鼻、耳朵之中，非常危险，因此，教师要特别重视对异物的检查。对于幼儿带来的、可能存在安全隐患的“小宝贝”，要劝导幼儿让家长带回家或者由教师代为保管。

幼儿来园时，最好不要佩戴饰物，否则容易发生危险。例如，有的幼儿出于好奇，去拉拽佩戴的饰物，很容易勒伤幼儿颈部。午睡时有个别幼儿喜欢将颈饰含在嘴里，如果咬断线绳吞下饰物，后果将不堪设想。因此，教师应与家长讲明道理，得到家长的理解和支持。幼儿的着装如果出现裤子太长、扣子松动等现象，教师也应及时发现，并为幼儿更换服装，以免造成安全隐患。

每日晨检后，早班教师应将所有的异常情况记录在班级交接班本上，同时口述接班教师，以便接班教师了解情况，并进一步观察。交接班记录应注明幼儿姓名、异常情况、处理办法、结果追踪等信息。

保育问答

问题：

孩子前一晚上发烧，家长不向教师说明或者不愿接走怎么办？

学期初，教师可以在家长会上对家长进行宣传教育，强调如果孩子生病了，家长一定不要将孩子送到幼儿园来。尤其是当孩子发烧时，家长应确保孩子在24小时以内不再发烧，才可送孩子入园。

晨检时，教师如果发现孩子精神状态不佳，一定要询问家长孩子前一晚是否发烧，服用过哪些药品。如果孩子前一晚的确有发烧现象，教师要告知家长：前一天晚上发烧的孩子，早晨体温正常不代表已经好了，往往中午以后可能还会发烧，家长应该带孩子回家多休息，并注意观察，避免传染其他孩子。如果家长强调无人看管，不愿带孩子回家休息，教师要确定孩子此时的确没有发烧，并告知家长：“如果孩子体温超过37.5℃，就通知您，您一定要及时接走就医。”另外，教师还要告知保健人员，并密切观察孩子体温变化的情况。

八、带药处理、登记与药品管理

幼儿生病恢复期需要带药来园服用。幼儿园要建立、健全幼儿带药的管理制度，教师要按照制度要求做好幼儿所带药品的登记、存放和服用工作。入园接待环节，教师要从以下三方面做好幼儿带药处理和登记工作。

（一）指导家长填写“幼儿带药、服药记录表”

教师应请家长认真填写“幼儿带药、服药记录表”中的各项内容，并叮嘱家长在家长签名一栏签字。幼儿园不是专业医疗机构，幼儿不能在幼儿园进行首次服药，避免出现药物过敏反应。因此，教师应询问家长幼儿是不是首次服用此药品，如果确实是首次服用，教师应拒绝接收并向家长说明缘由。对于只有外文说明的药品，教师应要求家长准确翻译，并将情况及时反映给保健人员，得到保健人员许可后才可接收。

表1-3　在园幼儿带药、服药记录表

日期	班级	姓名	药物名称	服用剂量和时间	家长签字	喂药时间及教师签字

（二）检查核对药物

家长填写“幼儿带药、服药记录表”后，教师要仔细核对日期、药名、剂量、服药时间、服药方法、幼儿姓名与“幼儿带药、服药记录表”中填写的内容是否一致。除此之外，教师还要检查药名标签是否清晰，药物有无过期，如果发现有以上情况要将药物退还给家长。家长带来的保健药品和在家中熬制的汤药一律不收。

（三）妥善保管药物

班级中应配备幼儿药品的专用药箱，药箱外表设置红十字标示。教师应及时将幼儿带来的药品放置在班级药箱中，内外用药要分类放置。班级药箱应放置在带锁的柜子中或放在高处、教师办公室内等幼儿拿不到的地方妥善保存。

九、组织晨间活动

幼儿早晨精力最充沛，注意力最集中，教师应根据幼儿的年龄特点，有目的、有计划地开展多种多样的晨间活动，如适当的劳动、观察照顾动植物、早操等。鼓励幼儿根据自己的兴趣爱好，自由选择活动内容和伙伴。需要注意的是，在开展各项活动之前，教师一定要引导幼儿认真洗手，以免把来园路途中的病菌带到班级和幼儿园。

（一）适当的劳动

适当的劳动能使幼儿体验劳动带来的快乐，逐渐树立劳动意识。劳动内容可以包括用清水擦拭桌子、椅子、低矮的玩具架、积木和其他玩具材料等。教师可将昨天已经清洗、消毒、晾干后的劳动布用少量清水浸湿，潮干即可，整齐码放在装劳动布的专用盆中，供幼儿自由取用。教师要特别注意幼儿的劳动安全，不要让幼儿接触洗涤用品或洗涤用品浸泡过的劳动布，以免伤害幼儿稚嫩的皮肤。

（二）观察、照顾动植物

幼儿入园后，教师可引导幼儿关心、照顾动植物，逐步学会有目的地观察动植物。教师可在班级中开辟幼儿可以参与创设的自然角或种植、饲养园地。自然角中的植物应是幼儿感兴趣的、生长变化快的、可以进行比较的植物；动物可以是金鱼、乌龟、蜗牛等。

小班幼儿年龄小，大部分饲养管理工作由教师承担，所以小班饲养的动物应少些，而且管理要方便。有些活动可由教师带领幼儿一起做，如给金鱼喂食等简单的操作。在小班，鱼食应由教师妥善保管，避免幼儿看到鱼吃，自己也去吃或一次喂食过多导致金鱼死亡。

中大班饲养的动物数量可以适当增加，但管理方法不能太复杂。教师可带领幼儿进行动植物的管理活动，并在活动中教会幼儿一些简单的技能，逐步过渡到让幼儿独立完成管理小动物的工作，如懂得按动物的生活习性喂养，喂食要定时定量，以及从事简单的清洁工作等。幼儿可以轮流承担给植物浇水，给鱼、龟喂食的任务。在教师的帮助下，幼儿还可以将动植物的生长变化用绘画、拍照等方式记录下来，整理成为动植物观察日记。

（三）自由游戏

开展游戏活动不仅能使幼儿体验到游戏带来的乐趣，还能提高他们与人交往、动手动脑的能力。幼儿的晨间游戏活动一般以桌面游戏和自主阅读活动等为主。幼儿游戏时，教师还可以提出一些话题，引发幼儿自由交谈，提升幼儿的语言表达能力。

（四）做早操

做早操是幼儿园早锻炼的重要环节，既能增强幼儿身体素质又能发展其基本动作，蕴含着丰富的教育资源和契机。因此，教师带领幼儿开展做早操等早锻炼活动，对身体处于迅速生长发育阶段的幼儿来说非常有好处。教师在组织幼儿做早操时应关注以下问题。

1. 准备活动充分

教师带领幼儿做早操前一定要开展充分的准备活动，使幼儿身体各个部位，特别是关节部位得到活动，为幼儿进行大幅度动作做好身体准备。另外，简单的走、跑或者走、跑交替的准备活动也可以使幼儿的身体迅速进入运动状态。

2. 运动量适宜

编排早操时，教师应充分考虑本班幼儿的年龄特点、学习特点、兴趣和需要，使运动量适宜。幼儿做完整套早操后，全身不同部位都应得到相应的锻炼，例如，关节的灵活性、韧带的柔韧性等。早晨是一日的初始阶段，幼儿经过一夜的睡眠，身体各部机能需逐步活跃，因而，早操的运动量不宜过大，时间也不宜过长。小班早操时间一般为8~10分钟，中班为10~12分钟，大班为12~15分钟。

3. 队列、队形简单易行

早操不是表演节目也不是艺术体操，做早操的目的在于锻炼而不是展示和表演。因而，教师在创编早操时要使队列、队形简单易行。幼儿园中常用的早操队形有：一路纵队、多路纵队、圆形或半圆形、分散队形、密集队形（幼儿围拢在教师周围）等。

4. 符合幼儿年龄特点

教师编排早操时应充分了解本班幼儿的运动水平和学习特点，引发幼儿锻炼的兴趣。小班以模仿操为主，辅以徒手操，每套操4~6节，每节四四拍或二八拍。中班以徒手操为主，辅以模仿操、轻器械操，每套操6~7节，每节二八拍。大班以轻器械操为主，辅以模仿操、徒手操，每套操7~8节，每节四八拍。同时，应当根据幼儿年龄特点选择适宜的音乐和歌谣，尽量选择节奏感强、富有童趣、活泼欢快、容易理解的作品。幼儿可以听着音乐，边说边做或边唱边做，激发幼儿做操的积极性，让幼儿在美的旋律中陶冶情操，身心得到发展。

5. 放松活动适当

早操结束后，教师不要立即带幼儿回班，并且马上早餐，应该开展一些放松活动，使幼儿身体的各个部位得到舒缓，也使幼儿心率逐步恢复正常。

图1-7 教师带领幼儿早锻炼

复习与思考

1. 为了保障幼儿的安全，教师在幼儿入园前应该做好哪些安全检查工作？

2. 晨检为什么很重要？对幼儿进行晨检有哪几个关键的环节？

3. 接待幼儿和家长时，要注意哪些事项？

第二章
盥洗环节的保育工作

学习目标

1. 掌握盥洗室的清洁方法，并知道如何为幼儿准备盥洗用品。

2. 掌握指导幼儿洗手、漱口、刷牙等的正确方法。

3. 了解盥洗环节常见的保育问题及对策。

盥洗是幼儿园一项很重要的保育活动。盥洗不但可以使幼儿的皮肤、口腔、毛发保持清洁，增强抵抗力，维护身体健康，还可以培养幼儿爱清洁、讲卫生的好习惯，提高幼儿的生活自理能力。幼儿园的盥洗活动包括洗手、洗脸、洗澡、刷牙、漱口、抹油等环节。教师应指导幼儿掌握正确的盥洗方法，帮助幼儿养成良好的盥洗习惯。

一、盥洗室的清洁卫生

盥洗室是幼儿从事洗手、洗脸、洗澡等活动，以及教师清洗各种物品的空间，这里主要对盥洗室地面、水龙头、洗手池、毛巾架、水杯架、餐车、脸盆、花洒、浴（盆）池的清洁与消毒作具体介绍。

（一）盥洗室地面的清洁卫生

盥洗室的地面每天要用清水拖、擦两次（早、晚各一次）。一日生活中，教师要随时关注盥洗室地面是否有水。特别是幼儿盥洗后，地面会有很多水，要随时用拖把擦干，保持地面干燥，防止幼儿在盥洗室滑倒。具体方法参见第八章“室内活动中的保育工作”相关内容。

（二）水龙头、洗手池的清洁卫生

水龙头、洗手池表面是幼儿盥洗时经常接触的地方。水龙头上会有幼儿手印、污渍、油渍，洗手池表面会遗留很多的水垢、污垢，因此教师每天都要进行清洁。教师可以在幼儿离园后，对其表面进行清洁。

1. 水龙头的清洁

在抹布上涂抹洗洁精，按照从上到下的顺序擦拭水龙头表面，

图2-1 干净整洁的盥洗室一角

去除手印、污渍，然后打开水龙头，用流动水冲洗水龙头表面，最后用清水抹布擦干。

2. 洗手池的清洁

在水池刷上涂抹洗洁精，用水池刷按照“洗手池上沿、洗手池内侧、下水塞内壁”的顺序刷洗，边刷边用流动水冲洗，然后用清水抹布擦干，最后将清洗后的杂质倒入垃圾桶内。

（三）毛巾架、水杯架、餐车的清洁卫生

幼儿每天来园后，要将自己的专用毛巾挂到毛巾架，专用水杯放入水杯架，有的幼儿园会为班级配备餐车，这些物体表面都要在幼儿来园之前用清水清洁一遍。

1. 毛巾架的清洁顺序

按照“毛巾架框（从左到右）、毛巾架杆（从左到右）、毛巾钩（从里到外）”的顺序擦拭。

2. 水杯架的清洁顺序

按照从上到下、水杯架框、水杯格的顺序擦拭。

3. 餐车的清洁顺序

按照“餐车上层（从左到右）、餐车下层（从左到右）、餐车把手（从里到外）”的顺序擦拭。

保育小窍门

特殊的清洁与消毒

当毛巾架、水杯架、餐车有较厚的污渍时，可在抹布上涂抹洗洁精，在污渍处来回使劲擦，最后用清水抹布擦干净。

在传染病流行季节或疾病发生时必须进行预防性消毒，采取“清水、消毒液、清水”的方法，即用清水、消毒液、清水分三次擦拭。可以用浓度为含有效氯250毫克/升的消毒液浸泡或擦拭消毒，作用时间为20分钟左右。

（四）花洒的清洁卫生

1. 花洒的日常清洁

有淋浴条件的寄宿制幼儿园，每周要对花洒进行清洁，可以打开淋浴的水龙头，用花洒的流动水按照“水龙头、淋浴柱、软管、花洒头”的顺序冲洗，最后再按此顺序擦拭，保证花洒表面清洁干净。

2. 花洒的除垢方法

花洒使用一段时间后，很可能会积聚一些水垢，造成水流不畅或水流紊乱等问题，遇到这样的情况，可使用手动方法清洁水垢。

保育小窍门

花洒如何除垢

第一步：将花洒头处的网罩或其他吸附水垢的部件取下，用毛刷清洗后再安回原处。

第二步：将花洒拆下放入“清水盆”，用食用白醋对花洒表面及内部进行浇灌并浸泡4~6小时。

第三步：用棉质抹布轻轻擦拭花洒表面出水嘴处。

第四步：重新装上花洒头后通水片刻，让白醋和水垢随水流出，以消除或减小水垢对花洒的影响，并能起到一定的杀菌功效。

（五）浴池的清洁与消毒

使用浴池洗澡的寄宿制幼儿园，在幼儿洗浴后，要立刻用流动水对浴池进行清洗，并在清洗干净后保持浴池干燥。在下一次洗浴前，要先用流动水对浴池进行清洗。每周还需用浓度为含有效氯250毫克/升的含氯消毒液浸泡浴池20分钟。消毒液倒掉后，用流动水洗刷干净，不能有消毒液残留。

安全小港湾

盥洗时的注意事项

- 幼儿园使用热水器提供热水供幼儿盥洗时，教师要在幼儿洗手、洗澡前，亲自用手背测试水温是否适合，平时不要随意调动热水器的水温设置，以免发生烫伤事故。
- 幼儿园如果不具备提供流动温热水让幼儿盥洗的条件，教师千万不能将开水直接倒入幼儿盥洗的容器内，要先放凉水、后放热水，边勾兑边调试水温。
- 组织幼儿盥洗时，盥洗室内要有教师专门看护，以免幼儿在盥洗室内蹦跳、嬉闹，无人看管，引发安全问题。
- 如果盥洗室面积较小或水龙头较少，教师要引导幼儿分组盥洗，防止拥挤碰撞。教师要引导幼儿养成“进出盥洗室放慢速度，洗手时不玩水、不打闹，洗完手及时用毛巾把手擦干”等习惯，以免地面湿滑造成跌倒摔伤。
- 每次幼儿盥洗结束后，教师要及时对地面进行清理，随时保持盥洗室地面整洁、干燥。

二、盥洗用具的清洁与消毒

幼儿日常的盥洗用具主要包括毛巾、刷牙用具、香皂等。幼儿的皮肤比较娇嫩，应选用含碱较少、中性温和、刺激性较小的香皂。毛巾要柔软、较薄、大小适中、易于幼儿使用。除香皂外，其他盥洗用具都应该专人专用，每次用后要随时清洗干净，保持清洁。

图2-2　幼儿常用的盥洗用具

（一）毛巾的晾晒和消毒

幼儿园中一般使用毛巾架来晾挂毛巾。毛巾架应使每条毛巾之间保持一定的距离，以保证通风干燥和避免相互接触。毛巾架要经常搬到室外，放在日光下进行曝晒消毒或每日使用消毒柜消毒。幼儿每次盥洗后，教师应将毛巾搓洗干净，然后晾挂，以保持毛巾的清洁与干燥。毛巾消毒的步骤和要求如下：

1. 用肥皂将毛巾清洗干净；

2. 用清水冲洗干净无泡沫；

3. 使用浓度为含有效氯250~400 毫克/升的次氯酸钠类消毒液，浸泡消毒20分钟；

4. 用清水冲洗干净至无味；

5. 在干燥通风处晾晒毛巾。

（二）牙刷和牙杯的消毒

刷牙后，牙刷上往往会残留一些污渍，因此刷完牙后，牙刷需彻底清洗干净、甩干，刷毛端朝上、刷柄端朝下放置于刷牙杯中，以保持牙刷的干燥。

刷牙杯应定期清洗、消毒，牙刷应定期更换，一般三个月更换一次。教师还应提醒幼儿刷牙时将牙膏沫吐干净，不要吞食，以防幼儿吞食含氟牙膏过多引起氟中毒。

图2-3 幼儿在刷牙

三、洗手

（一）洗手的常规

教师应在幼儿入园后、饮水前、饭前便后及手脏时提醒幼儿洗手。教师可以通过儿歌的形式，引导幼儿了解盥洗室规则及相应的行为规范，帮助幼儿建立良好的行为习惯。

洗手常规儿歌

饭前便后要洗手，
卫生习惯要记牢。
不拥挤，不打闹，
认真洗手很重要。
节约用水记心间，
关好龙头不忘记。
衣服地面要干燥，
最后把手擦擦好。

（北京市六一幼儿院）

（二）洗手的正确方法

洗手前，幼儿应先卷好衣袖，轻轻拧开水龙头，让水流量适中，将手心、手背、手腕浸湿，关上水龙头。然后搓香皂，让香皂在手中转几圈，放下香皂。按照洗手六步法将两手搓洗干净。打开水龙头，把香皂沫冲洗干净，关好水龙头，摘下自己的毛巾把手擦干。

为了激发幼儿爱洗手和学习洗手方法的兴趣，教师可以借助有趣的儿歌，以游戏的形式边玩边做，激发幼儿的学习兴趣，练习洗手的方法。

洗手方法儿歌

手心搓手心，
搓出沫沫白花花；
手心搓手背，
搓出沫沫白花花；

换手搓手背，
搓出沫沫白花花；
指头缝搓一搓，
搓出沫沫白花花；
关节打个滚儿，
搓出沫沫白花花；
大拇指钻洞洞，
搓出沫沫白花花；
手指尖搓一搓，
搓出沫沫白花花；
轻轻打开水龙头，
白沫沫被冲走啦。

（北京市六一幼儿院）

（三）洗手的指导要点

1. 洗手前卷袖子

教师要帮助幼儿养成洗手前卷袖子的习惯，以免洗手时弄湿衣袖。同时，为了避免幼儿洗手时弄湿衣袖，教师在指导幼儿洗手时，还要提醒幼儿双手略向下倾斜，避免水顺着手臂倒流弄湿衣袖。冬天洗手后应擦油，以防止手部干裂。

2. 饭前便后、游戏归来要洗手

幼儿饭前便后以及游戏归来时，教师都应该督促幼儿洗手，使幼儿养成勤洗手、随时保持手的清洁的良好习惯。教师可通过设计教育活动、邀请保健人员讲解等方式，让幼儿了解洗手的重要意义，并且喜欢洗手。

保育问答

问题：

幼儿洗完手后不会擦手怎么办？

小班幼儿洗完手后常常不会擦手，或者擦手时常把毛巾团成一团。即使是中大班幼儿，在擦手时也常常是敷衍了事，不把毛巾从挂钩上取下来，只把双手在毛巾上来回蹭蹭就算是擦手了，很难把手擦干。这时，教师可以用下面两个形象有趣的游戏引导幼儿学习擦手的方法，养成擦手的好习惯。

1. 游戏“翻烙饼”：将毛巾当成大烙饼，平铺在一只手上，去擦另外一只手的手心、手背、手腕，然后翻烙饼，再擦另一只手。

2. 游戏“我给小手盖被子”：将毛巾当成被子，先给一只手盖被子，把手擦干净，再把被子盖在另外一只手上。

四、漱口

漱口是保持口腔清洁的常用办法。教师可以运用有趣的儿歌以及直观形象的图片教会幼儿掌握正确的漱口方法，帮助幼儿养成饭后漱口的良好习惯。

漱口水量应是幼儿喝三四口水所需的量。教师可提醒幼儿用水杯接适量温开水（不能用自来水，以防幼儿漱口时将自来水饮下）。漱口水接得过少不能很好地达到漱口的效果，接得过多又会浪费水。因此，教师可事先告诉幼儿漱口水应接到水杯的什么位置。如果漱完口，杯中还有水，嘱咐幼儿将剩余清水喝掉，避免浪费。

漱口时，教师应提醒幼儿含一口水在嘴里，鼓动两腮将水在嘴中振荡3~5次，仰起脖子、漱漱嗓子，弯腰将水吐入水池内，用同样的方法漱三次即可。小班幼儿不能平均分配每次的水量，常常出现一下子喝了一大口水，刚刚漱了两次，水杯中就没水了的现象，教师要耐心引导，不可批评、指责。对于不认真漱口的幼儿，教师可以引导幼儿观察漱口水中的残渣，帮助幼儿体验漱口的重要性。

幼儿漱口后要将水杯放入贴有自己标记的水杯格中，水杯把儿应朝外放置，方便下次取用。

漱口儿歌

手拿小水杯，
喝口清清水。
抬起头，
闭上嘴，
咕噜咕噜，
咕噜咕噜，
吐——出——水。

（北京市六一幼儿院）

五、刷牙

早晚刷牙是防治幼儿龋齿的重要途径。教师应教会幼儿掌握正确的刷牙方法，培养幼儿良好的刷牙习惯。

（一）刷牙的正确方法

1. 刷牙前

将牙刷用水浸泡一会儿（或者用清水涮一涮），然后挤上黄豆大小的牙膏。

2. 刷牙时

牙刷毛束与牙面成45度角，转动刷头，上牙从上往下刷，下牙从下往上刷，上下牙咬合面来回刷。

3. 刷牙后

用清水漱口并漱干净，漱口时也要含水在口腔中用力咕嘟几下，使牙齿的各个面都能得到充分冲洗。

① 上牙从上往下刷

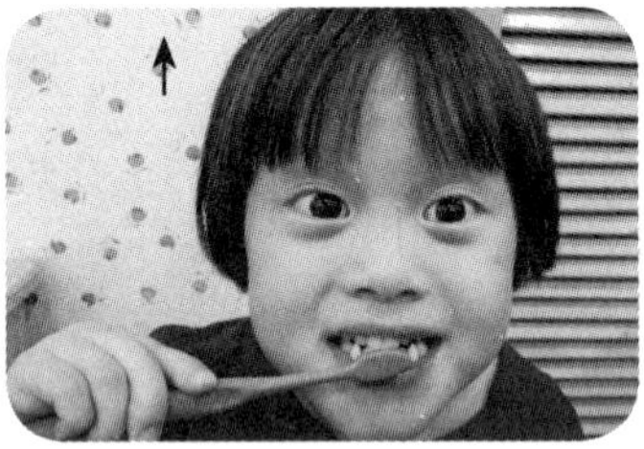

② 下牙从下往上刷

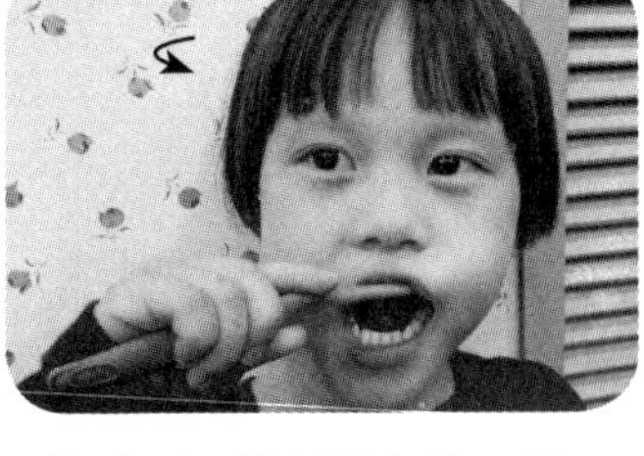

③ 上后牙外侧从上往下刷

④ 下后牙内侧从下往上刷

⑤ 咬合面要来回刷

图2-4　正确的刷牙方法

刷牙儿歌

上面牙齿往下刷，
下面牙齿往上刷；
咬合面要来回刷，
里里外外都刷到。
每个牙面刷十下，
早晨刷来晚上刷；
刷得干净没蛀牙，
牙齿洁白笑哈哈。

（北京市六一幼儿院）

（二）刷牙的指导要点

1. 学会挤牙膏

挤牙膏时，提醒幼儿从后向前挤，牙膏量以黄豆粒大小为宜。幼儿在练习刷牙阶段可以暂不使用牙膏。刷牙时，幼儿头要略低，以免刷牙水流到身上；刷牙后，把牙刷冲洗干净，甩干牙刷上的水，刷毛朝上把牙刷放进刷牙杯，并将刷牙杯放回原处。

2. 学会正确的刷牙方法

教师可以用边说儿歌边做示范的形式，用牙齿模型带领幼儿学习正确的刷牙方法。教师还可以引导幼儿认识牙齿，用讲故事、观察漱口水等方法让幼儿了解到认真刷牙的重要性，提高幼儿主动保护牙齿的意识。

3. 督促幼儿认真刷牙

教师应督促幼儿认真刷牙，尤其是牙的内面等难以彻底清洁的地方。

保育问答

问题一： 幼儿不能掌握正确的刷牙方法怎么办?	对于还没掌握正确刷牙方法的幼儿，教师需要手把手地、耐心地指导，把牙刷呈45度角斜放，轻压在幼儿牙龈边缘，顺着牙缝转动刷头，力度要适中，不宜太用力。两三颗牙齿为一组，每组转动几下后让幼儿自己体会和感受正确的方法，然后让幼儿多加练习，很快就可以掌握正确的刷牙方法了。
问题二： 幼儿缺少刷牙的主动性和耐性怎么办?	正确的刷牙方法需要刷牙齿的各个面，且每个面都要刷很多下，有的幼儿缺乏耐性，就会坚持不下来。此时，教师应反复告诉幼儿天天刷牙可以拥有一副健康美丽的牙齿，会更漂亮；还可以让幼儿比赛，看谁刷得最干净；还可以讲有趣的故事帮助幼儿认识到刷牙的重要性。
问题三： 有的幼儿刷牙时总想呕吐怎么办?	对于有这种情况的幼儿，教师可以指导他们先从口腔中最容易刷的地方开始清洁，即先刷外侧面，然后循序渐进地向里刷，避免刷得过深，稍有要呕吐的迹象就将牙刷拿出来，避免幼儿因刷牙而呕吐。

六、洗脸

在寄宿制幼儿园，洗脸是幼儿生活必不可少的一个环节。在日托幼儿园，幼儿脸脏或天气很热时，洗洗脸也是很舒服的。但是在一开始的时候，幼儿往往不能把脸洗干净，也掌握不好拧毛巾的方法。因此，教师要教会幼儿如何正确地洗脸，以及洗脸时应注意什么问题。

（一）洗脸的正确方法

幼儿从毛巾架上取下小毛巾，用水冲湿拧干后，包在左手上，右手攥住毛巾。先擦洗内眼角，再擦洗外眼角，然后闭上眼睛擦眼皮。将毛巾翻到右手上，左手攥住毛巾，擦嘴角，闭上嘴巴擦嘴唇。在脸中间转三个小圈，分别擦眼睛、鼻子和嘴；再转三个大圈，分别擦额头、脸颊和下巴。接下来擦耳朵前边、耳廓和耳朵后面，然后擦脖子周围。最后，手拿毛巾一角，轻轻擦拭鼻孔和鼻翼。将用过的毛巾冲洗干净，拧干后再擦一遍，之后把毛巾冲洗干净，拧干后擦干双手，把毛巾折好，挂到毛巾架上。

洗脸儿歌：我是快乐的小司机

我是一个小司机，
出车之前洗一洗。
先来洗洗小车灯（眼睛），
再来擦擦小油箱（嘴巴）。
左擦擦，右擦擦，
横着再来洗一洗。
小小司机上路了，
三环四环跑呀跑（鼻子周围）。
看看北京新面貌，
五环六环绕大圈（额头、脸蛋、下巴）。
开到一座小山旁（耳朵），
前转转，后转转，
钻进一个小山洞（耳廓）。

小小司机要回家，

上坡了，下坡了（脖子），

嘀嘀嘀，小司机回家了。

（北京市六一幼儿院）

温馨提示

小班幼儿可以从第二学期开始学习投洗毛巾，拧干毛巾。中大班幼儿应能独立完成洗脸全过程。

（二）洗脸的指导要点

1. 学会正确的洗脸方法

教幼儿如何正确洗脸时，建议中小班教师可以用“边说儿歌边游戏”的形式带领幼儿学习洗脸、折毛巾等动作。教师可提供洗脸步骤的图示，提示幼儿动作顺序。

2. 了解按顺序洗脸的好处

可通过讨论等活动让幼儿了解按顺序洗脸的好处。前额、眼角、鼻孔、嘴周围、下巴、耳朵、脖子等处是幼儿洗脸时经常遗忘的地方，教师应及时提醒幼儿。

3. 洗脸前擤擤鼻涕

组织幼儿洗脸前，应指导有鼻涕的幼儿用正确的方法将鼻涕擤出（擤鼻涕时应用手指按住一只鼻孔轻轻将另一只鼻孔内的鼻涕擤出，不可太用力）。

4. 洗脸后，学会整理衣领和袖口

洗完脸后，提醒幼儿整理好自己的衣领和袖口。中大班幼儿在洗脸时，要能够做到不湿衣服、节约用水。

保育问答

问题一：

幼儿洗脸时不认真怎么办?

教师可以为幼儿讲解并引导幼儿讨论洗脸的原因。例如，让幼儿相互看看自己脸上都有哪些器官，说一说它们都有哪些作用，给幼儿讲解每天洗脸的原因。如：“我们的脸上有小眼睛、小鼻子、小嘴巴，它们每天都会负责帮我们看东西、闻味道、吃食物，如果我们每天都把它们洗干净，它们就会非常高兴，小眼睛会越来越亮，小鼻子会越来越灵，小嘴巴会越吃越香。如果我们是个懒孩子，不把它们洗干净，小眼睛就会发炎，变成像小兔子一样的红眼睛，小鼻子、小嘴巴也会生病。所以爱惜我们的五官要从保持清洁开始。小朋友们把脸洗干净了才会更加精神。”请幼儿互相交流洗脸的体验，洗脸后相互比比谁洗得最干净，鼓励幼儿认真洗脸，保护自己的五官。

问题二：

幼儿洗脸时总是弄湿袖口怎么办?

教师可以用一些小游戏帮助幼儿养成洗脸前挽袖子的习惯。例如，洗脸前，教师和幼儿一起玩“拔萝卜”的游戏，边唱歌曲边卷袖子：“拔萝卜，拔萝卜，嘿呦嘿呦拔萝卜，拔出一个大萝卜！”教师还可以引导幼儿比比谁拔的萝卜长。当幼儿卷好了袖子，教师可以假装张开嘴说：“让我尝尝你的大萝卜吧。”“啊呜，真是太香了！”通过这些有趣的游戏引导幼儿愿意挽袖子。

七、抹油

在冬、春季节，幼儿洗脸、洗手后应及时抹油，防止皮肤干燥皲裂。抹油环节，教师、保育员需共同配合，指导幼儿抹油的方法。小班幼儿，可由教师为幼儿分油，中大班幼儿可尝试自己取油，油量应为蚕豆大小。

（一）抹脸的正确方法

① 双手手心相对，将抹在手心的油粒来回搓匀

② 双手手心面向脸部，并齐在脸部中心上下搓，然后两手分开竖搓两颊

③ 一手放在前额，一手放在下巴横搓

④ 最后，两手并齐在面部转圈，保证每一个部位都抹到

擦脸油儿歌：坐火车

快步跑到火车站，

坐上两列小火车（手心对手心抹油），

轰隆、轰隆、轰隆隆，

火车终于到站了（将油抹到额头和下巴上）。

下了火车上汽车，

按按喇叭响不响（将油均匀抹到脸蛋上），

嘀嘀嘀，开车了，

一、二、三圈到家了。

（北京市六一幼儿院）

（二）抹手的正确方法

① 两手背相合对搓

② 一只手的手心搓另一只手的手背，交换进行

③ 手腕转圈，从手腕到手掌再到指尖搓，交换进行

④ 分别搓两个虎口的位置

擦手油儿歌：吃饺子

今天晚上吃什么？
饺子！
手背对手背，和面啦！
拿起我的擀面杖，
擀呀擀，擀呀擀（一只手搓另一只手的手背），
换个面团擀一擀，
擀呀擀，擀呀擀（双手位置互换）。
抓住面团转一转（一只手五指捏成山状，另一只手从其手腕处转至手指尖），
转转，转转，揪——
换个面团转一转（双手位置互换），
转转，转转，揪——
准备好锅，下饺子啦！
搅一搅（一只手搓另一只手的虎口），
下饺子啦！
搅一搅（换手搓虎口）。
捞饺子了！
尝一尝（双手手指相互交叉搓一搓）。
真香！

（北京市六一幼儿院）

温馨提示

- 教师可根据季节为幼儿准备适宜的油。
- 为幼儿提供盒装油以及收放油盒的小筐，方便幼儿自主取放。
- 中、大班幼儿应能够自己正确、熟练地擦适量的油，擦完后收拾好油盒。

保育问答

问题：幼儿总是忘记抹油怎么办？

教师可以把各种包装和香型的擦手油摆在幼儿方便取放的地方，请幼儿闻一闻各种油的香味，引发幼儿的兴趣。幼儿洗完手、抹完油后，教师可以假装小蜜蜂，到幼儿的小手上采蜜。教师可以鼓励幼儿想象自己是什么花，教师来采这种花的花蜜，引发幼儿对抹油活动的兴趣。

八、晚间盥洗

在寄宿制幼儿园，晚间盥洗是盥洗活动的一项重要内容。由于寄宿幼儿绝大多数时间都在幼儿园度过，因此必须重视晚间盥洗的质量，保证幼儿全身的卫生和清洁，养成勤洗澡、勤换衣的好习惯。

（一）晚间盥洗常规

寄宿制幼儿园，晚间盥洗活动是一日生活的尾声。盥洗前，教师需引导幼儿自己做好准备，如脱袜子、换拖鞋、将干净内衣取出并挂好等。为保证幼儿顺利完成此环节，教师要事先为幼儿准备好盥洗用水（水温在35~40℃之间）、洗脚毛巾、洗屁股毛巾，同时，还需注意保持盥洗室地面干燥，避免幼儿盥洗时滑倒受伤。另外，教师可以通过儿歌的形式，引导幼儿掌握晚间盥洗的方法，建立睡前盥洗的良好习惯。

（二）晚间盥洗的内容与方法

晚间盥洗的内容不同于幼儿白天的盥洗，除了与白天盥洗相同的刷牙、洗脸、洗手、抹油等内容之外，还有洗脚、洗屁股、洗澡等晚间盥洗独有的内容。下面，主要对晚间盥洗独有的洗脚、洗屁股、洗澡等内容进行介绍。

1. 洗脚

洗脚的方法主要有洗和擦两个主要环节，可用下面的小儿歌来作形象地说明。

洗脚儿歌

小脚跟搓小脚跟，
一只脚心搓脚背，
换脚脚心搓脚背，
小手也来帮帮忙，
脚丫洗得白又白。

（北京市六一幼儿院）

擦脚儿歌

小小毛巾在手中，
包好你的小脚丫，
擦干脚心和脚背，
脚趾缝里也要擦，
换只小脚再擦擦，
小小脚丫干净啦！

（北京市六一幼儿院）

教师可以通过上述生动有趣的儿歌，加上生动具体的指导与提示，引导幼儿掌握正确的步骤与方法，支持幼儿能够独立完成此项内容。需要注意的是，小班幼儿一般由教师帮忙完成上述内容，中班幼儿可以在教师的指导下学习自己完成，大班幼儿则鼓励他们自己独立完成。

2. 洗屁股

（1）男孩：教师用淋浴花洒为幼儿依次冲洗小便与大便处，幼儿能够配合清洗相应部位。淋浴时应注意保持水量充足，洗净后，用干毛巾擦干。

（2）女孩：教师用淋浴花洒为幼儿依次冲洗小便与大便处，幼儿配合清洗相应的部位（先小便位置，再大便位置）。淋浴时应注意保持水量充足，洗净后，用干毛巾擦干。

（3）指导要点：此环节教师需引导幼儿从前向后清洗小屁股的每一个部位，并仔细观察幼儿身体情况。如是否有小屁股红的现象，如有，需增加该幼儿白天的饮水量，并且适当调整饮食，避免幼儿上火。

3. 洗澡

寄宿制幼儿园的洗澡环节一般在夏天进行，教师可组织寄宿的全体幼儿陆续冲洗，注意冲洗时的安全，防止滑倒、摔伤等意外事故的发生。夏天天气炎热，幼儿容易出汗，如果有条件，每天都应当为寄宿幼儿洗澡，养成讲卫生、爱洗澡的良好生活习惯。

（1）用具：洗澡的用具主要包括洗发液、沐浴露、浴巾、沐浴花等。因为幼儿皮肤娇嫩，不同于成人，幼儿园和教师应当为幼儿选用专门的、供幼儿使用的洗澡用品，不能随便以成人的用品来替代。

（2）步骤：教师先用淋浴花洒帮助幼儿冲湿头发与身体，然后将沐浴露涂在沐浴花上，搓出白色泡沫，再帮助幼儿涂抹在全身，充分清洁。再将洗发液涂抹在幼儿头发上，帮助幼儿轻轻搓洗头发。身体和头发都清洗干净后，帮助幼儿冲干净，最后用浴巾帮助幼儿擦干身体。

（3）指导要点：在洗澡的过程中，教师要进行良好的组织，防止幼儿在盥洗室戏水、玩耍，造成滑倒、摔伤等安全事故。洗澡的时候要进行全身的彻底清洁，幼儿的手和脚、耳朵后面、小便和大便的地方等都要关注到，可指导幼儿自己动手清洁，增强幼儿的自理能力。洗澡时应注意室内温度，最好关闭门窗，以防幼儿吹风着凉。另外，洗澡时可不必每天都洗头，可隔天洗头，不洗头时只为幼儿洗干净身体即可。

保育问答

问题：

幼儿洗澡时哭闹、害怕洗头怎么办？

洗澡时需要使用淋浴花洒。对于幼儿来说，如果之前没有使用过或是很少使用，都会产生一定的恐惧感，这是很正常的，因此教师首先应当理解和接纳幼儿的这种反应。针对不同年龄幼儿的特点，应当有区别地对待。对于小班幼儿来说，可将玩具筐放置在浴室中，让易哭闹的幼儿先玩会儿玩具，待其他幼儿洗完后，再为其冲洗。如需洗头，可为幼儿提供一条毛巾将眼睛蒙上，并低头冲洗；亦可引导幼儿仰头，教师用花洒为其冲洗头发，同时，避免幼儿脸部淋水。另外，教师还可利用各种图画书中关于洗澡的故事来引发幼儿对于洗澡的兴趣和喜爱，通过引导幼儿回忆故事情节和人物形象克服对洗澡的恐惧感或不良情绪，建立起积极的态度和兴趣。

复习与思考

1. 如何对毛巾进行晾晒和消毒？

2. 如何用游戏、儿歌等方法让幼儿对洗手感兴趣？

3. 刷牙的正确方法是什么？怎样使幼儿较容易地掌握正确的刷牙方法？

第三章

进餐环节的保育工作

学习目标

1. 掌握培养幼儿良好进餐习惯的指导要点。

2. 掌握特殊体质幼儿的进餐护理方法。

3. 了解餐后整理的保育工作要求。

适宜的营养是幼儿健康成长的基础。幼儿在园时间越长，幼儿园所肩负的为幼儿提供充足的、促进其生长发育的营养和膳食的责任就越大。通常，在园时间超过8小时的幼儿，三餐和点心都是在幼儿园解决的。有些幼儿在园时间不到8小时，幼儿园也会为其提供适宜的餐点或加餐，为幼儿补充足够的营养和能量。幼儿的进餐环境应当是卫生、整洁、舒适的。教师应在餐前做好充分准备，保证幼儿按时进餐。进餐时，教师还要注意保持幼儿情绪愉快，培养幼儿良好的饮食行为和习惯，并对有特殊需要的幼儿给予细致的照顾。

一、餐前准备

餐前准备是幼儿进餐前的必要环节。做好餐前准备工作可以使幼儿的进餐过程更加顺畅、更加愉快，有利于幼儿的身心健康。

（一）创设良好的进餐环境

1. 餐桌的清洁与消毒

在幼儿园，幼儿平时用来游戏的桌子也是进餐时使用的餐桌。为了保证幼儿进餐时的卫生，教师应在餐前做好餐桌的清洁、消毒工作。

通常，教师应在餐前30分钟开始餐桌的清洁、消毒和准备工作。教师应先洗净双手，配置好消毒液备用，按照“清水、消毒液、清水”的顺序对桌面及四周进行清洁、消毒。具体方法为：先用清水擦拭一遍，再用提前配置好的消毒液消毒一遍，消毒液在桌面滞留10~30分钟后用清水擦拭干净，确保无消毒液残留。擦桌子时教师要保证擦桌布清洁干净，按顺序逐一擦拭，避免遗漏。

餐桌清洁、消毒后，教师可在每张桌子上放一块干净的擦桌布，以便进餐中及进餐后擦拭桌面。除了幼儿餐桌，餐前准备桌与餐车也要提前擦干净备用。

温馨提示

- 在等待消毒达到要求时间的过程中，教师可以到厨房领取餐具和饭菜。
- 幼儿值日生只能用最后一遍清水擦桌，要避免让幼儿的小手沾染消毒液。

2. 为幼儿创设良好的进餐氛围

进餐前10分钟左右，教师可以组织幼儿进行一些安静的室内活动或轻松的安静游戏，如讲故事、手指操、报菜谱、猜菜名、谈食物的营养等，把幼儿的活动量降到最小，让幼儿的情绪稳定下来，安静地等待进餐。需要注意的是，餐前活动的组织要尽量简单、有趣、多样化，做到既能够让幼儿感兴趣，同时又不至于情绪过度激动，影响幼儿的安静进餐。

为了让幼儿进餐时能够保持愉快的心情，教师不要在餐前或用餐过程中批评幼儿。当幼儿出现不良行为时，教师要用温柔的话语提示，不要造成紧张的用餐氛围。此外，播放一些舒缓、轻柔的背景音乐，也能够起到稳定幼儿情绪，使幼儿安静等待进餐的效果。

保育小窍门

餐前话题

教师可以利用餐前这段时间，和幼儿聊一聊与营养有关的话题，增进幼儿对饮食与健康之间关系的了解。可以选择的话题如下所示。

- 小朋友最喜欢吃的食物。
- 动物们喜欢吃什么？
- 植物吃什么？
- 人能看到植物吃东西吗？
- 小朋友需要靠吃食物来长身体吗？

（二）指导幼儿餐前盥洗

教师在指导幼儿餐前盥洗时，应注意洗手的时间、洗手的秩序、洗手的方法三方面的内容。

1. 洗手的时间

教师应当等饭菜刚刚取送到班上时再请幼儿洗手，不要早早地让幼儿洗完手坐在桌前等着开饭。

2. 洗手的秩序

为了避免集中盥洗发生拥挤，教师可让幼儿分组盥洗。一位教师在盥洗室指导幼儿正确洗手，另一位教师可带领其他幼儿一起做安静游戏。

3. 指导幼儿认真洗手

指导幼儿洗手的方法参见第二章“盥洗环节的保育工作”中的相关内容。当最后一名幼儿洗完手后，教师要将盥洗室地上的水渍拖干，之后，将自己的手洗干净，协同其他教师护理幼儿进餐。

（三）分发餐具

教师从厨房领取的消毒餐具应盖上消毒布或罩子，防止被灰尘或不洁的东西污染。分发餐具应在餐前5~10分钟进行，不要过早，避免污染。

餐具要符合幼儿年龄特点。一般来说，小班幼儿用勺子，中大班幼儿用筷子。分发餐具时，不要用手直接抓握餐具的直接就餐部位，例如，发放勺和筷子时，手应该抓捏在勺柄处或筷子的尾端；分发盘子和碗时，应当抓捏盘子和碗的外部或边缘。同时，各种餐具的摆放应当便于幼儿就餐，而且，将餐具摆放得又漂亮又吸引人，可以促进幼儿的食欲。

（四）指导幼儿做值日

幼儿已经具备自我服务的能力与条件，完全可以在教师的指导下做一些简单的事情，例如幼儿的餐前准备环节，教师可以安排值日生轮流擦桌子，帮助小朋友拉袖子、摆放椅子、分发餐具等。教师可以根据不同年龄班幼儿的特点安排适宜的值日生活动。小班幼儿一般在第一学期期末或第二学期之初开始尝试一些简单的值日生工作。

图3-1 小值日生在做值日

教师加油站

应该如何指导值日生	• 准备工作：教师请值日生在饭前20分钟洗手，值日生互相帮助系好围裙，由教师指导值日生分工，确定每位小值日生的工作。 • 擦桌子：教师用配置好的消毒液消毒桌面后，为小值日生准备擦桌子的清水及毛巾，待消毒到达规定时间后，指导值日生用清水将桌面消毒液擦干净，擦完桌

子的值日生应再次洗手后进餐。

- 发餐具：教师指导值日生分发餐具，并提醒他们爱护餐具，轻拿轻放，餐具掉了要及时更换。
- 摆椅子：一般应在摆完餐具后再摆椅子，椅子摆放与桌子距离应当合适，方便幼儿坐下。
- 检查洗手：请小值日生有礼貌地检查其他幼儿是否把小手洗干净了，帮助小朋友将袖子拉下来，并提醒小朋友洗手后不要用手触摸其他物体。
- 报菜名：值日生在进餐前轮流为全班幼儿报菜名，介绍饭菜的营养，激发幼儿食欲。

值日生儿歌

小朋友们爱值日，
分工合作真快乐！
先把手儿洗干净，
戴上围裙袖卷好。
清水毛巾擦一擦，
干净毛巾摆中间。
你摆盘子我摆碗，
一一对应放美观。
小小椅子摆放好，
美味饭菜报一报。
干净小手闻一闻，
拉拉袖子理整齐。
做完值日别忘了，
要把围裙送回家。

（北京市东华门幼儿园）

二、进餐指导

（一）分餐和取餐

在幼儿力所能及的情况下，可以鼓励幼儿尝试独立取餐。例如，小班和中班上学期的幼儿可以先在教师的指导下尝试自己取简单、不易洒的主食。中班下学期、大班幼儿已经具备一定的自理能力，可以在教师的指导下逐渐学会自己盛取主食、菜和其他食物，如玉米、白薯等。无论是幼儿自取还是教师分餐，教师应对本班幼儿的进食量做到心中有数。

温馨提示

为保证幼儿每日的进食量，教师应注意以下三点：

- 饭菜要分别盛放，不能同时盛在一个餐具里；
- 幼儿吃完饭菜后再盛汤，不要让幼儿吃汤泡饭；
- 如果饭菜较热，提醒幼儿用嘴吹凉后再吃。

1. 教师分餐

为幼儿分餐前，教师要根据饭菜准备好勺子、铲子或夹子，作为分餐的公用餐具。分餐时，教师要将食物分类依次发放到每个幼儿的碗、盘里。一般先分主食，再分配菜，等幼儿饭菜吃完后再分汤。分发汤菜时，用勺搅拌，使汤、菜混合均匀再盛给幼儿。各种配菜要均等，尽量避免幼儿单一摄食。饭菜和汤不要盛得太满，通常到饭碗的2/3处即可。教师为幼儿分发饭菜时应从幼儿侧面递送，不能从幼儿的头顶递送。

图3-2　教师帮助幼儿分餐

2. 幼儿取餐

让幼儿自己盛取饭菜不仅可以提高幼儿生活自理的能力，还能起到提高幼儿食欲、增加幼儿进餐兴趣的作用。但由于幼儿能力有限，取餐一定要根据幼儿的具体情况循序渐进，从主食开始，逐渐过渡到菜品。

在幼儿自取食物前，教师应将各种主食、副食分开放置在高度合适的分餐桌上，每个餐盆中放置一两个大小适合幼儿使用的公共餐具，引导幼儿使用公共餐具取餐，吃多少，盛多少，少盛多添。幼儿自取食物时，还要引导幼儿排队在餐盆的一侧，取食物后，从餐盆的另一侧离开。幼儿取餐后，提醒幼儿将餐具端平，既要看手中的餐具避免泼洒，又要看路以躲开障碍物。指导幼儿回到座位后，先放餐具，然后再轻轻坐下，安静用餐。

图3-3 幼儿自主取餐

（二）培养良好的进餐习惯

良好的进餐习惯对幼儿的身心发展终身有益，但是，好习惯的培养需要教师长期、细致的指导。因此，进餐过程中，教师要注意培养幼儿良好的进餐习惯，包括进餐时坐姿端正、正确使用各种餐具、正确咀嚼、不挑食、不偏食等。

1. 保持良好的进餐姿势

（1）坐姿端正

进餐时，幼儿双脚要平放在地面上，身体坐端正，上身略微前倾，前臂自然地放在餐桌的边缘处。教师应随时关注幼儿的坐姿，发现幼儿有托腮、趴在桌子上、身体倾斜倚靠餐桌、身体后仰靠在椅子背上、蹲坐在椅子上等不良姿势时应及时纠正。

（2）一手扶碗，一手拿勺子或筷子

进餐时，饭碗应放在距桌边10厘米处，幼儿一只手扶碗，另一只手拿勺子或筷子，不能用手抓饭菜。如需将碗端起，提醒幼儿端稳，避免将饭碗打翻。

2. 正确咀嚼

正确咀嚼对幼儿的健康非常重要，不仅能促进食物的消化，还有利于幼儿颌骨的发育。但在实际生活中，幼儿由于得不到成人及时正确的指导，会形成许多不良的咀嚼习惯。例如，有些幼儿用切牙咀嚼食物，吃饭速度极其缓慢；有些幼儿虽然能够使用磨牙咀嚼食物，但咀嚼不彻底，囫囵吞枣；还有些幼儿长期用单侧磨牙咀嚼，致使两侧颌骨发育不对称。不良的咀嚼习惯会导致进食困难、速度拖沓、发育不良，大大影响了进餐的质量和营养的摄取。因此，在幼儿进餐过程中，教师要仔细观察，如发现幼儿有不正确的咀嚼习惯，应及时给予指导。

教师加油站

正确的咀嚼习惯

- 每一口食物不能过多，要闭口咀嚼。
- 细嚼慢咽，把食物充分嚼碎后再咽下去。
- 一口咽下后，再吃另一口。
- 双侧磨牙同时或轮流咀嚼。
- 吃带骨肉或鱼时，更要咀嚼仔细，以防骨头或鱼刺没剔干净刺伤喉咙。

3. 正确使用餐具

（1）勺子的使用方法

幼儿初学用勺子吃饭时，教师不要过分强调握勺姿势，也不要强迫幼儿非得用右手拿勺。如果有个别幼儿出现用手抓饭菜的现象，教师也不要限制或批评幼儿，否则会影响幼儿的食欲。要给幼儿一个学习的过程，慢慢引导幼儿学会自己用勺吃饭。在幼儿愿意学习和接受的情况下，教师引导幼儿逐渐学会正确的拿勺姿势。例如：握勺不能大把攥，要用拇指、食指、中指固定勺柄，拇指放在勺柄的正面，食指放在勺柄的右侧面，中指和其余两指放在勺柄的背面，手心略微朝上；一手拿勺，一手扶碗；每一勺不要盛得太多，以防泼洒；等等。

在小班幼儿入园初期，对于完全不会自己用勺进餐的幼儿，教师可以准备两把小勺，一把给幼儿使用，一把留给自己。教师先用自己的小勺模拟舀起一勺饭送入自己口中的过程，边做边进行讲解，吸引幼儿跟着模仿。一开始，幼儿可能无法很好地掌握这一技能，饭菜经常吃不到嘴里，教师应一边鼓励幼儿自己练习，一边不断地用自己的小勺喂幼儿，保证幼儿吃饱。

（2）筷子的使用方法

用筷子进餐，不仅会使幼儿“心灵手巧”，还可以起到“健脑益智”的作用，学用筷子是幼儿生活的必修课程。但是，使用筷子需要一定的技巧，学习起来比较费劲，教师需要有足够的耐心和策略。在教育幼儿使用筷子进餐的过程中，教师应注意以下几点。

- 选用材质适宜的筷子

为方便幼儿使用，最好选用短一些的木筷或竹筷，因为木筷或竹筷不那么光滑，摩擦力较大，夹住东西后不容易滑掉。

- 多鼓励幼儿

幼儿初学使用筷子时，会出现动作不熟练的情况，可能会把食物撒得到处都是，进食速度也会很慢。对此，教师要有耐心，不急躁、不批评，以鼓励为主，发现幼儿有进步及时给予表扬。如果有些幼儿不喜欢使用筷子，教师应允许他们继续使用勺子，利用各种机会逐渐引导其学会并喜欢使用筷子。

- 组织专门的游戏活动

教师可以开展相关的主题活动，或在活动区中提供相应的游戏材料，供幼儿练习。例如，先提供爆米花、软糖等不容易掉落的东西，让幼儿用筷子练习夹；等幼儿熟练后再将爆米花、软糖换成花生米、黄豆等比较光滑的东西，逐渐增加游戏的难度。

教师加油站

如何引导幼儿认识筷子和使用筷子

1. 教幼儿辨认筷子的头、尾。较细的一端是筷子头，较粗的另一端是筷子尾。告诉幼儿要用筷子头夹取食物。

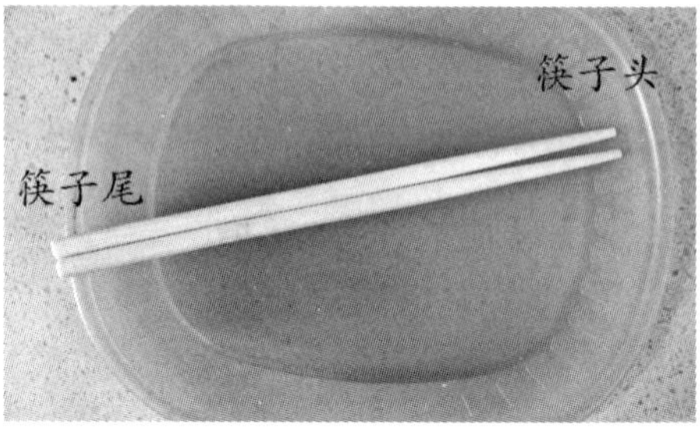

2. 指导幼儿如何拿筷子。将筷子头朝前，右手抓住筷子的中后部，拿起后如果两只筷子没有对齐，可将其在碗盘里戳齐。

3. 教幼儿如何使用筷子。两根筷子同时从右手的大拇指和其余四指间穿过，上面的筷子靠在食指和中指之间，下面的筷子靠在无名指和中指之间，大拇指搭在两根筷子的中间偏上位置。下面的筷子固定，靠中指和食指控制上面的筷子夹取食物。

保育问答

问题：

教师如何在进餐环节为幼儿创造良好的心理环境？

在幼儿进餐过程中，教师常常容易关注幼儿的进食量，而忽视了幼儿的情绪。事实上，幼儿只有在愉快的心情下进餐，才有利于消化吸收。因此，教师在护理幼儿进餐时要特别注意以下几点。

- 不要催促幼儿

幼儿在进餐过程中，教师常常会这样提醒："好好吃，别说话。""不要把米粒撒在桌上。""快点吃，大口大口吃。"可以肯定，教师的初衷是好的，目的是希望幼儿专心进餐、保持良好的进餐环境。但是，这样做的结果可能会无意中伤害幼儿。教师对吃饭慢的幼儿进行催促以及对规则不时的提醒，会使幼儿的精神处于紧张状态，影响幼儿的食欲，严重的甚至会造成厌食、畏食。教师让幼儿进行吃饭比赛也是不可取的做法，因为进餐速度过快会让幼儿对食物咀嚼不充分，从而加重幼儿肠胃的负担，引起消化不良。

- 应给予幼儿适度的、自由说话的权利

在进餐活动中，如果幼儿的相互交流或自言自语没有影响其他小朋友或破坏进餐活动，其行为就不应受到批评。但是，给幼儿一个宽松的进餐环境不等于放任自流，教师必须明白何时何事需要维持纪律。如果观察到有些幼儿喜欢干扰别人吃饭，这时教师就要维持纪律，让幼儿了解纪律的重要性，并逐步学会自我控制。

- 不要在进餐过程中处理问题，更不要批评幼儿

为了保证幼儿良好的进餐情绪，教师要避免在进餐过程中批评幼儿。如果出现饭菜不小心被幼儿打翻的情

况，教师的态度要和蔼，建议幼儿今后如何避免，不要表现出厌烦的表情。打翻的饭菜教师要及时清理，同时，教师还应提醒幼儿及时避让，以免弄脏衣服或踩在打翻的饭菜上。如果幼儿衣服被饭菜弄脏，教师要及时帮助幼儿清理并换洗衣服。可给予大班幼儿自己清理的机会，但是教师也要提供帮助，目的是培养幼儿对自己行为负责的态度。

三、特殊体质幼儿的进餐护理

对于班级中的特殊体质幼儿，教师不仅要关心其身体，还要照顾其心理，同时还要做好幼儿家长的沟通指导工作，共同促进幼儿身心的健康发展。

（一）营养不良幼儿的进餐护理

营养不良通常是指人体由于摄入不足、吸收不良或过度损耗造成的营养不足。常见的营养不良包括蛋白质能量营养不良、缺铁性贫血、维生素D缺乏等。

幼儿营养不良最初表现为体重不增，随后出现皮下脂肪逐渐减少、毛发枯黄、精神不振、体格生长速度减慢甚至停顿等症状，严重的可导致幼儿生长发育障碍与智力低下。

营养不良的幼儿常出现偏食、挑食、食欲不好、进食量小、吃饭速度慢等问题。对于食欲不好的幼儿，教师在给其分发饭菜时，要少盛勤添，并充分利用食物本身的色、形、味激发幼儿的食欲，鼓励幼儿多进食。对于一次进食量较小的幼儿，教师可以采取少量多餐的措施，把一日三次正餐的食物量分成四餐，经过一段时间后再逐步增加在园时每餐的进餐量，减少用餐的次数。对于日托园的幼儿，教师应在离园时告知家长幼儿在园的进餐情况，嘱咐家长回家后适量加餐，确保幼儿摄入足够的营养。如果幼儿进餐速度很慢，吃吃停停，教师要提醒幼儿认真进餐，还可以把他们和一些进餐速度较快、不玩耍、不讲话的幼儿安排在同一餐桌上用餐。遇到特别不喜欢吃饭或者吃饭速度特别慢的幼儿，教师可以适当喂几口，再让幼儿自己吃，一方面让幼儿尝尝饭菜味道，引发兴趣，同时也可避免饭菜变凉，幼儿吃后不舒服。

为了加强营养不良幼儿的饮食管理，必要时幼儿园可以请厨房专门为其制作营养丰富且容易消化的营养餐。

（二）易患病幼儿的进餐护理

对于抵抗力差、经常生病的幼儿，教师要特别用心照顾。根据幼儿的情况和家长的要求，分餐时，适当多给一些蔬菜，也不要因为幼儿喜欢吃某种饭菜就一味地多吃，以免摄入过多导致消化不良而生病。

（三）单纯性肥胖幼儿的进餐护理

单纯性肥胖是指人体摄入热量远远大于其消耗的热量，剩余热量转化为脂肪堆积在体内而形成的肥胖。幼儿正处于生长发育的重要时期，控制单纯性肥胖幼儿的体重不能通过节食来进行，应保证幼儿在摄入其生长所需各种营养素的同时，控制其热量与脂肪的摄入。在护理肥胖幼儿进餐时，教师要注意以下几点。

1. 控制进餐速度

肥胖幼儿常常狼吞虎咽，吃得又快又多。我们知道，大脑感觉到“饱”的信号通常是“胃”来传输的，这就需要时间。如果幼儿进食速度太快，容易在大脑还没有接收到“饱”信号的过程中又摄入一些“多余”食物。

教师要引导幼儿学会缓慢而放松地进食，将食物充分嚼碎后再咽下去，这样可以提高幼儿对饥饿与食欲的敏感程度，帮助幼儿自我调节进食量。

控制幼儿进餐的速度还可以采用一些小方法。例如：将食物切成小块，让幼儿慢慢品尝；嘱咐幼儿在心里边数数边吃（咀嚼20下后再吞咽）；教师适时和幼儿说上几句话；等等。一段时间后，可有效改善幼儿进餐速度过快的问题。

2. 控制进食量

正常幼儿每餐吃到八九分饱即感到满足，而肥胖幼儿通常吃到八九分饱后，还要继续进食，直到十二分饱为止。因此，在护理肥胖幼儿进餐时，教师要在满足他们基本营养需要的前提下，适当控制其进食量。

控制幼儿的进食量要逐步、依次进行，不可过严。可以先从主食减起，米饭、面条、馒头等主食逐渐减少，减到让幼儿感觉“不饿”而不是“满足”，最终减到幼儿每日所需的食物摄入量。

在进餐过程中，教师要注意保护肥胖幼儿的心理感受，不要因为他们吃得多而总说“你吃得太多了，不能再吃了”之类的话，最好将适量的饭菜分次盛给幼儿，让他们感觉到自己已经吃得很多了。如果遇到幼儿特别喜欢吃的食物，如包子、水饺等，肥胖幼儿明明已经吃得很饱，但还想再添加，坐着不愿意离开餐桌时，教师可以适当给予小半个包子或饺子以示安慰。

（四）食物过敏幼儿的进餐护理

食物过敏是指进食某种食物后免疫系统对其产生的排斥反

应。食物过敏可能带来一些严重的身体反应，如皮疹、呼吸困难、肠胃炎等，严重时甚至会威胁生命。一般来说，引起过敏反应的食物主要包括牛奶、鸡蛋、花生、小麦、鱼、黄豆、虾、蟹、贝类等。

虽然幼儿园里可能只有极少数幼儿会有食物过敏的情况，但是也要引起教师的高度重视。幼儿园应有幼儿食物过敏的紧急预案。在制定食谱时，也要充分考虑到食物过敏的幼儿。在日常的保育工作中，教师绝对不能让引起过敏的食物接近幼儿，哪怕是接触到幼儿的皮肤也不可以。同时，教师还可以在幼儿进餐的地方张贴过敏幼儿的名单和过敏的食物名称，作为提示。

四、餐后整理

餐后整理包括整理餐桌、餐具、地面，引导幼儿擦嘴、漱口、餐后活动等。

（一）整理餐桌和餐具

教师应为幼儿提供可以集中放置餐具的小桌子、餐车或盆，指导幼儿放回餐具时，轻轻摆放，不挤不抢，懂得谦让。

教师可以为每张餐桌准备一个放残渣的盘子或碗，供幼儿放置鱼刺、骨头、调料、没有吃完的少量食物等。幼儿吃完饭后，教师要鼓励他们主动收拾好餐具，并用小抹布将桌上的残渣抹入盘中，然后将餐具送到指定地点，分门别类摆放好。

为了方便幼儿清楚餐具分类摆放的方法，教师可在收餐具的地方，按照餐具摆放的顺序贴上标志，引导幼儿正确分类。盘子摞盘子，碗摞碗，勺子或筷子按顺序摆放，不要头尾颠倒。

餐具整理好以后，教师或炊事人员应及时将餐具送到厨房进行清洗、消毒。

图3-4　幼儿自己整理餐具

（二）指导幼儿餐后擦嘴和漱口

为了使幼儿保持良好的个人卫生，餐后，教师要指导幼儿先擦嘴、再漱口。

1. 擦嘴

擦嘴既可以用一次性餐巾纸也可以用能重复使用的餐巾。如果使用餐巾纸，教师要提前将餐巾纸裁剪成适宜幼儿使用的大小，放在固定的位置，供幼儿自取。擦嘴时，幼儿应双手捧住餐巾或餐巾纸，放在嘴唇上，双手推动餐巾或餐巾纸，从嘴角两边向中间擦，擦完一次后，对折，再擦一次。最后将手擦干净。擦过的餐巾放在指定的地方待洗，餐巾纸放入垃圾桶中。

刚刚入园的幼儿不会擦嘴，教师可以将擦嘴的步骤和方法编成小儿歌，帮助幼儿掌握正确的擦嘴方法，例如下面的儿歌。

擦嘴儿歌

小小毛巾双手托，
对准嘴巴轻轻合，
方巾变成长方巾，
擦一擦，折一折，
擦一擦，折一折，
小嘴干净笑呵呵。

（北京市东华门幼儿园）

也可以引导幼儿将擦嘴变成折纸游戏，擦一次变成一个长方形，擦两次变成一个正方形。

2. 漱口

饭后漱口有利于及时清除口腔中的食物残渣，保持口腔健康。教师应当指导幼儿按照正确的方法漱口，充分清洁口腔。漱口时，幼儿常常会不小心将水吐到水池外或镜子上。教师可引导幼儿玩“滋水枪”的游戏，告诉幼儿：小嘴就像滋水枪，滋水时一定要先对准水池中间的小洞洞（即下水口），然后再发射。

（三）清洁餐桌和地面

全体幼儿进餐结束后，教师要清洁餐桌，清扫地面，确保环境卫生，为下一步活动做好准备。餐后卫生必须等最后一个幼儿吃完后再进行，以保证幼儿有充足的时间进餐，禁止为了打扫卫生而催促幼儿进餐。在中大班，教师可指导值日生完成一些简单的桌面、地面清理工作。

1. 餐桌的清洁

将桌子上公用渣盘里的骨头、鱼刺等食物残渣倒入事先准备好的容器中，用清水擦拭桌面，确保桌面干净，无食物残渣，无油腻。

若桌面比较油腻，可先用洗涤剂擦一遍，再用清水擦。

2. 地面的清洁

所有幼儿进餐完毕后，教师方可进行地面清洁。地面清洁分两步：清扫和拖地。

清扫时用潮湿的扫帚由里向外顺序清扫，注意扫帚不能太湿或带水。扫地时一定将扫帚压住地面，以免尘土飞扬。要将整个地面，特别是餐桌下的饭粒、菜渣等都清扫干净。

地面清扫干净后，用洗涮干净、控干水的潮湿拖布拖地。先拖相对干净的地面，然后再拖相对较脏的地面，如餐桌下。拖地时要压住拖布，从左往右横拖，人要倒退着走，以防把拖干净的地面踩脏。拖完后将拖布冲洗干净，控水，晾干备用。

五、餐具的清洗与消毒

幼儿进餐后，使用的餐具一般由厨房回收，统一清洗、消毒。作为班级教师，只需将每餐使用过的所有餐具及时送回厨房，由厨房师傅按要求进行清洗和消毒。但是，教师也需要简单了解餐具的清洁、消毒方法，以备不时之需。

（一）餐具（碗、盘、筷、勺）的清洗

餐具的清洗步骤如下。

1. 准备

准备一条干净的洗碗布、一副餐具清洗专用的橡胶手套、一瓶洗洁精、一个干净的托盘或消毒专用布袋。

2. 处理残渣和油污

如果碗、盘中有食物残渣，应将其倒掉或用抹布、纸巾擦掉；一些油污较重的碗、盘，先用清水冲去大部分油污，这样会比较容易清洗。

3. 放入热水

事先将双手洗净，戴上橡胶手套，在洗碗槽中放入适量热水，因为用热水更容易将餐具上的油污清洗干净。

4. 用洗洁精清洗

将需要清洗的碗、盘、筷、勺放入洗碗槽中，盛半槽水，倒入适量洗洁精，用洗碗布依次擦洗。如果餐具上有比较顽固的污渍，可在水中浸泡一会儿再洗。

（1）碗：按照“碗内一周、碗外一周、碗底”的顺序擦洗，擦洗干净后放在一旁待冲洗。

（2）盘：按照“盘内一周、盘外一周、盘底”的顺序擦洗，擦洗干净后放在一旁待冲洗。

（3）筷子：不要把很多筷子堆在一起洗，这样容易漏掉污垢。应尽量分批搓洗，每批4~6双比较合适。先搓洗筷子头，再搓洗其他部位，要把每个地方都搓洗干净，搓洗好以后码放在一旁待冲洗。

（4）勺子：要一把一把地擦洗。先擦洗勺子头，再擦洗勺子把，确保每个地方都擦洗干净。擦洗好以后放在一旁待冲洗。

5. 用流动水冲洗

用流动水冲洗擦洗好的碗、盘、筷、勺，洗完之后，脱掉橡胶手套，用手摸一摸碗、盘、筷、勺的表面，感觉不粘手、不打滑，就表示洗干净了。

6. 控干水，准备消毒

将洗好的碗、盘、筷、勺竖立放置，控干其表面的水，然后放入托盘内或消毒布袋内准备消毒。

（二）餐具的消毒

1. 送食堂统一消毒

（1）将洗好的餐具放入消毒专用布袋内（袋上用毛线绣上“小一班”等班级字样，以方便消毒后认领）。需要消毒的餐具较多时，可将餐具分类放入多个布袋内。

（2）日托幼儿园教师在幼儿离园后，寄宿制幼儿园教师在幼儿晚上全部睡觉后，将布袋送到幼儿园指定的消毒地点，交由食堂蒸煮消毒或在消毒间的大消毒柜里消毒。

（3）第二天早上来园后，教师先清洗双手，再到幼儿园指定的地点取回本班布袋，领取时要看清楚班级标志，避免错领。

（4）消毒专用布袋拿回班后，教师要将各类餐具取出，放到固定的位置，为幼儿使用做好准备。

2. 在班级内用消毒柜消毒

有消毒柜的班级，清洗好的水杯、水壶、奶壶、水果盘、水果刀等餐具控干水以后放入消毒柜内消毒。消毒时间一般为半小时，但瓶盖等塑胶制品，消毒5分钟即可。教师在使用消毒柜消毒餐具等物品时要按照说明书设定参数，并遵守以下使用规则。

（1）消毒柜要“干用”

如果水杯、奶杯等还滴着水就放进消毒柜，消毒柜内部的各种电器元件及金属表面容易受潮氧化，会缩短消毒柜的使用寿命。因此，要将餐具控干后再放入消毒柜内消毒，这样不仅能保护消毒柜，还能缩短消毒时间，降低电能消耗。

（2）消毒柜要经常通电

消毒柜平时可以代替普通碗柜存放消毒好的餐具，起到避免二次污染的保洁作用。因消毒柜密封性较好，里面的潮湿空气难以及时排出，在潮湿的环境下，附在餐具上的霉菌会大量滋生，危害幼儿健康。因此，消毒柜最好一两天通电消毒一次，这样既可以达到消毒的目的，又可以延长消毒柜的使用寿命。

（3）消毒柜的摆放位置要科学

消毒柜应放置在干燥通风处，背面离墙不宜小于30厘米。

（4）消毒期间柜门不要打开

消毒过程中如非必要不要打开柜门，否则既影响消毒效果，又增加耗电量。如果是高温消毒方式的消毒柜，消毒结束后，柜内温度依然很高，一般10~20分钟后方可开柜门拿取餐具。每次消毒完毕，要及时关闭电源或拔下电源插头。

（5）消毒柜要定期清洁保养

消毒柜要做好日常养护，每天要将柜体下端集水盒中的水倒出，并将盒子清洗干净。

消毒柜每周要清洁一次，清洁前先拔下电源插头，然后用干净的洗碗布擦拭消毒柜内部。若污渍难以去除，可先用湿布蘸取洗洁精擦洗，擦净洗洁精后用干布擦干水分。清洁时，注意不要撞击到发热管或臭氧发生器。最后用清水抹布擦拭消毒柜外部。禁止用水冲淋消毒柜。

（6）消毒柜要常检查

消毒柜要经常检查柜门封条是否密封良好，以免热量散失或臭氧溢出，影响消毒效果。使用时，如发现发热管不发热，或听不到臭氧发生器高压放电所产生的“吱吱”声，说明消毒柜出现了故障，应停止使用，送维修部门修理。

（三）餐具的保洁

消毒后的餐具要正确存放、注意保洁，防止杂物、灰尘落入，避免受到污染。消毒后（高温蒸汽消毒），餐具上的水分不能用抹布擦干，要让其自行干燥。

保育小窍门

巧用图书帮助幼儿建立良好的进餐习惯

图书是教师的良师益友。很多图书以照片、漫画等图文并茂的方式，帮助教师了解更多的、与幼儿营养和健康相关的知识和方法。教师不妨抽空阅读，一定会对培养幼儿良好的饮食习惯有所帮助。

还有很多有趣的图画书，例如，《我可爱的身体》《肚子里有个火车站》《南瓜汤》等，可以帮助幼儿了解自己的身体，知道食物消化的过程，明白均衡膳食的重要性。和幼儿一起共读图画书也是营养和健康教育的重要途径，因此教师可以通过指导幼儿阅读、讲给幼儿听、与幼儿进行讨论等方式帮助幼儿形成良好的进餐习惯。

复习与思考

1. 要为幼儿创设一个良好的进餐环境，需要做好哪些保育工作？

2. 入园初期的小班幼儿不会拿小勺自己进餐怎么办？

3. 为什么在进餐环节为幼儿创设良好的心理环境很重要？教师如何做到？

4. 小明是个肥胖儿，每次吃饭都吃得很多。作为保育教师，你如何巧妙地在进餐环节帮助他控制进食量？

第四章
加餐环节的保育工作

学习目标

1. 知道常见的加餐食物，以及教师要做的准备和护理工作。

2. 掌握加餐环节的保育指导要点。

为了满足幼儿快速生长发育的需要，幼儿园每天除正餐外还会有加餐。加餐有其自身的特点，既要营养丰富，又不能影响幼儿下一顿正餐的食欲。同时，加餐的食物、品种、配量与时间安排都要有所选择与控制。

幼儿园加餐的食物主要有牛奶、酸奶、奶酪、水果、干果、果蔬水、绿豆汤、少量谷类等。加餐的食物不同，教师要做的准备工作和护理工作也有所不同。但是，加餐环节的常规要求（如餐桌的清洁与消毒、吃加餐的过程、加餐后的整理、幼儿的喝水与漱口等）均和正餐是一样的。在保证食品安全的同时，教师还要注重幼儿饮食行为习惯的培养。

一、饮品加餐

幼儿园加餐的饮品一般包括牛奶、酸奶、果蔬水、绿豆汤等。

（一）牛奶

牛奶种类有很多，幼儿园一般会选择巴氏消毒奶、超高温灭菌奶或奶粉作为加餐饮用的牛奶，具体饮用方法可参照食用说明。要确保幼儿喝的都是新鲜的、生产日期很近的牛奶。加餐牛奶的饮用量由幼儿园负责制定食谱的保健人员或营养师根据幼儿一天应摄入的量决定。教师只要按照定量领取、分发即可。

1. 牛奶的准备

（1）加餐牛奶在秋、冬、春等季节天气较冷时需要加热后给幼儿饮用，加热温度至用手心感觉微烫为宜。

（2）加餐如果是奶粉，教师应提前半小时左右，根据班级当天幼儿人数，按照保健人员的要求准备奶粉的量，按食用说明冲调给幼儿饮用。

2. 牛奶饮具的准备、清洁与消毒

加餐喝牛奶时一般使用碗或水杯，幼儿园应当统筹考虑，准备好适宜的饮具。由于牛奶易附着于杯壁，因此，无论使用哪种容器，使用后都应及时清洗、消毒。

如果使用水杯喝加餐牛奶，班级可以准备两套水杯，一套用于喝奶，用后及时清洗、消毒备用；另一套用于幼儿当天喝水。如果只有一套水杯，既要用于喝水又要用于喝奶，那么喝完牛奶后一定要清洗、消毒。但这种方式容易出现“水杯消毒后不能及时晾凉，无法供幼儿随时饮水”的问题，因此教师要合理安排幼儿喝牛奶与喝水的时间，保证幼儿充足的饮水量。

3. 牛奶加餐的护理

喝牛奶前，幼儿应洗好手，取碗或水杯后回到座位上。教师可用勺舀牛奶到幼儿的碗或水杯中。幼儿要用双手端着碗或杯子喝奶，喝完后自己将碗或水杯送回收纳容器中，并漱口。

在为幼儿提供只需加热的饮用奶时，教师应用消过毒的剪刀剪开牛奶袋的一角，倾倒在幼儿的碗或水杯之中。教师应注意剪刀的安全使用，不要伤到幼儿。

（二）酸奶

酸奶保留了牛奶的所有优点，也是钙的良好来源，比牛奶更容易消化、吸收。喝酸奶也不会发生腹胀、腹泻的现象。幼儿园在选择酸奶品种时，一般应选用不含果料的原味酸奶。

1. 酸奶的准备

酸奶应在2~6℃冷藏保存，否则会导致营养素的流失和益生菌含量的降低，有时甚至会产生一些有害物质。幼儿脾胃较弱，不宜食用过凉的食物，因此，教师应将酸奶从冰箱冷藏室取出后，放置一段时间，让其更接近室温，再让幼儿饮用。根据季节的不同，放置的时间也有所不同，夏季一般放置十几分钟，秋、冬季略长一些，但都不应该超过2个小时。

2. 喝酸奶的方法

幼儿园一般给幼儿提供小盒装的酸奶。无论是凝固型的还是搅拌型的，这种包装的酸奶大部分都要用吸管饮用。为了避免将手上的细菌带到吸管上，在打开吸管包装时，应从斜面口端的上1/3处撕掉部分外包装，然后拿着带外包装的直面口端将吸管斜面口端垂直插入酸奶盒中，直插到底，这样吸管上方的外包装就会在顶处打褶，顺势将外包装拉出即可。

图4-1　吸管包装的位置说明

喝酸奶之前最好先适当摇晃，使盒壁上和盒盖上附着的酸奶溶到盒里的酸奶中。酸奶喝完后应改变吸管方向吸吮，直到将盒里的酸奶充分吸干净。喝酸奶时，教师应加强巡视，避免幼儿在用吸管喝酸奶时发生意外。

（三）奶酪

奶酪是一种发酵的牛奶制品，近似固体，营养价值十分丰富。幼儿园也可根据实际情况为幼儿提供奶酪作为加餐。吃奶酪比较简单，教师按照班级幼儿来园人数领取奶酪，注意从领取到食用放置在室温中的时间不要超过2小时。食用时，幼儿一人一份，吃完后喝些水即可。

（四）果蔬水和绿豆汤

有些蔬菜、水果在幼儿园不宜生食，但可以根据季节把它们煮开，调制成果蔬水给幼儿饮用，如甘蔗、山楂、柠檬、苦瓜、菊花、荸荠等。夏天，喝绿豆汤是一个不错的选择。幼儿每天喝上一碗清凉的绿豆汤，既能清热又能消暑。

温馨提示

幼儿园和教师可以根据当时当地的季节特点和饮食特色，为幼儿提供富有营养、健康、可口的自制饮品。

一般来说，厨房师傅做完早餐后，就可以开始调制果蔬水和绿豆汤了，煮开后放到饮水壶中，晾到一定温度后由教师领取。

教师可以在上午或者幼儿午睡起床后安排一次集中喝水的时间，让幼儿在这段时间喝果蔬水或绿豆汤，其余时间由幼儿根据自己的需要饮用白开水，这样既补充了营养，又达到了规定的饮水量。

二、水果加餐

酸酸甜甜的水果富含维生素、有机酸、矿物质等营养，可以增进食欲、促进消化，是加餐的好食物。幼儿园加餐的水果最好是应季水果。此外，在挑选水果时还要注意符合当地食品卫生监督部门的要求，一些不能削皮、不宜清洗的水果最好不要在幼儿园集体食用。

（一）水果的准备

准备2个固定的清洁盆，一个（不需消毒）用于清洗水果，另一个（需消毒）用于盛放削皮后的水果。

1. 清洗

无论什么样的水果，带皮的或不带皮的，给幼儿吃之前都应清洗干净。清洗时可以将水果表皮用水浸湿，放一点食盐，双手握着水果来回轻轻地搓，搓干净后用清水冲洗。

需要去蒂的水果在清洗前要剪短蒂部，如有蒂的橘子、苹果等，去蒂时不能直接用手掰，以免露出果肉。露出果肉的水果在清洗时脏水容易进入，进食后会对幼儿身体健康不利。需要拆分的水果在清洗前要拆分好，如整把的香蕉，在拆分时一定要从根部掰开，要注意保持水果的完整，避免外皮破裂。

2. 削皮

水果削皮前，教师要将消毒好的水果盆、消毒盖布、削皮刀、水果刀准备好，并认真用肥皂、流动水洗手。然后将每个水果的外皮削掉，削好皮的水果放到已经消毒的水果盆中。削皮过程中，教师的手不能再接触其他物品，等水果削皮完毕后再进行桌面和地面的清洁。水果准备完毕要用消毒盖布盖好，以防止污染。教师应掌握好削皮的时间和食用的时间。削皮后的水果应尽快食用，以免氧化变色，放置时间不要超过30分钟。

3. 切块

幼儿每次吃水果的量一般在150克左右。当水果过大时，教师需要将水果切块。水果切块应当尽量大小相同，避免幼儿在领取水果时挑挑拣拣。对于大部分幼儿来说，教师不需要将水果切成一口一块的小块，也不需要剔核，因为幼儿已经具备将水果吃干净的能力了，教师只需要提醒幼儿将果肉尽可能地吃干净。

但是对于有特殊需要的幼儿，如刚入园的小班幼儿、换牙期的幼儿、有口腔溃疡的幼儿等，教师则应该更细致地照顾，可以将水果切成薄一些的水果片，让幼儿食用起来更加容易。

保育小窍门

荔枝和芒果的处理方法

荔枝表皮有条中间线，食用时用双手的大拇指和食指固定荔枝，沿着荔枝外皮的中间线往中间挤摁，荔枝皮很容易就剥开了。大班幼儿，教师可以教他们自己剥皮；中、小班幼儿，教师可以帮助他们剥开口。

芒果洗净后，竖着放在水果盆中，用水果刀紧贴芒果核，将两侧果肉切下，切完后芒果会分成三片：两片芒果肉，一片芒果核。在芒果肉上纵向划几刀，再横向划几刀，下刀不用太重，以划破果肉又不划破果皮为好。划好后，用手把果皮往上轻轻一顶，芒果肉就像花朵一样打开了。

4. 吃水果

教师引导幼儿按秩序领取水果，领取水果时不挑挑拣拣，拿起一块就回到座位上进食，细嚼慢咽。

教师应指导幼儿尽量将水果吃干净，避免浪费。如果是有核的水果（如苹果、梨等），应尽量吃到果核的根部。如果是瓜类水果（如西瓜、伊丽莎白瓜等），应将皮上的果肉都啃干净。如果是需要吐核的水果（如荔枝、橘子等），应小心进食，将果核旁边的果肉吃干净，同时避免将核误吞。

教师要提醒幼儿吃完水果后将果核、果皮扔到指定的地方，养成讲卫生的好习惯。

保育问答

问题:

吃水果时幼儿总喜欢挑挑拣拣怎么办?

很多水果放在一起时，幼儿往往目不暇接，不知道拿哪一个，总是觉得哪一个都比自己手里的顺眼，于是就出现了挑拣的现象。教师应引导幼儿学会“用眼睛挑选好，再用手去拿，不用手挑拣”的方法。同时，教师在给水果切块时，也应当尽量切得均匀，为幼儿不挑挑拣拣创造条件。

（二）水果盘、水果刀的清洗

吃完水果后，削果皮所用的水果刀以及幼儿吃水果使用的水果盘都需清洗干净。如果水果刀、水果盘上污渍较少，直接用流动水冲洗即可。水果盘先冲洗内底及内壁，再冲洗外底及外壁。水果刀先冲洗刀背，再小心地冲洗刀口，最后冲洗刀把。冲洗干净的水果刀、水果盘控干水后应放入托盘中在班级内消毒或放入消毒专用布袋送食堂统一消毒。

如果水果刀、水果盘上污渍较多，要使用洗洁精清洗。先用清洁布蘸取洗洁精溶液按正确的顺序擦洗污渍，然后放入清洗专用盆中待冲洗。应当用流动水冲洗水果盘和水果刀，一定要将洗洁精溶液全部冲洗干净。冲洗完毕后，用手摸一摸水果盘、水果刀的表面，感觉表面不粘手、不打滑，就表示冲洗干净了。

图4-2 用完的水果盘自己冲洗干净

三、坚果加餐

坚果富含人体必需的蛋白质、油脂、矿物质、维生素等，对幼儿生长发育、增强体质、预防疾病有极好的功效。吃坚果还可以锻炼幼儿的咀嚼能力。

适合幼儿园集体加餐的坚果有核桃仁、开心果、腰果、杏仁、花生等。一般来说，幼儿园为幼儿准备的干果都应当是去皮的果仁。幼儿园应根据幼儿的年龄特点选择制作方式，例如，小班可以选择煮核桃、煮花生；中大班则可以选择烤制。

加餐时，教师需根据幼儿园保健人员或营养师制定的幼儿食量领取坚果，平均分发给每个幼儿，分发时可以用小勺盛数个直接放在幼儿手中，也可以放在幼儿水杯或盘子里。幼儿应坐在自己的位子上安静进食，不能说话，更不能说笑或逗着玩，以免圆滑的坚果误吞入气管。吃完坚果要提醒幼儿喝水，并漱口。如果幼儿是在晚间加餐，可以和牛奶搭配着吃，吃完后刷牙、漱口。

有些幼儿可能会对花生、腰果等坚果过敏，教师应做到心中有数，并在加餐过程中予以注意。

四、小食品加餐

一般来说，在小班幼儿新入园加餐时，或寄宿制幼儿晚间加餐时，都会考虑适量给幼儿提供一些谷类小食品，如饼干、蛋糕、小面包等。有条件的幼儿园应选择自己制作这些小食品。这些小食品作为正餐之外的加餐，量不宜多，主要解决幼儿的能量补充。

加餐时，教师应按照班级幼儿人数领取食品和盛装食品的小盘，然后每人按量分发一份。如果是晚间加餐，可以和牛奶搭配着吃，吃完后刷牙、漱口。加餐结束后，教师将小盘送回厨房，由厨房师傅洗净、消毒、备用。

保育问答

问题：

幼儿见到喜欢吃的食品就使劲吃怎么办?

无论是坚果、水果还是小零食，教师应对幼儿加餐的量心中有数。幼儿吃完应有的一份后若还想添加，教师可适当添加一点，但是不能超出幼儿加餐的规定量太多。同时可以劝解幼儿：“晚餐还有更好吃的呢，要给肚子留点地方呀！”还可以通过平时给幼儿讲故事，组织幼儿进行谈话和讨论等活动帮助幼儿控制和改变这种行为。

复习与思考

1. 饮品加餐和水果加餐时，教师应当注意些什么？这两种加餐的指导有何异同？

2. 在给幼儿吃坚果时容易出现哪些问题？教师应该如何做？

第五章
饮水环节的保育工作

学习目标

1. 掌握幼儿饮水的时间、次数及量的要求。
2. 掌握饮水环节的准备及指导要点。
3. 掌握培养幼儿良好饮水习惯的方法与策略。

水是维持生命的重要物质，同时也是我们不可缺少的营养素。水能保护身体器官、调节体温、帮助人体排出废弃物。饮水是保证幼儿身体机能健康运转的重要途径。为了保证幼儿的健康，教师每天要为幼儿准备充足的、温度适宜的饮用水供幼儿饮用，引导幼儿掌握正确的饮水方法，合理安排幼儿一天的饮水时间与饮水次数，保证幼儿充足的饮水量。同时，教师要鼓励幼儿养成主动饮水的习惯，教会幼儿判断水温是否适宜。

一、幼儿饮水的时间、次数与量的要求

托幼机构应为幼儿提供符合国家《生活饮用水卫生标准》的饮用水，保证幼儿按需饮水，保证每天上、下午各一两次集中饮水。1~3岁幼儿饮水量为50~100毫升/次，3~6岁幼儿饮水量为100~150毫升/次。同时，教师需要根据季节酌情调整幼儿的饮水量，鼓励幼儿根据自己的需要主动饮水、随时饮水。

一般来讲，建议幼儿每天可以喝水6~8次，每次喝水量100~150毫升（可根据季节变化酌情调整）。时间建议为：早晨起床后（寄宿制幼儿园）、区域活动后、教育活动后、户外活动后、午睡起床后、下午游戏活动后、下午户外活动后、晚饭后一小时（寄宿制幼儿园）。

保育小窍门

幼儿饮水的注意事项

幼儿午睡或晚上睡觉之前尽量不喝水、少喝水或提前喝水。如果幼儿夜间容易尿床，一定要提醒幼儿提前喝水。另外，教师还要在幼儿上床睡觉之前提醒幼儿排尿，养成睡前排尿的好习惯，同时也保证了幼儿的睡眠质量。

二、饮水环节的准备与指导要点

（一）饮水环节的准备

幼儿来园前，教师需为幼儿准备好全天的饮水量，并注意根据季节的情况，调整水温。一般来说，夏季为凉开水，春、秋季为温开水，冬季为温热开水。千万不能将刚开的水直接倒入幼儿水杯内，以免烫伤幼儿。

饮水桶要加盖并上锁，保证幼儿的安全和饮水的清洁；放置饮水桶的桌子或架子要稳固，以免饮水桶打翻砸伤幼儿。

教师用清水擦拭桌面后，将准备好的擦桌布和小水壶放置在桌子中间。在中大班，教师可指导值日生做好此项准备工作。教师还可以鼓励幼儿用小水壶自己倒水，可在幼儿使用的水壶壶身贴好标记，便于幼儿自主掌控水量。

图5-1　幼儿自己用小水壶倒水

安全小港湾

保障幼儿的饮水安全

依据《生活饮用水卫生监督管理办法》《学校卫生工作条例》等法律法规的要求，幼儿园要加强幼儿饮用水的卫生管理，保障幼儿的饮水安全。

1. 使用的桶装饮用水的企业要有有效的卫生许可证、工商营业执照、工业产品生产许可证、税务登记证、产品质量监督检验报告。

2. 使用的饮水机要具备有效的卫生许可证或涉水产品卫生许可批件。饮水机应远离黑板，防止二次污染。应当制定饮水机清洗、消毒制度，定期对饮水机进行清洗、消毒，夏季每月一次，冬季每两月一次，并按清洗、消毒程序操作。清洗、消毒使用的消毒剂要具有有效的卫生许可批件。另外，还要有定期清洗、消毒饮水机的记录。

3. 幼儿园应制定饮水突发污染事件的应急处理办法。

4. 在幼儿园的醒目位置要设置饮水卫生公告栏，告知幼儿及家长饮水安全须知，包括不宜饮用生水、提倡喝开水等。一旦发现生活饮用水水质污染、不明原因水质突然恶化或水源性疾病暴发等事件时，幼儿园必须立即采取应急措施，及时报告卫生及教育主管部门。

（二）饮水环节的指导要点

在饮水环节，教师要注意以下指导要点，保证幼儿在园期间的饮水卫生和充足的饮水量。

1. 喝水前，教师提示幼儿把手洗干净。

2. 教师之间应相互配合，关注到每一位幼儿的饮水量。教师要为幼儿提供随时可以饮水的条件，鼓励幼儿根据自己的需求主动饮水，不限制饮水量和饮水次数。

3. 小班第一学期，幼儿可以坐在椅子上等待教师倒水，到了第二学期，可以鼓励幼儿自己学习用小壶倒水或到饮水桶前接水。中大班幼儿则完全可以用小壶自主倒水或到饮水桶前接水。如遇洒水情况发生，教师应及时帮助小班幼儿擦干（桌面、地面），提示或协助中大班幼儿自己使用擦桌布及小墩布进行清洁。

4. 幼儿集中饮水时，教师要提醒幼儿不拥挤、不打闹，不要将鼻子伸入水杯内，否则会有摔倒、呛水等危险。

5. 提醒幼儿在喝水前，用“眼睛看一看水有没有热气”“小手摸一摸水杯外壁”“嘴巴轻轻贴水试一试”等方式，关注水的温度是否适宜，确保幼儿的饮水安全。

6. 在早、中、晚饮水环节，教师需为带药幼儿服药并及时填写好服药记录。注意督促个别有感冒、咳嗽、便秘等症状的幼儿多喝水。

三、幼儿水杯、饮水壶、饮水桶的清洁

（一）幼儿水杯的清洁

水杯是幼儿平时用来喝水的杯子，是幼儿不可或缺的用具之一。幼儿园一般选用符合卫生要求的钢化玻璃水杯或不锈钢水杯。各班设有专门存放水杯的水杯格，每个幼儿一格，格上做好明显标记。教师应当指导幼儿喝完水后将水杯放回原位，并注意水杯的存放卫生（放置时杯口朝上，杯把朝外）。

每天教师都需要统一对水杯进行清洗与消毒，基本步骤如下。

1. 准备两个固定的清洁盆（盆上分别标记“食具1”“食具2”）、一块专用清洁布、一瓶洗洁精、一个洁净的托盘或消毒专用布袋。

如果在班内使用消毒柜消毒，那么应准备托盘；如果要送到食堂统一消毒，那么应准备消毒专用布袋。

2. 用“食具1”清洁盆接半盆水，往水中倒入适量洗洁精，然后将需要清洗的水杯放入盆内，用清洁布按照“水杯内底、水杯内侧一周、水杯口、水杯外侧一周、水杯把、水杯外底”的顺序依次刷洗每个杯子，刷好后放入“食具2”清洁盆中待冲洗。

3. 用流动水依次冲洗“食具2”清洁盆中的水杯，确保杯子内外无洗洁精溶液及污渍残留。如果杯子清洗干净后在班级内使用消毒柜消毒，那么冲洗好的水杯应控干水放入托盘内；如果要送到食堂统一消毒，那么可直接放到消毒专用布袋内。

（二）饮水壶的清洁

水壶用来盛凉（温）白开水，一般不会有油污，直接用流动水冲洗即可。如水壶内有水垢，则需用“水壶刷”将水垢清理干净。

清洗水壶时，要按照“水壶内底、水壶内侧一周、水壶嘴、水壶外侧一周、水壶把、水壶外底”的顺序进行。尤其要注意壶口一周的清洁，确保无污物留存。

清洗完毕，还应当用开水进行消毒，然后摆放在通风处，晾干备用。

温馨提示

如果是日托园，饮水壶可于每天幼儿离园后清洗；如果是寄宿制幼儿园，可于每天幼儿晚间上床后进行清洗。

（三）饮水桶的清洁

饮水桶用于盛装温开水，供幼儿每日饮用。为了确保幼儿的饮水卫生，教师一定要保证饮水桶内外的清洁。

每天幼儿离园后，教师要将桶内剩余的水倒掉，并用流动水冲洗桶内壁及桶底，用清水抹布擦拭桶外壁。

每周，教师要用洗洁精彻底清洗饮水桶一次，基本步骤如下。

1. 准备一条饮水桶内壁专用清洁布、一条清水抹布，抹布要干净，清洁饮水桶内壁和外壁的布不可混用。

2. 先往饮水桶中倒入适量清水，然后再倒入适量洗洁精。

3. 用内壁专用清洁布蘸取桶内的水依次擦洗“饮水桶内底、饮水桶内侧一周、饮水桶盖内侧、饮水桶壶嘴”，确保每个地方都清洗干净，然后将桶内的水倒掉。

4. 用湿的清水抹布蘸取洗洁精溶液，依次擦拭“饮水桶盖外侧、饮水桶外侧一周、饮水桶外底”，确保每个地方都清洁干净。

5. 用流动水冲洗饮水桶内外，确保饮水桶各处无洗洁精溶液残留。

6. 用专用清洁布将饮水桶内壁及壶嘴擦干。

7. 用抹布将饮水桶外部擦干。

保育小窍门

饮用水的准备 每晚清洁后，教师需根据季节不同，及时注水，以便幼儿第二天饮水时温度适宜。冬季可先注入半桶开水，第二天一早再注满，保证幼儿饮水温度适宜。

四、培养幼儿建立良好饮水习惯的方法与策略

在饮水环节，教师可以根据小、中、大班幼儿的年龄特点，采取不同的教育策略，指导和帮助幼儿养成主动喝水的良好习惯。

（一）小班

幼儿初入园，带来了家庭中养成的、各种各样的饮水习惯，如不适应用杯子喝水、不喜欢喝白开水等。教师要向家长了解幼儿原有的饮水习惯，为幼儿创设宽松的饮水环境，通过多种方式帮助幼儿养成主动喝白开水的健康饮水习惯，保证幼儿每天的饮水量。

1. 了解和接纳幼儿原有的饮水习惯

入园初期，教师要理解和接纳幼儿原有的饮水习惯，如暂时允许使用奶瓶等饮水用具，鼓励幼儿喝各种口味的水等，逐渐过渡到用杯子喝白开水；也可以允许幼儿自带一些便于消毒的水杯，吸引幼儿使用喜欢的水杯喝水；还可以根据季节的变化，为幼儿准备一些口味多样的水，如菜水、蜂蜜水等，与白开水交替着喝，保证幼儿饮水量。

2. 通过游戏化的方式引导幼儿循序渐进地学会喝白开水和喜欢喝白开水

游戏是小班幼儿一日生活的适宜方式。在饮水环节，教师可以用游戏的口吻鼓励小班幼儿多喝水。如“给小鱼缸加水”“干杯”“给小汽车加油”等；还可以通过装饰喝水用具、墙面来创设游戏化的情境，使饮水活动充满情景性、趣味性，激发幼儿喝水的愿望，如结合幼儿兴趣装饰“大象喷水”饮水壶（壶身为大象，龙头为象鼻）；用多种生动有趣、便于记录的形式，引导幼儿观察、

记录自己的饮水量，如创设“小鱼吹泡泡”互动墙饰，喝一大杯水插一个大泡泡，喝一小杯水插一个小泡泡，提示幼儿彼此关注，相互影响。

图5-2 有趣的水壶

另外，在幼儿刚开始使用水杯时，可以给他们少接一点水，喝完再接，以免洒水，还要及时表扬幼儿饮水方面的进步，鼓励幼儿主动多喝水。教师也可以和幼儿一起喝白开水，为幼儿树立榜样。

3. 利用生活中的契机、专门的教育活动等方式让幼儿了解喝白开水的好处

教师可以抓住发生在幼儿自己身上的、因不常喝水而造成的嗓子疼、长口疮等现象，直观地加以引导，让幼儿感知多喝水的好处。也可以结合幼儿的生活组织一些与水有关的主题活动，让幼儿了解水的重要性。例如，养植一些花草，请幼儿用多种方式给花草浇水，用花草“喝水”的情景引导幼儿多喝水。

4. 关注幼儿小便的颜色和次数，保证幼儿饮水量

教师应当关注幼儿小便的颜色和次数，对小便黄、次数少的幼儿要提醒其多喝水。还可以提醒幼儿小便之后关注自己小便的颜色，引

导幼儿知道：如果小便很黄就意味着身体已经非常缺水了，要赶快去喝一大杯水。

保育问答

问题：

幼儿刚入园时不愿或不会用水杯喝水怎么办？

首先，教师要了解和接纳幼儿原有的喝水习惯，入园初允许幼儿用奶瓶、吸管喝水，然后过渡到使用水杯。在此过程中应当允许幼儿反复，穿插使用奶瓶等喝水，一段时间后可以鼓励幼儿完全使用水杯喝水。其次，对于不会使用水杯喝水的幼儿，教师可以指导其学习正确使用水杯与喝水的方法（双手拿水杯，一手拿杯把，另一手扶水杯；倾斜水杯，喝一口水，完全吞咽后再喝下一口），不催促幼儿，用多种方式鼓励幼儿使用水杯喝水。

（二）中班

中班幼儿已经能按照自己的需要，主动喝一定量的水，但大多数仍需要教师的提醒。教师在提醒的同时，可以采用以下方法帮助幼儿体会水对于自己健康的重要性，使喝水成为幼儿自觉自愿的行为。

1. 创设良好的环境，鼓励幼儿根据需要自主饮水

可以从物质环境和精神环境两方面着手。一方面，创设幼儿随时、方便饮水的物质环境。如饮水桶、水杯架高度适宜，水龙头尽可能多几个，桶中水量充足，水温适宜，创设鼓励幼儿主动饮水的墙饰等。另一方面，创设良好的精神环境，让幼儿有自由饮水的机会，鼓励他们口渴时能够主动喝水。

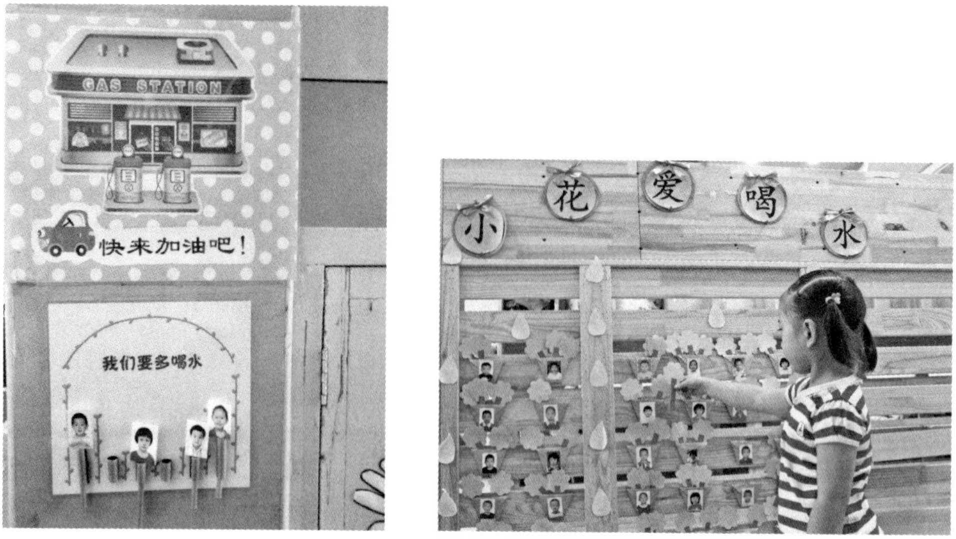

图5-3　有趣的饮水墙饰

饮水儿歌

小鱼爱喝水

肚里小鱼游游游，
有的第一，有的最后，
快给它们加点水，
肚里小鱼快快游！

（北京市六一幼儿院）

小汽车加油

肚里汽车嘀嘀嘀，
开在大街和小巷，
快给它们加点油，
小小汽车快快开！

（北京市六一幼儿院）

2. 建立良好的饮水常规，保证幼儿饮水量

教师可与幼儿共同讨论饮水环节的常规，物化教育目标。例如，可在饮水桶旁标记“每次饮水量要求”“等待接水线”等，在班内设置“健康饮水记录表”，供幼儿记录自己一天的饮水量等。教师还要引导幼儿关注自己小便的颜色，告诉幼儿小便黄的时候要主动多喝水。

3. 用游戏、故事、实验等形式让幼儿了解喝白开水对健康有哪些好处

面对不爱喝白开水的幼儿，“多喝水有好处”对于他们来说显然是一个很抽象的概念，不能唤起他们的切身感受。因此，教师可以用讲故事、做实验等形式帮助幼儿了解水对生命的重要作用。例如，教师可以在自然角让幼儿观察有水的萝卜和缺水的萝卜的不同生长情况，不但可以唤起幼儿观察植物生长的好奇心，还可以让他们真切地体验到水的重要性。

（三）大班

饮水环节是大班幼儿自我服务的主要环节之一，大班幼儿应能够自己去饮水桶接水或用水壶给自己和同伴倒水，但水温和水量需要教师关注与提醒。

1. 为幼儿创设方便的饮水环境，让幼儿可以根据自己的需求随时饮水

教师要通过多种有趣的活动和生活当中的实际体验引导幼儿了解饮水的必要性和益处，提醒幼儿经常主动饮水，尤其是在口渴时、有上火症状时、感冒、发烧、咳嗽时要多饮水，并且在一日生活中允许幼儿可以随渴随喝。

2. 引导幼儿体会水对于生命生长的重要意义，激发幼儿主动饮水的行为

教师可以带领幼儿开展各种关于水的活动，如种植中的浇水活动、对比观察活动（观察植物缺水后的样子、观察自己缺水后尿液的变化）等，从而激发幼儿积极主动饮水和关注饮水的意识和行为。教师还可与幼儿共同讨论，确定一日饮水的时间、次数和饮水量，并在班级环境中通过图示和简单文字加以提示，养成幼儿良好的饮水习惯。

3. 给予幼儿自我服务和自我管理的支持

大班幼儿已经具备了自我服务和自我管理的简单意识和能力。教师要鼓励幼儿为自己和他人倒水，同伴间互相提醒，保证适宜的饮水量。户外活动时可让幼儿自己带水壶，根据需求来饮水。

保育问答

问题一：

幼儿在园喝白开水，回家却只喝饮料怎么办？

首先，教师应该让家长意识到饮料并非健康的饮品，经常喝饮料会使幼儿摄入过多的糖分。要提醒家长平时尽量不要主动给幼儿买饮料喝。其次，建议家长鼓励幼儿在口渴的时候及时喝白开水，这样做会让幼儿更多地选择喝水而不是喝含糖的饮料。最后，教师还可以利用家访、家长开放日、家长会、家园互动交流等多种形式对家长开展相关的宣传和教育，并且在班上也对幼儿开展相应的教育活动，共同改变幼儿的不良饮水习惯。

问题二：

幼儿饮水量不够怎么办？

幼儿每天需要喝多少水取决于身体的新陈代谢、年龄和外部气温。当天气较热或者进行户外活动的时候，幼儿就需要多喝水。大脑会通过发出身体需要水的信号来控制水的摄入量，成人很容易意识到口渴的信号，但是幼儿则比较困难。而且，很多时候，幼儿一玩起来，就会忘记喝水。

为了让幼儿意识到主动喝水的重要性，教师可以通过与幼儿一起开展种植对比试验，让幼儿看到缺水植物和足水植物的不同状况，体验水的重要性，从而激发幼儿主动喝水的愿望。此外，教师还可以在饮水桶附近标示出饮水量的要求，提示幼儿按照标示来接相应量的水；在墙面设置饮水记录表，帮助幼儿记录每次饮水量；也可以发挥幼儿同伴间的互相监督、提醒作用，保证幼儿饮水量。

复习与思考

1. 幼儿每天应当喝多少水比较适宜？每次喝水的量是多少？

2. 在为幼儿准备饮用水时要注意哪些安全事项？

3. 如何用游戏的方法引导幼儿喜欢喝白开水？

第六章
如厕环节的保育工作

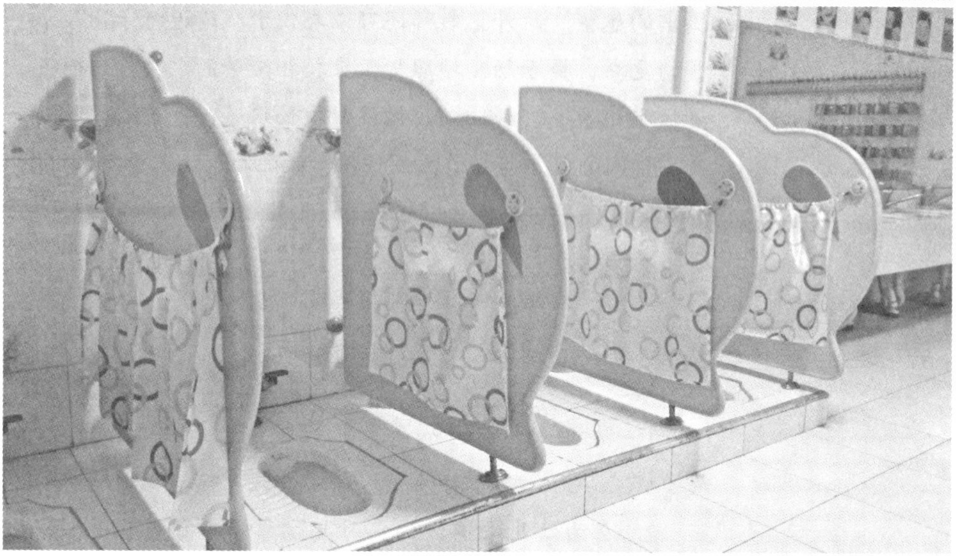

学习目标

1. 掌握卫生间的清洁与消毒方法。

2. 学习指导幼儿如厕的方法与策略。

3. 了解如厕环节的常见保育问题与对策。

如厕是幼儿一日生活的重要环节，养成良好的如厕习惯对于幼儿的身体健康十分有益。教师应为幼儿创设轻松的如厕环境，对不同年龄阶段的幼儿采取适宜的教育策略，支持幼儿学会正确的如厕方法，养成主动如厕、卫生如厕、独立如厕的良好习惯，增强他们自我服务的能力。

一、卫生间的清洁要求与方法

卫生间是幼儿如厕的空间，是容易滋生细菌的地方，卫生消毒工作尤为重要。教师要保持卫生间地面清洁干燥，随湿随擦，并要定期对卫生间的地面、便器、拖布池、垃圾桶、扫帚、拖布、抹布等进行消毒。还需要特别注意的是：成人卫生间和幼儿卫生间要分开，教师不得使用幼儿卫生间，以免造成交叉感染。

（一）卫生间的清洁卫生要求

卫生间的清洁卫生是保育工作中非常重要的一个内容。具体来说，卫生间的清洁卫生工作主要在空气的清新程度、地面的爽洁程度、物品的摆放要求、便池的清洁、毛巾的清洗和晾晒等方面提出了相应的要求，具体如下。

1. 空气清新，无异味。
2. 地面干爽，随擦拭。
3. 清洁物品，分类放；做好标识，摆整齐。
4. 幼儿便池，随冲刷；尿渍便渍，即清理。
5. 毛巾分开，晾晒好；通风干燥，做仔细。

（二）卫生间地面清洁与消毒的正确方法

卫生间地面清洁与消毒的具体方法可参见第八章“室内活动中的保育工作”中“活动室地面的清洁”相关部分，并需特别注意以下两点。

1. 日常清洁与消毒

卫生间地面每天用清水拖擦清洁两次（早、晚各一次）。一日生活中，教师要随时关注卫生间地面是否有水，或者便器周围是否有尿液遗留，发现后要马上擦干。教师可先用“卫生间湿拖把”擦拭清洁，再用“卫生间干拖把”擦干，保持地面干燥，防止幼儿去卫生间时滑倒。

2. 传染病时的清洁与消毒

当发现肠道传染病时，可用浓度为含有效氯500毫克/升的含氯消毒剂拖擦，每天对地面进行两次清洁与消毒。

（三）冲水便器清洁与消毒的正确方法

幼儿园班级便器每天必须进行一次清洁与消毒。每次幼儿如厕后，要随时冲洗干净。日托幼儿园教师要在下午幼儿离园后进行消毒，寄宿制幼儿园教师要在晚上幼儿睡觉后进行消毒。

1. 冲水便器清洁与消毒的基本步骤

（1）准备清洁工具，包括马桶刷、卫生间消毒专用橡胶手套、卫生间专用消毒盆、清水盆等。

（2）戴上手套，在消毒盆中配制浓度为含有效氯500毫克/升的消毒液。

（3）用马桶刷将便器上残留的污染物洗刷干净。

（4）用配制好的消毒液刷洗便器内部，保证槽内无污渍、无尿碱沉积。

（5）让消毒液在便器上滞留30分钟。

（6）用清水洗刷便器，保证槽内、槽外没有消毒液滞留。

教师加油站

不同类型便器的清洁与消毒方法

便器分为沟槽便池、坐便器、小便池、立式小便池。不同类型的便器应当采用不同的方法消毒，具体方法如下。

- 沟槽便池：先在“清水盆”内装满清水，按照“便池内槽侧壁、便池内槽底部”的顺序刷洗，最后按下便池冲洗按钮，冲洗沟槽。
- 坐便器：先在“清水盆”内装满清水，按照“坐圈上面、盖子内侧、坐圈下面、坐便器上沿、盖子上侧、坐便器外侧一周”的顺序刷洗，最后按下坐便器冲洗按钮，冲洗坐便器内槽。
- 小便池：先在“清水盆”内装满清水，按照“便池上沿、便池内圈一周、便器脚踩周边区域”的顺序刷洗，最后脚踩便池冲洗按钮，冲洗便池内槽。
- 立式小便池：先在“清水盆”内装满清水，按照“便池上沿、便池外圈一周、便池外侧、便池内侧”的顺序刷洗，最后按下立式小便池冲洗按钮，冲洗便池内槽。

2. 注意事项

便池、马桶下水道应保持畅通，无堵塞。如果堵塞，要及时告知后勤维修人员处理。

（四）污染物容器清洁与消毒的正确方法

在没有冲水便池设备的幼儿园，需要使用便盆、尿壶等容器盛装粪便和尿液，有的幼儿园还配备有专门的痰盂和吐泻物容器。这些污染物容器在每次盛装过污染物后，教师都要对其进行一次消毒。

1. 污染物容器清洁与消毒的基本步骤

（1）准备清洁工具，包括卫生间专用抹布、马桶刷、污染物容器专用刷、卫生间消毒专用橡胶手套、卫生间消毒盆、清水盆等。

（2）及时将粪便、尿液、痰、吐泻物等污染物倒掉。

（3）带上手套，在卫生间专用消毒盆中配制浓度为含有效氯500毫克/升的消毒液。

（4）往污染物容器内倒入清水，用马桶刷清洗便盆和尿壶，用专用刷子清洗痰盂和吐泻物容器，确保没有污染物残留。

（5）用专用抹布，按照从上到下的顺序擦拭便盆、尿壶、痰盂、吐泻物容器的外侧一周，使容器外表面清洁。

（6）用配制好的消毒液刷容器内部，按照“容器上沿、容器内侧、容器外侧一周”的顺序进行消毒。

（7）消毒液要在容器上滞留30分钟。

（8）用清水按照“容器上沿、容器内侧、容器外侧一周”的顺序洗刷便盆、尿壶、痰盂、吐泻物容器，保证容器内、容器外没有消毒液滞留。

2. 注意事项

对疑似肠道传染病患儿以及肠道传染病发病观察班级使用的专用便器和吐泻物容器，必须单独消毒处理。

（五）垃圾桶清洁与消毒的正确方法

1. 垃圾桶的保洁

教师每天来园后，要用一个垃圾袋套在垃圾桶内部，并且保证垃圾桶上沿也用垃圾袋覆盖。

2. 垃圾桶的清洁

垃圾桶装满垃圾后，教师要及时将垃圾倒掉，按照“垃圾桶内部、垃圾桶外侧一圈”的顺序冲洗垃圾桶，然后用卫生间专用抹布按照“垃圾桶内部、垃圾桶外侧一圈”的顺序擦拭垃圾桶表面。

3. 垃圾桶的消毒

每周用浓度为含有效氯250毫克/升的消毒液，采取“清水、消毒液、清水”的顺序和方法，对垃圾桶进行一次消毒。

（六）清洁工具清洁与消毒的正确方法

清洁工具包括扫帚、拖布、抹布、马桶刷等，对其进行清洁与消毒时，需要做到以下几点。

1. 清洁工具要标记专用，不得混用，并要有专门的区域存放，保持清洁。

2. 清洁工具要每天清洗，用后也要及时清洗干净，放在室外太阳下通风处自然风干。

3. 必要时要进行消毒处理。

4. 具体的清洁与消毒方法。

（1）每周要对扫帚、拖布、抹布进行消毒，用浓度为含有效氯500毫克/升的消毒液浸泡消毒一小时，充分清洗干净后备用。

（2）如果扫帚、拖布、抹布被排泄物、呕吐物污染，要用浓度为含有效氯1000毫克/升的消毒液浸泡消毒一小时，充分清洗干净后备用。

（3）每周要对马桶刷进行一次消毒，先在便器内，用清水冲洗马桶刷，再用浓度为含有效氯1000毫克/升的消毒液浸泡消毒一小时，最后再充分冲洗干净。

（七）拖布池清洁与消毒的正确方法

每天清洁拖布时，要同时对拖布池进行清洁与消毒，具体方法如下。

1. 用洗干净的拖布，按照“拖布池外侧一圈、拖布池上沿、拖布池里面”的顺序擦拭。

2. 将拖布拧干，悬挂。

3. 在“清水盆”内装满清水，按照“拖布池外侧一圈、拖布池上沿、拖布池里面”的顺序冲洗拖布池。

二、创设温馨、轻松的如厕环境

创设温馨、轻松的如厕环境可以帮助幼儿克服不愿在幼儿园大小便的紧张情绪，并且养成良好的排便习惯。温馨、轻松的如厕环境主要包括物质环境和心理环境两个方面。

（一）物质环境

教师要创设温馨的物质环境，注意保持卫生间的清洁、卫生；为幼儿准备足够的、长度合适的卫生纸；如果是蹲便，教师应当为小班幼儿设置小扶手，方便幼儿如厕时蹲下和站起。

（二）心理环境

营造一个温馨、轻松的心理环境更为重要。宽松、接纳的氛围能够让幼儿感觉就像在家里一样，彻底克服不愿在幼儿园大小便的紧张情绪，更快地养成良好的排便习惯。教师可以尝试以下方法为幼儿营造轻松的心理环境。

1. 利用墙面创设故事情境

利用卫生间墙面创设故事情境，帮助幼儿轻松如厕。教师可以在墙面上粘贴幼儿熟悉的故事角色，创设有趣的故事情境。例如，把便坑用拟人的图示装扮成小动物的家，请幼儿到自己喜欢的小动物家里大小便。

图6-1 有趣的卫生间墙饰

2. 播放音乐

在卫生间播放幼儿喜欢的音乐，帮助幼儿在轻松愉快的氛围中如厕。

3. 保护幼儿的自尊心

对将大小便弄到身上的幼儿要做到不批评、不埋怨、不当众换洗，并耐心安慰幼儿。

4. 鼓励幼儿主动寻求帮助

鼓励幼儿遇到困难时主动寻求帮助，如告诉幼儿：“你的裤子尿湿了，能马上告诉老师，真棒！”

5. 和幼儿一起讨论并制定规则

和幼儿一起讨论、制定如厕规则，引导幼儿注意安全自护，如：人多时不着急，排好队一个一个来；注意地面，当心滑倒；等等。

三、指导幼儿如厕的方法与策略

小、中、大班幼儿的年龄特点不同，因此教师要采取适宜的教育策略帮助幼儿养成良好的如厕习惯。

（一）小班

初入园的小班幼儿，由于对如厕环境的改变、蹲便方式、自己穿脱裤子等方面不适应，有可能加重如厕时的焦虑心理，影响身心健康。教师要在接纳幼儿原有习惯的基础上细心护理，耐心引导，使其逐渐养成良好的如厕习惯。

教师要通过与家长沟通和日常观察幼儿大小便情况，了解幼儿大小便的已有习惯（包括次数、时间、性状等）。入园初期，可适当接纳幼儿在家的如厕习惯，如自己带小便盆，根据自己习惯的时间如厕等。

教师还要特别关注幼儿的大小便情况，察看幼儿大小便的颜色，引导幼儿多喝水，多吃蔬菜，防止便秘。遇到两天不大便的幼儿要及时提醒家长带去看医生。教师还可以采用游戏化的大便记录，激发幼儿大便的兴趣，引导幼儿逐渐养成在园定时大便的习惯。

幼儿如厕时应有教师在场。当幼儿遇到困难时，教师要及时给予帮助，以免幼儿出现蹲着站不起来，或因裤子没提好而绊倒等情况。

（二）中班

到了中班，幼儿自理能力增强，教师可以鼓励幼儿学习自己擦屁股，引导幼儿自主完成如厕环节。对于确实有困难的幼儿，教师可以提供帮助。

教师可以通过讲故事、说儿歌、集体讨论等多种方式引导幼儿知道有规律大便、便后及时洗手对人体健康的好处，提示幼儿便后冲厕所，检查自己的衣服是否整理好。教师还可以把常规培养的要求用图片的形式贴在墙面上，帮助幼儿养成良好的如厕习惯，如主动如厕、不憋大小便、如厕后主动洗手等。

图6-2 幼儿如厕的环境创设

此外，教师还要指导家长在家帮助幼儿养成独立大小便、便后洗手的良好习惯，提醒家长为幼儿提供易于穿脱的衣服，家园配合养成幼儿良好的如厕习惯。

（三）大班

大班幼儿已具备自理大小便的能力。教师要支持幼儿自我服务，自主如厕。例如：教会幼儿正确使用卫生纸的方法，卫生纸摆放的位置要干净并且方便幼儿拿放；引导幼儿观察自己小便的颜色、大便的形状，理解其与自身健康的关系；等等。在有条件的幼儿园，教师可以安排男女幼儿分开如厕。

教师加油站

如厕环节指导要点

在如厕习惯的培养上，教师要注意引导幼儿做到以下几点。

- 知道早晨、午睡起床后，午睡、晚睡前，应如厕小便；知道有便随时如厕、不憋大小便。
- 在参加较长活动前，能够主动如厕，做好活动准备。
- 能在规定的便池（便盆）内大小便，尿时对准便池，不尿在外边，便后能主动冲厕所，整理衣服。
- 知道定时大便对身体的好处，养成定时大便的习惯。
- 中大班幼儿学习便后自己擦屁股，提示女孩小便后也要擦屁股（要从前至后擦拭），便后用香皂洗手。
- 大小便如有异常，能主动告诉老师。

保育问答

问题一：

幼儿如厕时容易便到池外怎么办？

对于幼儿便到池外的问题，教师首先要理解幼儿并非故意，要以轻松的语言消除幼儿的紧张和愧疚心理。其次，在入园初期，教师可准备一些便盆，允许幼儿坐便。此外，教师还可以在便坑两旁粘贴形象的标记，如在便坑两边踩脚位置分别粘贴一只小老鼠，如厕时让幼儿双脚踩住老鼠，玩“黑猫警长捉老鼠”的游戏，也可以粘贴小脚印、小花等；在男孩小便池中下方位置粘贴“靶心”等，便于幼儿在如厕时找到合适的位置。这样既能让幼儿在愉快的游戏情境中如厕，又能避免幼儿便到池外，保持环境的清洁卫生。

问题二：

如厕时幼儿浪费手纸怎么办？

对于幼儿浪费手纸的现象，教师要分析原因，区别对待。对不会撕纸的小班幼儿，教师要提前准备好足量的、长度合适的用纸；而对于中大班幼儿，教师要在墙面提供图示，如画一张合适长度的纸，引导幼儿在如厕前照着这个长度来撕纸使用。

对于喜欢玩纸的幼儿，教师可开展探索纸的活动，满足幼儿的好奇心，让幼儿有机会充分了解手纸的特性。

对于故意浪费纸的幼儿，教师可开展“卫生纸是怎么来的？”“如何节约卫生纸？”等活动，让幼儿意识到要节约资源。同时，教师也要在日常如厕时给予幼儿提示与引导。

四、幼儿如厕后的清洁与整理

如厕后的清洁与整理是最后一个环节，也是一个很重要的环节，有助于幼儿养成良好的如厕习惯和提高生活自理能力。教师需要注意以下几点。

1. 提醒幼儿便后用手摁下冲水开关，把厕所冲干净后方可离开。

2. 教会幼儿自己整理衣裤，提醒幼儿把小背心塞到裤子里，提好裤子，拉展上衣。对于小班不会整理衣裤的幼儿，教师可以先帮其整理，以后引导幼儿逐步学会自己整理。

3. 提示幼儿便后用香皂洗手，养成良好的卫生习惯。

整理衣裤儿歌：包饺子

卷呀卷呀卷白菜（卷起小背心），
剥呀剥呀剥白菜（拉开裤子前面），
装呀装呀装饺子馅儿（把小背心下摆塞到裤子里），
捏呀捏呀捏饺子皮儿（把塞好的衣服整理平整），
盖呀盖呀盖锅盖（把外衣掀下来盖好）。

（北京市六一幼儿院）

保育问答

问题：

幼儿如厕后常常忘记冲水怎么办？

对于中小班幼儿，教师可以创设游戏情境，例如：在冲厕按钮上装饰小猪等小动物的形象，冲厕就变成了按小猪或其他小动物的鼻子；或者是装饰成小动物家的门铃，把冲厕变成有趣的按门铃游戏；等等。

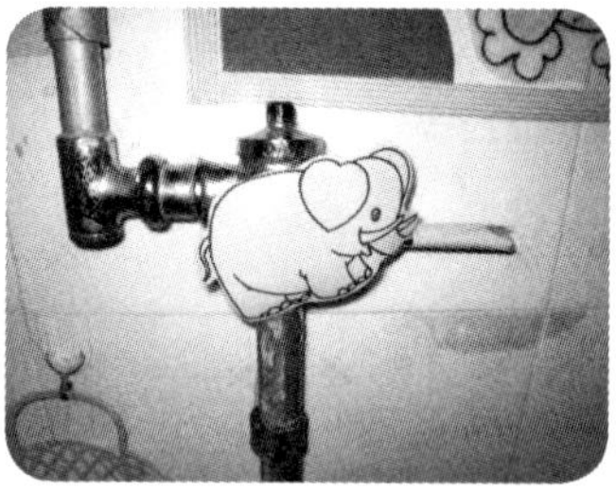

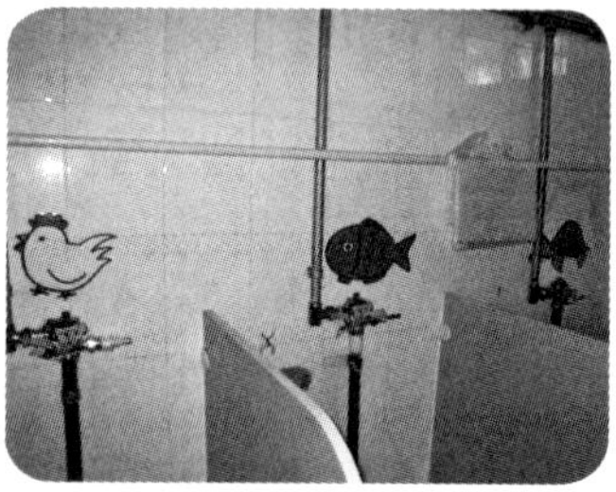

对于大班幼儿，教师可以提供图片与文字相结合的提示，如捂着鼻子的小朋友的图片、“来也匆匆，去也冲冲”等文字提示；还可以发挥同伴的监督和提醒作用，或将便后冲厕纳入小值日生的值日范围，请值日生来检查和提醒等。

保育小窍门

图书的妙用

为了帮助幼儿建立良好的如厕习惯，缓解幼儿在幼儿园如厕时的紧张情绪，教师还可以借助各种有关大小便的图画书，例如《嗯嗯太郎》《幼儿园里上大便》《是谁嗯嗯在我的头上》《我要小马桶》等，通过图画书中所讲述的轻松有趣的故事帮助幼儿更快乐地如厕，养成良好的如厕习惯。

复习与思考

1. 如何为幼儿创设一个温馨的如厕环境？

2. 欣欣刚上幼儿园，很不适应在幼儿园的卫生间里大便，作为教师的你有什么好办法吗？

3. 请你用书中的方法，对自己的住所卫生间进行清洁与消毒，并检验自己的劳动成果是否符合书中的要求。

第七章

睡眠与起床环节的保育工作

学习目标

1. 掌握睡眠室的清洁卫生方法。
2. 掌握幼儿睡眠与起床环节的各项保育工作和要求。
3. 掌握指导幼儿穿脱衣服的方法。

幼儿园的睡眠主要包括午睡和晚间睡眠，其中日托幼儿园只有午睡环节，寄宿制幼儿园还包括晚间睡眠环节。睡眠是幼儿在园的一项重要活动。良好的睡眠可以消除疲劳，使幼儿在活动中保持良好的精神状态。对于幼儿来说，年龄越小，需要的睡眠时间越多。根据《3—6岁儿童学习与发展指南》中健康领域的教育建议，幼儿园阶段的幼儿每天需要11~12个小时的睡眠，其中应包含2小时左右的午睡时间。午睡时间可根据幼儿的年龄、季节的变化和个体差异适当调节。

为了保证幼儿有良好的睡眠质量，教师应做好睡眠室的清洁、环境创设、睡前检查以及睡眠时的护理等工作，并在指导幼儿穿脱衣服的过程中，逐渐培养幼儿的自理能力。

一、睡眠室的清洁卫生

（一）地面的清洁

具体方法参见第八章“室内活动中的保育工作”中“活动室地面的清洁”相关内容。不同的是，幼儿在睡眠室的活动时间较少，地面相对比较干净，每天清扫、拖擦一次即可。如果睡眠室也同时被用作活动室，则应当按照活动室地面的清洁标准进行清洁。在幼儿入睡前，教师要仔细检查地面是否有杂物，如果有，要及时清扫，防止幼儿捡拾后放入口、鼻、耳中，造成危险。

（二）窗户、窗帘的清洁

1. 窗户的清洁

窗户的清洁方法参见第八章“室内活动中的保育工作”中“窗

户的清洁”相关内容。窗户的清洁可以在幼儿园大扫除的时候进行，一般1~2月清洁一次。

2. 窗帘的清洁

睡眠室窗户要配有窗帘，窗帘要注意日常养护，一般为2~3月清洗一次，不同质地的窗帘应当采用不同的清洗方法。

（1）棉、麻窗帘的清洗方法

可以在洗衣机中加入适量的清洁剂，直接清洗，同时最好加入少许衣物柔顺剂，能让窗帘洗后更加柔顺、平整。容易缩水的面料应尽量干洗。

（2）花边窗帘的清洗方法

装饰有花边的窗帘不适合用力清洗，在清洗之前可用柔软的毛刷轻扫，将表面灰尘去除，再将窗帘放入加有清洁剂的水中浸泡，30分钟后用手轻压。洗净之后不要用力拧干，使水分自然滴干即可。

（3）绒布窗帘的清洗方法

绒布窗帘的吸尘力较强，拆卸之后要用手将窗帘抖一抖，令附着在绒布上的表面尘土自然掉落，再放入加有清洁剂的水中浸泡15分钟左右。绒布窗帘最好不要用洗衣机清洗，建议用手轻压滤水。洗净之后也不要用力拧干，使水分自然滴干即可。

（4）竹帘、百叶窗的清洗方法

竹帘、百叶窗可以直接清洗，在窗帘上喷洒适量的清水，用抹布擦干即可。如果竹帘、百叶窗的拉绳比较脏，可用蘸有清洁剂的湿抹布清洁。

（5）卷帘的清洗方法

卷帘一般较难拆卸，因此只能用抹布蘸清洁剂直接在卷帘上擦拭。清洗时，要特别注意卷帘四周比较容易吸附灰尘的位置，若灰尘实在太多，可用软刷将灰尘去除，再用清水擦拭清洗。

温馨提示

- 窗帘清洗后尽量不要脱水、烘干，应自然风干，以免破坏其质感；特殊材质的窗帘，最好送干洗店洗涤，以防变形。
- 窗帘要注意日常养护。清洁灰尘可以使用干净掸子或纯棉毛巾擦拭；清洁污点、手印可以使用干净海棉，蘸点水加清洁剂擦拭即可。

（三）床架的清洁与消毒

床架也需要定期清洁与消毒，这样不仅可以保持床的干净与整洁，而且还能够在清洁与消毒过程中进行检查，及时排除安全隐患。床架的清洁与消毒方法主要有以下几个步骤。

1. 清空床铺，可以将被褥放到别的床上，只留下床架准备清洁。

2. 用湿抹布按照从床头到床尾的顺序擦拭床板。床板在幼儿被褥下面，常常由于不外露而被教师忽略，如果床板没有清洁干净，上面的灰尘、杂质会透过被褥影响幼儿健康。床板每周清洁一次即可。

3. 按照从上到下的顺序擦拭床围栏、床腿，尤其注意留有幼儿手印的地方，必要时，用加了清洁剂的水用力擦拭，直到干净为止。

4. 擦拭干净后，要开窗通风，让床架自然晾干；条件允许的话，最好拿到户外晾晒，或使用紫外线灯照射消毒。

5. 等床架完全干燥后，再放上幼儿被褥。

（四）被褥的清洁与消毒

教师要根据季节及天气状况为幼儿适时增减和更换被褥。幼儿的床上用品要经常清洗晾晒，这样做既能起到杀菌消毒的作用，又能使被褥蓬松舒适。

被褥至少每两周晾晒一次。晾晒时要选择风和日丽的天气，避免大风天，且要在干净的地方晾晒，避免空气中的灰尘等污染被褥。天气晴朗时，晾晒2~3个小时就可以了。一般来说，中午11点到下午2点晾晒最为合适，因为这一时间段阳光中的紫外线相对较强。晾晒后，用小笤帚扫去被褥上的粉尘、皮屑等，使被褥保持洁净。

被单、床单、被罩、枕套、枕巾等每月清洗1~2次，不用消毒。清洗方法与毛巾一致，手洗、机洗均可。洗净后脱水悬挂在太阳下通风处晾干。由于幼儿睡觉时特别容易出汗，教师尤其要注意枕套的更换。汗湿的枕套如果不及时清洗，容易滋生细菌，不利于幼儿的健康。

（五）凉席、枕席的清洁与消毒

凉席、枕席夏天使用时，每天要用温水擦拭一次，每周要按照“清水、消毒液、清水”的顺序消毒一次，基本步骤如下。

1. 准备好“清水一”“消毒”“清水二”三块抹布，若干地垫或报纸；配置好浓度为含有效氯250 毫克/升的次氯酸钠类消毒液。

2. 找一块通风良好的空地，铺上地垫或报纸，把凉席、枕席放在地垫或报纸上。

3. 用湿的“清水一”抹布，从上到下分别擦拭凉席、枕席的背面和正面。

4. 戴上消毒手套，将“消毒”抹布在消毒液中浸湿，拧干，从上到下分别擦拭凉席、枕席的背面和正面。

5. 让消毒液在凉席、枕席表面停留15分钟。

6. 用湿的“清水二”抹布将凉席、枕席表面的消毒液擦拭干净。

7. 让凉席、枕席自然晾干。

温馨提示

- 有些幼儿园，幼儿寝具由教师统一清洗晾晒；而有些幼儿园，幼儿寝具由家长带回家清洗晾晒。需家长清洗晾晒时，教师要提醒家长，并向家长说明寝具清洁对幼儿健康的重要性。
- 幼儿在园尿床时，尿湿的被单、床单等要及时换下并清洗干净。尿湿的被褥要拿到太阳下通风处晾晒直至完全干透。

（六）拖鞋的清洁

一般而言，春、夏、秋三季为幼儿准备塑料拖鞋，冬季为幼儿准备棉拖鞋。拖鞋每周清洁一次。

1. 塑料拖鞋的清洁

（1）准备一袋洗衣粉、一把硬毛鞋刷、一个清洗盆。

（2）配置浓度较高的洗衣粉溶液。往盆中加入少量温水及适量的洗衣粉，用鞋刷搅拌，使洗衣粉全部化开。

（3）用鞋刷蘸取洗衣粉溶液，按照“鞋面内侧、鞋面外侧、鞋底内侧、鞋帮、鞋底”的顺序刷洗拖鞋，确保拖鞋的每一面都刷洗干净。

（4）用流动水冲洗拖鞋，确保拖鞋表面无洗衣粉溶液及污物残留。

（5）将拖鞋控干水，放到太阳下通风处晾晒。

2. 棉拖鞋的清洁

（1）准备一袋洗衣粉、一把软毛鞋刷、一把硬毛鞋刷、一个清洗盆。棉拖鞋大部分由特殊绒布制成，刷洗时布料部分最好用软毛刷。

（2）用流动水把拖鞋打湿，然后用硬毛刷蘸取洗衣粉刷鞋底，鞋底刷干净后，打开水龙头将鞋上的洗衣粉泡沫及污物冲洗干净。

（3）在清洗盆中倒入温水和适量的洗衣粉，把棉拖鞋放入水中浸泡30分钟（如果鞋子很脏，浸泡时间可延长至一小时）。

（4）用软毛刷按照“鞋面内侧、鞋面外侧、鞋底内侧、鞋帮”

的顺序轻轻刷洗拖鞋，确保每一个面都刷洗干净。

（5）换上清水，将棉拖鞋放入水中反复压洗，水变浑浊后换水继续压洗，直至盆中的水变清澈为止。

（6）将鞋中的水挤干，放到太阳下通风处晾晒。

二、睡眠室环境的创设

良好的睡眠环境是保证幼儿睡眠质量的前提。要为幼儿创设一个良好的睡眠环境，教师需要关注以下因素。

（一）睡眠室的装饰

幼儿睡眠室的装饰要遵循温馨、舒适的原则。低龄幼儿的情绪比较容易受环境的影响，教师可以在墙壁、床边、天花板等地方装饰一些幼儿熟悉、喜欢的小动物、卡通人物等形象。装饰的内容不宜太多，越简洁越好。色彩应选用淡雅的颜色，具有安眠作用的淡紫色、温馨的淡粉色、清新的浅绿色都是较为适宜的颜色。另外，睡眠室里家具、床单、窗帘、被罩等物品的颜色也不宜太鲜艳，同样应以柔和的色调为主。

（二）睡眠室的光线与温度

睡眠室的光线应当适宜，有助于幼儿尽快入睡。幼儿午睡时，为了避免强光的照射，影响幼儿的睡眠质量，教师要将睡眠室的窗帘拉上。睡眠室的窗帘应当具有一定的遮光性，而非材质透明、遮光性较差的纱帘。

教师还要注意调节睡眠室的温度和湿度。幼儿入睡后，体温

图7-1 幼儿睡眠室墙饰

会下降，如果室内温度过低，幼儿会被冻醒；而空气过于干燥则容易使幼儿的鼻子变干、堵塞，影响睡眠质量。理想的睡眠室温度为20~24℃，湿度为50%~60%。冬、夏季节要注意空调的合理使用，教师可提前20~30分钟将睡眠室的空调打开，为幼儿创造一个舒适的睡眠空间，让幼儿更快更好地入睡。

（三）幼儿床位的安排

为了保证幼儿有充足良好的睡眠，幼儿园要根据睡眠室面积的大小和幼儿人数的多少，合理安排床位，并且最好给每名幼儿安排固定的床位。这样做不仅方便教师准确地清点人数，也便于幼儿衣物的管理。

教师要依据幼儿的身体状况合理安排幼儿的床位。体质较弱的幼儿应安排在背风处；体质较好、怕热的幼儿可安排在通风处，但不要让幼儿吹对流风；易尿床、活泼好动、爱说话的幼儿应安排在便于教师照顾与管理的地方。

三、午睡

（一）睡前准备

良好的睡前准备有助于幼儿尽快进入睡眠状态，并有较高的睡眠质量。因此，教师要合理安排幼儿的睡前活动，做好充分的睡前准备，具体可考虑以下几方面。

1. 睡前进行安静活动

本着“以静为主，动静交替”的原则，午睡前，教师可以安排幼儿进行一些轻松、安静的活动，如散步、听故事、听音乐等。散步可以在院内、操场进行，也可以在楼道进行。天气寒冷时，幼儿可以在楼道内进行走线活动，这样不仅可以使幼儿的心情平静下来，也可以使幼儿得到更好的消化。天气宜人的时候，幼儿可在院子里或操场上散步，呼吸新鲜空气，教师引导幼儿观察花草树木的变化，互相谈一谈自己看到的和听到的，让幼儿在大自然的怀抱里享受无穷的乐趣。此外，睡前在户外散步，大脑会更清醒，心情会更舒畅，可以缩短幼儿初睡至熟睡的过程，这对幼儿是有益的。

2. 铺好被子

幼儿午睡前，教师要为幼儿铺好被子。邻床的两名幼儿应交叉各睡一头，避免口对口呼吸。教师将幼儿的枕头铺平，被子打开铺好，被角掀起至90度直角。

3. 提醒排便

午睡前10分钟，教师要提醒幼儿大小便，驱除午睡中生理的干扰。

4. 摘下头饰

教师要提醒并帮助幼儿解开小辫，摘下发卡、皮筋等头饰，一方面可以排除安全隐患，另一方面松散头发更有利于幼儿睡眠。

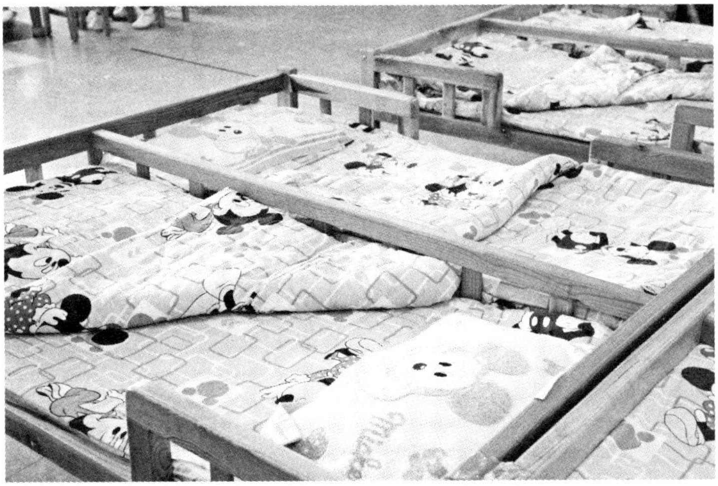

图7-2 铺好的被子

5. 睡前午检

教师要重点关注幼儿的健康状况，检查幼儿是否携带了小玩具、线绳等物品，排除安全隐患（详细方法参见本章的“午检”部分）。

6. 关闭窗子

教师要关闭大多数窗户，只开一两扇不会直吹幼儿的窗户，拉好窗帘。秋、冬、春季，幼儿穿脱衣服及入睡时，应关闭窗户，避免冷风直吹幼儿。

7. 营造午睡气氛

教师可采用放轻柔的音乐、讲故事等方法营造午睡气氛，并用手势代替语言，暗示幼儿保持安静，尽快入睡。

（二）午检

午检是午睡的重要环节，一方面有助于了解幼儿在园的身体健康状况，及时发现幼儿的身体异常；另一方面可以排除安全隐患，以免幼儿午睡时发生危险。午检包括睡前午检与起床午检，教师一定要重视并认真执行。

1. 睡前午检

（1）健康检查

在睡前午检环节，教师要重点关注幼儿的精神状态、体温以及肢体外露部分有没有破损、过敏、起疙瘩等。检查时，教师要先清洁双手，可以站在睡眠室门口，观察幼儿的面色、状态有无异常，重点摸幼儿的前额与脖子后面，感觉幼儿体温。有些幼儿的睡前体温会在37.1℃左右，而10~20分钟后恢复正常。这种现象与幼儿刚吃完午饭有关，教师不需担心。若幼儿体温持续偏高并有头痛等症状，就要及时向保健人员报告，并及时与家长沟通。

如果幼儿近期身体状况不佳，或家长有特殊的提示和要求，应对该幼儿进行重点观察和关注。此外，教师还要熟悉手足口、水痘、猩红热、腮腺炎等幼儿常见传染病的症状和体征，做到心中有数。在传染病高发季节，教师要提高警惕。在午检过程中，教师如接触传染病患儿或疑似传染病患儿，应用肥皂洗手、消毒，然后再继续接下来的工作。

保育小窍门

小班的亲密午检

午检过程中，时常有小班幼儿显得有些被动、无奈，甚至会出现躲避、不接受的现象。教师可以尝试以“拥抱+亲吻”的形式进行检查。在“抱抱”时，教师张开双臂迎接幼儿投入自己的怀抱，在幼儿扑进自己怀中的同时，一只手从幼儿额头一直抚摸到幼儿耳后和脖子的部位，另一只手拢着幼儿的腰部，抚摸幼儿的后背以及腋下。在“亲亲”时，教师和幼儿脸贴脸、头碰头。以拥抱和亲吻的形式，既可以感知幼儿的体温是否正常，又可以让幼儿感受到教师的关爱，满足幼儿的心理需求。这样一来，幼儿便十分愿意与教师“抱抱”“亲亲”了！

（2）安全检查

在幼儿上床前，教师还要重点进行安全隐患排查工作。例如：检查幼儿口腔内是否有未吞咽的食物残渣；是否将小玩具、小线绳等物品带上床；幼儿的被褥、枕巾、毛巾被、服装上是否有小线头；女孩子是否将头上的发卡、皮筋等取下；等等。教师若发现这些安全隐患，应及时清理，并对幼儿讲明道理。

应当注意的是，有的幼儿玩心重，会在午检时躲过教师的眼睛，偷偷把玩具带上床，还有的幼儿会在睡不着时，拉拽枕巾、毛巾被上的线头，这些都是安全隐患。因此，教师应加强午睡巡查，发现问题及时处理。对于老是手脚在动的幼儿，教师一定要借着给幼儿盖被子、掖被子的机会关注幼儿是否在玩玩具或者手脚上是否有线，确保幼儿安全。

万一幼儿把小球、玻璃珠等塞到了耳朵或鼻子中，教师要及时处理，具体的处置方法参见第十五章“幼儿常见伤害的处置方法”相关内容。若幼儿将露出的线头拽长，缠在了手指、脚趾上，教师要及时将其解开或剪下，尽快让手指、脚趾的血液流通，以免血液循环不畅造成指端坏死。如果发现时教师已无法处理，应尽快就医。

2. 起床午检

起床午检前，教师应先清洁双手。检查时，教师一边整体观察幼儿精神状态是否自然、平和，是否有外伤、皮疹，肢体活动是否正常；一边摸幼儿前额、后脖，感觉幼儿体温是否正常，向幼儿询问有无不舒服的地方。

有时，小班幼儿会因为没睡醒而哭闹，不能配合教师做好起床后的午检。遇到这种情况，教师要耐心安抚幼儿，发现幼儿没睡醒时，教师可轻轻唤醒幼儿，然后先抚摸幼儿的前胸，让幼儿有舒服的感受，然后再将幼儿翻转过来检查后背，这样就可以在自然、温馨的氛围中完成起床后的午检了。

3. 午检记录

由于幼儿园工作的特点，睡前午检和起床午检是由上午班教师和下午班教师分别进行的，因此做好午检记录非常重要。上午班教师要在交接班本的“上午工作记录表”中记录睡前午检的情况，包括检查时间、幼儿体温和身体状况等。对于有异常表现的幼儿，应在记录表上提示下午班教师继续观察和关注。同样，下午班教师要在“下午工作记录表”中记录起床后的午检情况。同时，教师还要在下午的活动中随时观察幼儿状况，直到幼儿离园。若有异常情况，应与家长或夜班教师及时沟通。

（三）幼儿午睡的服装要求

教师要关注幼儿午睡时的穿衣是否适合室内温度。一般情况下，秋、冬、春季，幼儿穿着秋衣秋裤午睡；夏季，幼儿穿背心、裤衩午睡，这样可以护着幼儿的肚皮，以免因开空调或吹电风扇受凉。

保育小窍门

幼儿午睡的注意事项

夏天，空调和电风扇风口处不能安排幼儿睡觉。夏季幼儿容易出汗，上午活动时穿着的背心经常被汗水浸湿，穿着潮湿的背心不利于幼儿安睡且有损幼儿身体健康，教师应请家长给幼儿带一件长至臀部的跨栏小背心午睡时穿着。幼儿换下的潮湿背心要及时晾干。

（四）幼儿午睡的正确姿势

幼儿睡觉的姿势各种各样，有的喜欢朝右侧睡，有的喜欢朝左侧睡，有的喜欢仰着睡，还有的喜欢趴着睡。幼儿睡眠姿势是否正确直接关系到幼儿的睡眠质量和身体健康。在这些姿势中，朝左侧睡，心脏会受到压迫，对健康不利。仰着睡或趴着睡，肌肉得不到完全放松。有的幼儿还喜欢把手放在胸部，这容易使心脏和肺部受到压力，会引起呼吸不畅，容易做梦，醒了以后还会感到胸口发闷。朝右侧睡的姿势最有利于幼儿的健康，朝右侧睡既不会压迫心脏，也不会使胃受到压迫，还便于胃中的食物向十二指肠移送，有利于食物的消化。另外，侧身睡可以使脊柱自然略向前弯，肩膀向前倾，腿和手臂都可以自由弯曲。这样，全身肌肉都能得到最大限度的松弛，容易消除疲劳。因此，教师要引导幼儿朝右侧睡，从小养成正确的睡眠姿势。

（五）午睡中的护理

午睡期间，幼儿虽然暂时处于睡眠状态，但仍然潜藏着不少容易发生且容易被忽视的危险，例如：从床上摔下来，将异物塞进口鼻，突发非传染性疾病；等等。因此，午睡期间，教师要加强巡视，细心观察幼儿的动向，注意“听”“看”“摸”。“听”就是听幼儿的呼吸是否正常。有些幼儿在午睡时呼吸比较急促，这时教师就要注意看。“看”就是看幼儿的脸色、神态有无异常。“摸”就是摸幼儿额头的温度，看幼儿有无发烧现象。这些做法看起来很平常，却能发现一些幼儿的突发疾病。虽然幼儿在入园时已经作了晨检，但幼儿脏腑娇嫩，疾病的潜伏期较短。因此，幼儿午睡时并不是教师休息的时间。教师必须充分重视幼儿午睡的安全，加强幼儿午睡的护理与管理。

1. 安抚情绪

幼儿因不愿意在园午睡、情绪激动时，教师不能训斥幼儿，可转移幼儿注意力或坐在他们身边，摸摸头、拍拍背，给予幼儿一定的心理安慰。

2. 提醒排便

教师要清楚知道班级中哪位幼儿午睡时易尿床，在午睡的中间时段提醒幼儿去小便，以消除幼儿尿床的恐惧心理。

3. 加强巡视

幼儿午睡期间，教师要加强巡视，一般每30分钟左右巡视一遍。巡视中，教师要注意观察幼儿的精神状态及睡眠情况，发现问题及时处理，重大事情要及时上报。

保育小窍门

幼儿午睡中的巡视要点

- 帮助幼儿盖好被子，以免着凉。特别是冬季，室内保暖不好时，教师要清楚班里哪些幼儿容易蹬被子，要及时帮他们盖被子。
- 纠正幼儿睡姿。对于蒙头睡和趴着睡的幼儿，要及时将他们的被头掀开，把他们的身体翻正，以免发生窒息等安全事故。

4. 保持安静

幼儿午睡时，教师不能在睡眠室内闲谈或打瞌睡，更不能接待客人，要保证睡眠室的安静。

5. 不使用电脑

幼儿午睡期间，教师不可以用电脑，这是因为，一方面，用电脑教师容易入神，会忘记巡视、观察幼儿；另一方面，电脑容易发出声响，影响幼儿的睡眠质量。

保育问答

问题一：

幼儿必须搂着毛绒玩具才能入睡怎么办？

对于已经形成这种习惯的幼儿，教师不必因过分担心而采取强制手段，可以顺其自然。到了一定年龄，这种依恋特殊安慰物的习惯就会自然消失了。此外，教师也可以通过儿歌、故事、图画书等形式来为幼儿讲述相关的故事，想办法转移幼儿的注意力，逐渐帮助幼儿建立适宜的睡眠习惯。任何时候，教师都不能强制幼儿去改变。

问题二：
午睡中，幼儿容易尿床怎么办？

教师要同家长一起分析引发幼儿午睡时尿床的原因。如果是疾病引起的，先治疗疾病。如果是不良生活习惯造成的，可以通过耐心的教育与适当的护理，帮助幼儿逐步改掉尿床的毛病。教师可在幼儿午睡前提醒其小便，帮助幼儿养成午睡前排空小便再上床的习惯。为避免幼儿熟睡后不易叫醒，上午活动中注意不要让幼儿过度疲劳，午餐时适当减少幼儿喝汤的量。教师要培养幼儿自觉起床小便的习惯，可以在幼儿经常遗尿的时间到来之前叫醒幼儿，让幼儿在清醒状态下小便。

问题三：
幼儿睡不着怎么办？

引发幼儿午睡睡不着的原因主要有两个。原因一为活动量少，幼儿身体内的能量没有消耗掉。我们都知道，进行体力劳动或者运动后很快就能进入睡眠状态。上午活动时，教师要针对不同幼儿的身体状况为其安排适宜的运动量。原因二为生活不规律。很多幼儿入园前生活不规律，起得晚，睡得晚。教师要和家长一起帮助幼儿形成良好的生活规律，要做到：早睡早起，按时上幼儿园，到中午时和小朋友们一起午睡。

对那些中午实在睡不着的幼儿，教师可以先请他们躺在床上休息半个小时，让幼儿养成午饭后休息一会儿的习惯。如果半小时后还睡不着，教师可以请他们轻轻起床，在活动室里做一些安静的游戏活动。

教师加油站

幼儿入园初期的午睡护理

1. 创设良好的睡眠环境

入园初期，幼儿对新的睡眠环境有一个适应过程。教师可通过引导幼儿自己选择睡床，午睡时播放舒缓的摇篮曲等方式，帮助幼儿调整情绪。

2. 接受幼儿的睡眠习惯并给予个性化的指导

入园初期，幼儿会按照自己在家中养成的习惯午睡。对于幼儿已形成的睡眠习惯，教师应在接受的基础上逐步给予个性化的引导。

遇到幼儿睡觉不愿意脱衣服的情况时，教师可允许幼儿穿着衣服躺下来，并轻轻抚摸幼儿的额头。在教师的陪伴和抚摸下，幼儿会逐渐进入想要睡眠的状态，此时，教师可在幼儿耳边轻声说："咱们把外衣脱了，盖上被子"，然后轻柔地帮幼儿脱掉衣服。这样的引导一般需要很多天，幼儿才逐渐愿意脱衣服上床睡觉。

对于幼儿需要抱着自己心爱的玩具入睡的要求，教师应接受、允许；对于幼儿提出的"老师陪我睡"的要求，教师要接受并给予适度的引导；对于幼儿的不良睡眠习惯，如睡觉吃手、蒙头睡等，教师可用转移注意力的方法逐步纠正，如请"吃手"的幼儿和教师小手拉大手；请爱蒙头睡觉的幼儿露出小脸让教师亲一亲。幼儿入睡后，教师还要不断巡视，发现幼儿睡姿不正确要及时纠正。

3. 灵活调整幼儿的睡眠时间

入园初期，教师应接纳幼儿睡眠需求的个体差异，允许睡眠少的幼儿晚睡、早起，根据幼儿的需求灵活调整睡眠时间。睡眠少的幼儿，教师可组织他们在活动室中玩一会儿玩具或阅读一会儿图书之后再入睡，开始时，可以让他们活动30分钟左右，以后逐步减少每天玩玩具或阅读图书的时间，直到幼儿能和大家一同入睡。对于没有养成午睡习惯的幼儿，教师可引导他们从坐在椅子上休息逐步过渡到脱下衣服躺在床上休息。

4. 帮助幼儿完成穿脱衣服中最困难的部分

指导幼儿穿脱衣服时，教师应帮助幼儿把最困难的部分完成，如穿开衫、脱套头衫、拉下裤腿等，然后再让幼儿自己完成较简单的部分。

四、幼儿穿脱衣服的顺序与方法

能独立穿脱衣服是幼儿自理能力发展的重要表现，也是幼儿园生活自理能力培养的重要内容，应当从小班开始逐渐培养，由小班幼儿在教师帮助下穿脱衣服逐渐发展到中大班幼儿能够自己独立穿脱衣服。同时，教师应帮助幼儿学习用正确的方法穿脱衣服。

（一）脱衣服的顺序与方法

1. 脱衣服的顺序

脱衣服前，幼儿可以先换上拖鞋，将换下的鞋子摆放在椅子下面。换好鞋后，教师引导幼儿先脱裤子后脱上衣，这样便于保暖，防止幼儿着凉。穿衣服时则要先穿上衣再穿裤子。

2. 脱衣服的方法

（1）脱开衫的方法

幼儿先解开纽扣或拉开拉链。解纽扣时从上往下解。拉拉链时，教师要提醒幼儿一只手向外拉着衣服的前襟，另一只手拉拉链，这样做可以防止出现拉链刮蹭、夹伤皮肤的情况。解开纽扣或拉开拉链后，幼儿双手攥着衣襟向后拉，将衣服脱至肩下，然后自己脱下衣袖。有困难的幼儿可以请教师或其他幼儿帮助拽着衣服的袖子脱下开衫。

图7-3 脱开衫时互相帮助

（2）脱套头衫的方法

脱套头衫有三种方法。第一，幼儿双手提住衣领的两端，从头上向前拉，将手和头褪出衣服。第二，幼儿拉着衣尾向头部方向扯，把手和头褪出衣服。第三，自己脱衣服有困难的幼儿可以请其他幼儿帮助把一只袖子拉住，自己手往下缩，把手从衣袖里褪出来，接着请其他幼儿拉住另一只袖子，幼儿自己把另一只手也褪出来，然后再把衣服从头上褪下。教师可以鼓励幼儿尝试不同的方法，并且选择一种自己最得心应手的方法。

脱衣歌

缩缩头，
拉出你的乌龟壳。
缩缩手，

拉出你的小袖口。

（北京市东华门幼儿园）

图7-4 脱套头衫的方法（北京市东华门幼儿园提供）

（3）脱裤子的方法

幼儿双手拉住裤腰两侧，把裤子拉到臀部下面，然后坐下来，两腿从裤筒里脱出来。

3. 衣服的整理和放置

幼儿脱下衣服后，教师要引导幼儿将衣服折叠整齐并按规范摆放。小班幼儿可以在教师的引导下逐步学习折叠和摆放衣物。中大班幼儿应能主动将脱下的衣物叠放整齐并摆放到相应的位置，养成自己整理衣物的好习惯。

（1）叠上衣的方法

将衣服整齐平放在桌面或椅面上，如果是开衫，要将衣服两边敞开的部分分别对准中间处合上（套头衫没有这一步），然后将两只袖子分别对折重叠，将衣服下底边对准衣领处向上翻合，双手捋平，放在小椅子上。

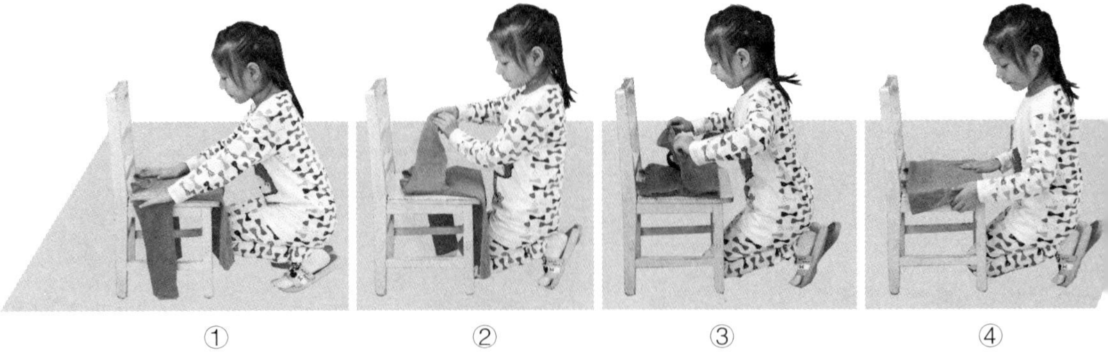

图7-5　叠上衣的方法

叠衣歌

关关门，关关门，

抱抱臂，抱抱臂，

弯弯腰，弯弯腰，

我的衣服叠好了。

（北京市东华门幼儿园）

（2）叠裤子的方法

将裤子拎起来整理平整，将一条裤腿对准另一条裤腿两面对折，放在桌面或椅面上双手捋平，裤脚对准裤腰处再对折，双手捋平，放到小椅子上。

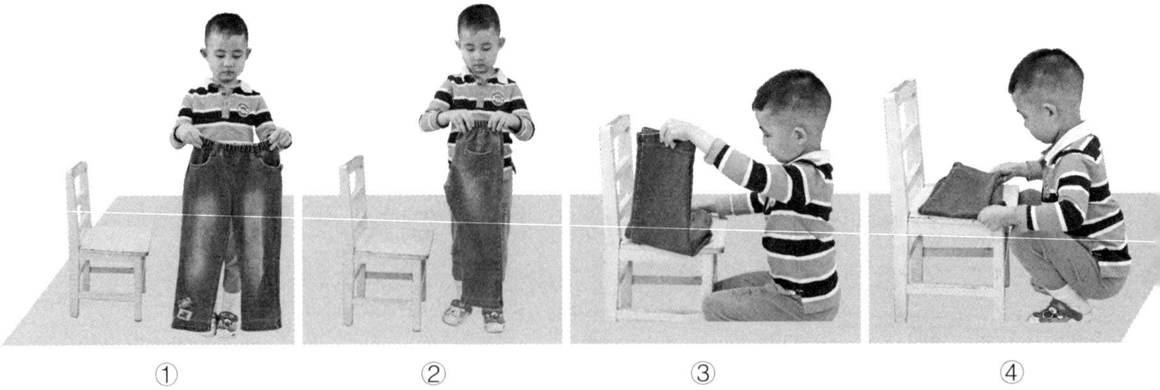

图7-6　叠裤子的方法

（二）穿衣服的方法

1. 穿上衣的方法

幼儿穿的上衣有开衫和套头衫两种，穿开衫和穿套头衫的方法不同。

（1）穿开衫

开衫的穿着过程可以分解为三个步骤。

第一步：披上衣。让幼儿分清衣服的前后，前面朝前，将领口处贴近腹部，衣服自然下垂，双手抓住衣领，将衣服披在肩上。根据幼儿年龄的不同，教师可以教幼儿不同的披衣方法。

教师加油站

幼儿披开衫式上衣的两种方法

1. 甩穿法：比较容易学习，适合小班幼儿。双手提住衣领的两端，将衣服从头上向后一甩，把衣服披在肩背上。

2. 绕穿法：随着幼儿年龄的增长，引导幼儿不再甩穿衣服，以免甩衣服时影响到周围的人，而要双手提住衣领的两端，左手固定在左肩，右手抓住右侧领口，顺着左肩绕过头顶，将上衣披在肩上。

第二步：穿衣袖。左手抓住上衣右侧衣襟，将右手伸出衣袖；然后右手抓住左侧衣襟，将左手伸出衣袖。

第三步：关衣门。分为拉拉链和系扣子两种。幼儿学习拉拉链有一定的困难，需要反复练习，开始时需要教师的帮助。系扣子对幼儿来说也是一种很重要的能力。能够自己系扣子，会让幼儿拥有非常大的成就感。弄清楚系扣子的顺序很关键，可以帮助幼儿更快学会如何系扣子。

教师加油站

拉拉链的四个步骤

1. 把衣服前面拉平，让衣服和拉链在身体前面保持平整。

2. 把拉头向下推，让它正好停在拉链下面的插头上方。

3. 两只手分别抓住拉链的两条底边，拿起有插头的一边，将插头插进另一边的拉头和插座里，并使两边完全合拢（这一步比较困难，需要教师帮助）。

4. 用一只手抓紧拉链插头和插座合拢的一头，另一只手抓住拉头，一直向上拉。当快拉到领口时，抬起头，以免伤到下巴。

教师加油站

系扣子的五个步骤

1. 穿好衣服后，两手顺着衣服前襟的底边抓住两个下角，把两个角对齐，这样衣服的两边也就对齐了，可以避免衣服没对齐，扣子系错眼。

2. 找到衣服最下面的扣子和扣眼，让扣子和扣眼对齐。

3. 用一只手的大拇指和食指抓住扣子，大拇指放在扣子背面，食指尖放在扣子正面；另外一只手抓住扣眼附近的衣服边，并轻轻拽起来，使扣眼稍微张开，扣子能容易塞进去。

4. 把扣子穿进扣眼。

5. 重复前面的步骤，把衣服的扣子都扣好。

（2）穿套头衫

对幼儿来说，套头衫的穿着也可以分为四个步骤。

第一步：分清前后（对齐衣服底边，领口缺一块的就是前面），前面朝下（贴着大腿或者贴着桌面）。

第二步：双手抓住衣服底边，把头伸进去，从中间的大洞里钻出来。

第三步：两只手分别从衣服底边进入，从两侧的袖口出来。

第四步：整理衣服，将衣服前后向下拉平整。

图7–7　穿套头衫的方法

穿衣歌

抓领子，
盖房子，
小老鼠，
出洞子，
吱溜吱溜上房子。

（北京市东华门幼儿园）

2. 穿裤子的方法

（1）分前后

引导幼儿分清裤子前后，一般有拉链、有系绳、有扣子、侧面有兜的面是前面；如果是松紧带的裤子不好分清前后，可以请家长在裤子的前腰做一个标识，让幼儿容易区分前后。

（2）穿裤子

幼儿坐在椅子上，双手拉住裤腰两侧，将两腿同时伸进裤筒，当脚从裤筒中伸出时，站立起来，把裤子往上一提就穿好了。

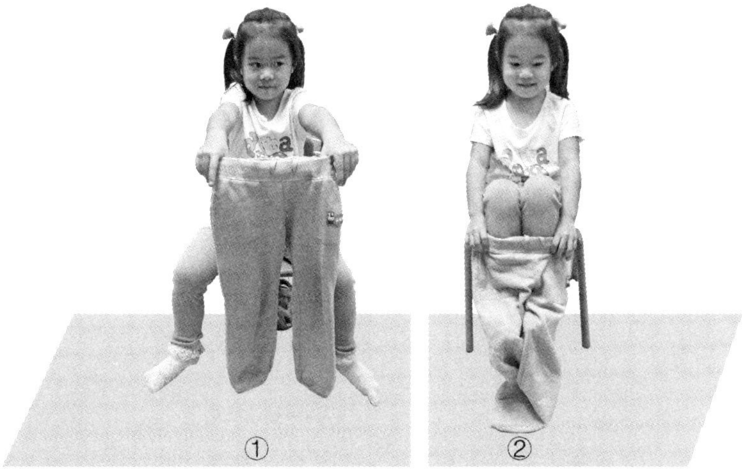

图7-8 穿裤子的方法（北京市东华门幼儿园提供）

3. 穿鞋子的方法

（1）分左右再穿上

教师可以在指导幼儿脱鞋子的时候，就嘱咐幼儿将鞋按照左右顺序摆放好，提醒幼儿观察两只小鞋正确摆放后的样子。当两只小鞋正确摆放时，鞋尖微微向内，鞋袢总是开口向外，鞋扣、鞋袢不会碰在一起。

图7-9 鞋子分左右

（2）系好鞋带或搭好鞋袢

系鞋带对于小一些的幼儿来说是件非常困难的事情，教师最好提醒家长为其提供不需要系鞋带的鞋子。对于大一些的幼儿，教师和家长应有意识地让幼儿多加练习，这对于发展幼儿手部小肌肉的灵活性也是非常有好处的。

穿鞋歌

两个好朋友，
从来不分手。
要来一块来，

要走一块走。
如果穿错了，
背对闹别扭，
如果穿对了，
高兴头碰头。

（北京市东华门幼儿园）

教师加油站

系鞋带的方法

- 一个结：让幼儿两只手分别抓住鞋带的两头，两边交叉（哪一边在上面都可以），把上面的鞋带弯下来插到下面的鞋带下，然后把鞋带两头往两边拉紧。

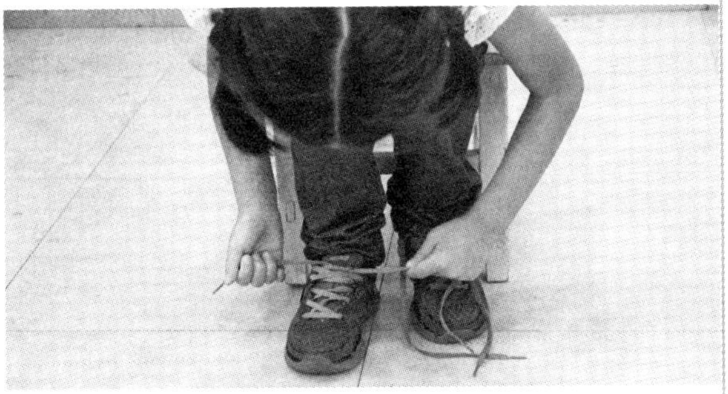

- 两个环：用鞋带两头各做一个大环，一手拿住一个环，这两个环很像兔子的两只耳朵。

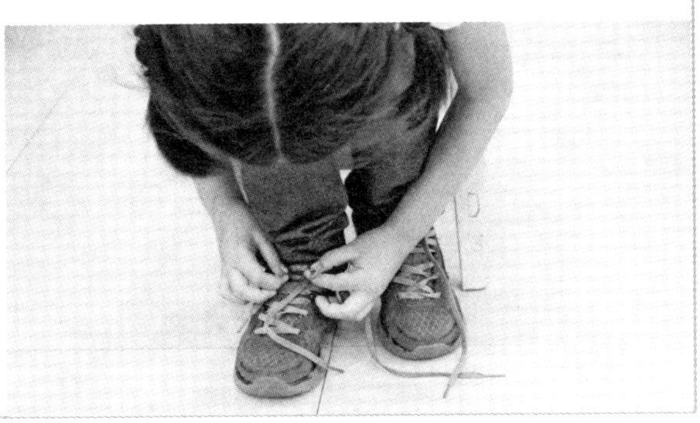

- 再一个结：两只“兔耳朵”交叉，把上面的环塞进下面的洞里，然后把两个环分别向外拉，直到把鞋带系紧。

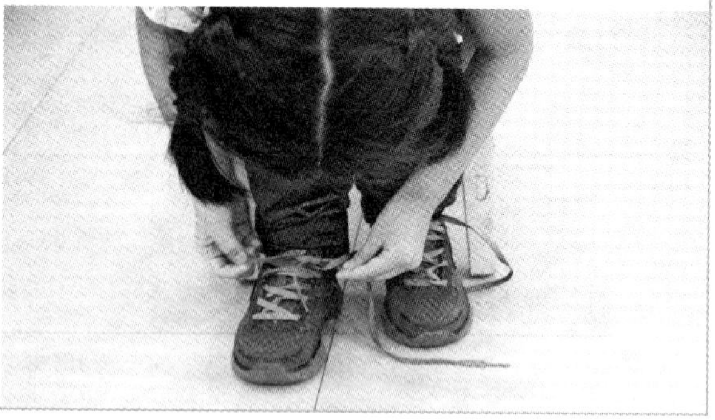

4. 整理衣裤的方法

幼儿的呼吸道短而窄，黏膜薄弱，免疫力差，易受外界气候的影响，容易患呼吸道疾病。尤其在秋冬季节，教师一定要提醒幼儿将衣裤穿好、穿严实，学会整理衣裤，以防感冒着凉。整理衣裤的具体方法如下。

第一步：先将上衣、裤子穿好，再将上衣掀起，底边压在颌下。

第二步：将外裤裤边拉开，把秋衣从前到后掖到秋裤中，整理平整。

第三步：将外裤提好，放下上衣，整理整齐。

当幼儿整理完毕后，小班教师应对幼儿进行一一检查。中大班可以让幼儿相互检查，请整理好的幼儿帮助未整理好的幼儿进行调整。

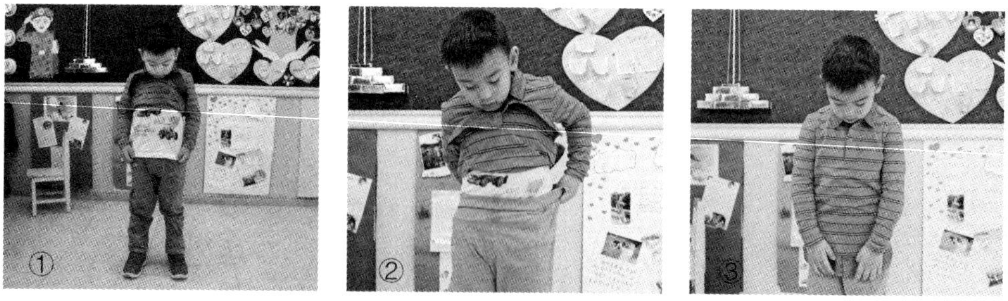

图7-10 整理衣裤的方法

五、起床

起床是幼儿一日生活中非常重要的一个环节，特别是对于年龄较小的幼儿，教师应予以认真照顾。在幼儿起床环节中，教师首先要创设适宜幼儿起床的环境，然后轻轻唤醒幼儿，对幼儿进行午检，帮助幼儿整理衣服、梳理头发。等幼儿穿着整齐后，教师还要进行幼儿床铺整理、睡眠室清理等工作。

（一）幼儿起床前的护理

教师在幼儿起床前，要做好起床前的护理，进行一系列准备工作，具体如下。

1. 查看室内温度是否符合要求

幼儿起床前，教师要查看室内温度是否符合要求，检查活动室和盥洗室的窗户是否关好，以免温差太大导致幼儿着凉生病。天气寒冷时，有条件的幼儿园可以打开空调，保持适宜的温度。

2. 准备午点

如果起床后的午点是水果，教师应在幼儿起床前把水果清洗干净，削皮，切成适宜幼儿进食的大小和形状，并对桌面清洁、消毒。

3. 提前叫醒幼儿

教师可提前5分钟叫醒幼儿，让他们有一个缓冲时间，落落汗，稍微躺一会儿再起来。叫醒幼儿时要温柔，轻拍轻唤，避免吓到他们。

4. 起床午检

叫醒幼儿之后，教师开始进行起床午检（详细方法参见本章的“午检”部分），并引导幼儿起床，也可以将午检的时间放在幼儿穿好衣物离开睡眠室之前。

（二）幼儿起床后的护理

幼儿起床之后，也有一系列的护理环节，具体如下。

1. 翻转被子

起床后，教师可将被子翻过来，先将污气散发出去。翻转被子时不要抖动，以免灰尘飞扬。被子如果不便于整体翻转，可先将被子上半部分掀开，因为上半身在睡眠时出汗较多。

2. 引导幼儿迅速穿好衣服

引导幼儿先穿上衣，再穿裤子，最后穿鞋子。穿衣服过程中，教师要注意观察幼儿，提醒幼儿专心穿衣，不要将衣服甩来甩去，以免伤到周围小朋友。对于自己穿衣有困难的幼儿，教师要给予适当的帮助和引导。特别是寒冷季节，教师不要为了培养幼儿的自理能力，让幼儿长时间穿着内衣裤在睡眠室里自己穿衣服。穿完衣服后，幼儿要将自己换下来的拖鞋放回鞋架，将小椅子放回座位，然后去小便。

3. 引导幼儿逐步学习整理床铺

对于中大班幼儿，可以引导他们学习自己整理床铺。幼儿起床后整理床铺的时间可因人而异。有些幼儿没有小便，可以先整理，有些幼儿可以小便后再整理。整理床铺时容易出现幼儿一边叠被子一边聊天的现象，教师可以根据幼儿好胜的心理进行“叠被子比赛”，看谁叠得又快又整齐，优胜者可获得相应的奖励（如获得一朵小红花贴在光荣榜上），以培养幼儿专心做事的好习惯。

4. 关注起床后的如厕环节

幼儿起床后的如厕环节比较容易发生危险。有些幼儿会你推我挤地往卫生间跑，容易出现跌倒的情况。教师要提醒幼儿按秩序排队，不要跑，避免意外事故的发生。

5. 清理睡眠室或睡眠区域

当绝大多数幼儿穿好衣服、如厕，收拾妥当之后，教师可以开始清理睡眠室或睡眠区域，清理时注意从距离尚未收拾整理好的幼儿较远的一端开始。

保育小窍门

午睡起床环节对个别幼儿的护理

在午睡起床环节，教师对一些幼儿需要给予特别关注，包括体弱儿、容易生病的幼儿、处于病后恢复期的幼儿、容易尿床的幼儿以及协调能力不好的幼儿。

- 对于容易尿床的幼儿，教师应查看幼儿是否有尿床现象，在唤醒幼儿后先让其上卫生间小便，天冷要提醒幼儿披件上衣再去，小便后再穿其他衣服。
- 对于体弱、易患病或者病愈刚恢复的幼儿，起床时教师需要特别关注。提醒幼儿睡前将上衣脱下后放在枕头旁，以便起床后及时穿上，避免着凉。寒冷季节午睡起床时，为了保暖，教师应先帮助其穿好上衣，然后再让幼儿自己穿其他衣服。
- 对于协调能力较差的幼儿，在午睡起床下床时，教师要特别关注，必要时及时给予扶助，以免幼儿睡得迷迷糊糊跌落床下。

（三）幼儿床铺的整理

每所幼儿园的幼儿睡眠环境都有所不同。有的幼儿园有单独的睡眠室，床铺固定；有的幼儿园活动室与睡眠室是共用的，床铺是叠摞式的，幼儿睡觉前临时将床铺搭在地上。因此，午睡后床铺的整理环节也有所不同。无论何种睡眠环境，在幼儿午睡起床后，教师都要将被子晾一晾再整理。

小班和中班第一学期，幼儿床铺一般由教师整理；中班第二学期和大班，教师指导幼儿自己整理床铺；到大班第二学期，幼儿已经能够很好地整理自己的床铺了。

1. 固定床铺的整理

有固定床铺的幼儿园，教师一般将被子叠成“豆腐块”，摆放在床铺的一端，枕头可以放在被子上面或者摆放在床的另一端。无论是教师整理还是指导幼儿整理，都应该按如下顺序进行。

（1）在床上把被子展开，反面向上平铺，长边对着自己。

（2）将被子的两条长边分别向中心处对折，每个边都要超过中心线一些。

（3）找好被子长边的中心点，将被子的两条短边分别向中心线对折、再对折，将被子叠成“豆腐块”。

（4）把叠好的被子放到床尾。

（5）把枕头拍打整齐，枕巾铺平，枕头放在被子上或放在床头。

（6）把床铺铺平整。

温馨提示

幼儿刚开始学习叠被子时，可能不会叠得很整齐，尤其是叠冬季棉被会比较吃力。遇到这些情况，教师应以积极的态度对待，提醒、帮助幼儿整理，在练习过程中逐渐增长幼儿的能力和自信心。

2. 叠摞式床铺的整理

叠摞式床铺的整理需按照如下顺序进行。

（1）在床上把被子展开，反面向上平铺，长边对着自己。

（2）将被子的两条长边分别向中心处对折，每个边都要超过中心线一些。

（3）将叠好的长条被反转过来，正面向上铺好。

（4）将盖脚的一头向里叠入一部分，叠好后把被子向床尾拉，把床头的枕头完全暴露出来。暴露枕头是因为睡眠中幼儿头部容易出汗，使枕头不同程度地受潮，如果被子盖住枕头，受潮的枕头容易滋生细菌。

（5）把枕头拍打整齐，枕巾铺平。

（6）整理、铺平被子，不让被子超越小床的边。

（7）教师将整理好的床铺放在适宜的位置，一个个叠摞到一定的高度，最上面的床铺用盖单盖好。

六、晚间生活的护理

调查显示，寄宿园幼儿一周内与教师接触的平均时间比日托园幼儿多三倍，因而，寄宿园幼儿的晚间睡眠护理中，教师首先要做的就是扮演好“代理妈妈”的角色，营造家庭般的睡眠环境，建立教师和幼儿间的“安全依恋”模式。另外，在寄宿园幼儿的晚间睡眠护理中，教师的另一个角色就是幼儿科学晚间生活的管理者。因此，教师要深入学习和掌握幼儿的晚间生活特点，科学合理地安排幼儿的晚间生活。

（一）创设温馨的晚间生活环境

1. 营造如同家庭一般的温馨氛围

在晚间睡眠护理中，教师称呼幼儿的时候，可以称“宝宝、宝贝、乖孩子”或者称呼幼儿的小名，如金豆、妞妞、贝贝等；幼儿可以称呼教师为“老师妈妈”或王妈妈、李妈妈、孙妈妈等。教师叫幼儿的小名或昵称，把幼儿看作自己的孩子一样而不仅仅是自己的教育对象和指导对象；幼儿称呼教师为妈妈，会让幼儿觉得非常亲切，感到自己是一个被“老师妈妈”关爱的对象。

2. 引导幼儿以幼儿园为“家”

教师要注意引导幼儿把幼儿园当作自己的“家”。例如，上晚班的教师第二天早上下班时可以对幼儿说：“老师妈妈要去上班了。”晚上来上班时可以对幼儿说：“宝贝们，我回来了，我早上去工作，我现在回来了。”教师把到外面去作为出去“工作”，回到幼儿园，把幼儿园作为一个“家”，用这种语言暗示幼儿，可以稳定幼儿情绪，帮助其建立对教师的情感依恋。

3. 与幼儿交流保持“同一视线”

教师的表情和行为能够给幼儿最直接的刺激，因而，教师在晚间睡眠护理中要给幼儿真诚、亲切的微笑，创造温馨的氛围。板着脸、言辞严厉的教师是很难让幼儿感受到母亲般的爱意的。另外，教师与幼儿交流时的高度应保持“同一视线”，这样幼儿可以和教师眼睛对视，心理上感受到平等和被尊重，觉得教师和自己之间的距离很近，就像自己的妈妈，这对幼儿的心理发展有着非常重要的意义。

（二）合理安排幼儿晚间生活

1. 引导幼儿进食适量的“晚点”

寄宿制幼儿园应当注意到幼儿周一至周五的不同饮食需要，配以周密、适当的晚点食谱，注意饮食营养全面和保证进食量。幼儿进食晚点时，教师要充分了解每一名幼儿的饮食习惯和身体状况，确保幼儿适量进食，以免因饥饿或过饱影响幼儿晚间睡眠质量。对幼儿身体状况的了解除了要做好和白班教师交接班工作外，更重要的是教师要做到对每一名幼儿都细致观察。

2. 合理安排幼儿上床时间

幼儿的上床时间对幼儿晚间睡眠质量有重要影响。过早让幼儿上床，幼儿会产生入睡困难，出现躺在自己的小床上挖鼻孔、抓脸、啃手指、咬被角等现象，这些问题行为反映出幼儿内心的焦虑不安，这种心理状态会直接影响幼儿的睡眠质量。因此，晚间睡眠前，教师要组织幼儿进行适宜的晚间活动，在消耗了一定的体力后，安排幼儿8：30~9：00上床，15分钟后，大多数幼儿都会悄然入睡。

3. 开启家庭般的护理模式

晚间睡眠前，教师要轻柔地给（或引导）每一名幼儿换睡衣，一边换，一边轻声呼唤幼儿的小名，当幼儿躺下后，为他们掖好被角。教师为幼儿掖好被角的同时应轻轻抚摸幼儿额头，一方面抚慰幼儿情绪，一方面再次检查幼儿体温是否正常，做到及早发现幼儿的状况和病情。

幼儿全部躺好后，教师关闭室内大灯，开启夜灯。此时，教师可轻轻地哼唱摇篮曲，也可在朦胧的灯光下为幼儿朗读故事，引导幼儿慢慢地进入梦乡。大部分幼儿入睡后，教师要耐心地引导尚未入睡，特别是因思念父母而入睡困难的幼儿，允许他们抱着动物玩偶或睡眠依恋物入睡，并坐在他们床边陪伴。待全部幼儿都入睡后，教师应每2~3小时巡视一次，叫有需要的幼儿起夜，全面观察和了解幼儿睡眠状况，纠正幼儿睡姿，并及时为幼儿掖好被角，防止幼儿着凉。

复习与思考

1. 如何为幼儿创设良好的睡眠环境？
2. 午检的安全检查工作都有哪些内容？
3. 幼儿午睡过程中，教师有哪些重要的护理工作要做？
4. 怎样做好午睡起床环节对个别幼儿的护理？

第八章

室内活动中的保育工作

学习目标

1. 掌握活动室的清洁卫生方法。

2. 掌握活动区活动、集体活动和过渡环节的保育指导要点。

3. 掌握玩具与日用物品的清洁与消毒方法。

幼儿在园的大部分游戏和生活时间是在活动室内度过的。因此，保持活动室的安全和清洁、对活动中的幼儿进行必要的保育十分重要。本章将重点围绕活动室的清洁卫生，活动区活动、教学活动和过渡环节中的保育进行介绍。

一、活动室的清洁卫生

（一）活动室地面的清洁

活动室地面的清洁是对活动室地面、家具下面及每个角落的清洁。为避免扬尘，活动室地面清洁宜采用湿式清洁的方法，分清扫、拖地两个步骤进行。

1. 清扫

采用湿式清扫的方法，每天早、晚都对活动室地面清扫一次，具体步骤如下。

（1）扫帚清扫前要蘸湿，甩去水渍。

（2）用蘸湿后的扫帚，从里往外有顺序地清扫地面，尤其要注意清扫桌椅、玩具柜下面，不留死角，确保无尘土、杂物遗留。清扫时要做到轻柔不扬灰。

（3）将尘土、杂物等垃圾扫进簸箕，再倒入垃圾桶。

2. 拖地

清扫后，使用湿拖把拖地进行清洁，具体步骤如下。

（1）准备两个专用拖把，其中一个“室内湿拖把”用来整体拖地，另外一个“室内干拖把”用于在一日生活中发现地面有水时拖地。

（2）使用“室内湿拖把”，按照从里往外的顺序拖地，尤其要注意拖桌椅、玩具柜下面，仔细拖每个角落。拖地过程中发现拖把变脏要及时清洗。

（3）开窗通风，自然晾干地面。

（4）用后的拖把要及时冲洗干净、拧干，放置在室外太阳下通风处晾干备用。

3. 注意事项

（1）“室内湿拖把”要用专门的清洗池或清洗桶进行清洗，需上下用力反复墩洗，然后用清水冲洗干净后尽量拧干。拖把不宜太湿。

（2）拖地完毕后要将拖把洗净，悬挂晾干，切勿整日潮湿。

（3）每周使用一次化学消毒剂（一般使用浓度为250毫克/升的含氯消毒液）对拖把进行消毒。传染病流行期间，每周对地面进行一次整体消毒。

（4）禁止在幼儿用餐时扫地，避免扬尘影响幼儿进餐。

（5）一日生活中，教师发现地面有杂物、垃圾时，要及时清扫，特别是早餐、午餐、晚餐后，要认真清扫餐桌、餐车周围地面，确保地面清洁干净。

（6）地面有水、有污渍时，特别是幼儿如厕、盥洗、喝水后，教师要随时用“室内干拖把”擦干地面，保持地面清洁干燥，防止幼儿滑倒。

（二）窗户的清洁

窗户的清洁可以在幼儿园大扫除的时候进行，一般1~2月清洁一次，基本步骤如下。

1. 准备一块湿抹布、一块干抹布、一个“抹布盆”、一个小笤帚、废旧报纸若干。

2. 将纱窗取下，用小笤帚扫去积尘。

3. 将纱窗拿到盥洗室，用软水管或花洒冲洗纱窗，清除粘在上面的蜘蛛网、灰尘和其他污物。

4. 用小笤帚清扫窗框里面的积土，将灰尘和污物全部清理出来。

5. 用湿抹布擦拭窗框，按照从上到下的顺序去除浮土。在擦拭过程中，抹布脏了要随时在“抹布盆”中清洗。

6. 倒掉“抹布盆”污水，换一盆清水，将抹布洗干净。

7. 用洗干净的湿抹布，按照从上到下的顺序擦拭窗户玻璃。如果窗户玻璃特别脏，要用湿抹布擦拭两遍，去除污泥。

8. 用干抹布擦拭一遍玻璃，使玻璃呈半干的潮湿状态，注意擦拭玻璃的四个边角。

9. 将废旧报纸揉成团，按照从上到下的顺序擦拭玻璃表面，注意擦拭玻璃的四个边角。擦拭后的窗户要达到清洁明亮、纱窗无积尘、窗框无尘土的卫生标准。

温馨提示

窗户容易积尘，特别是风沙大的地区更易如此。教师要注重窗户的日常保洁，平时窗户有浮尘时，可以用除尘掸子拂去灰尘。每天早上来园用湿抹布擦拭一遍窗台。

（三）灯具的清洁

班级里的电灯泡、日光灯管、紫外线灯管因为发热容易吸引灰尘，是环境的卫生死角，清洁的时候最好把能取下的小配件也进行清洁。

1. 灯泡、灯管的清洁

（1）将窗户打开，使空气流通，并且关闭电源。

（2）用拧干的抹布蘸清洁剂擦拭日光灯管或灯泡，如果有其他拆除的配件也用同样的方法来擦拭。

（3）用干净的干抹布将清洁剂擦干净，最好用干净的抹布反复擦拭。

2. 灯罩的清洁

（1）塑胶制、金属制、玻璃制灯罩的清洁：先用拧干的抹布涂上清洁剂，擦拭污渍；再用拧干的抹布将残留的清洁剂成分擦掉；最后用干的干净抹布，再一次仔细擦拭干净。

（2）亚克力制灯罩清洁：先用柔软的干抹布轻轻将灰尘拂掉，再用干抹布仔细擦拭干净。

（3）布质、纸制灯罩清洁：先用防静电掸子清除灰尘，然后用干抹布擦拭污渍，最后可以用毛笔等小东西，来清除不容易清除到的污渍。

3. 开关、插座的清洁

（1）开关上留下的手印痕迹，用橡皮一擦，即可干净如新。

（2）插座上如果沾染了污垢，可先拔下电源，然后用软布蘸少许去污粉擦拭。

（四）物体表面的清洁与消毒

在教师的日常工作中，保持班级各种物体表面的清洁、进行常规的消毒是最基本的保育工作，也是保持班级环境卫生的重要途径。这里所说的物体表面，是指活动室内家具（如桌子、椅凳、玩具柜、电脑桌、幼儿衣柜等）的表面、墙面、门把手、门框、窗台、窗框等。

1. 物体表面清洁与消毒的基本原则

（1）注重日常清洁。平时每天早上在幼儿来园前，教师要对活动室物体表面进行清洁，用清水擦拭一遍即可，无需消毒。因为消毒液是化学制剂，其释放的气体含有微量毒素，频繁使用会吸入人体，不利于幼儿和教师健康，因此日常采取清水清洁的方法更为适宜。

（2）必要时进行消毒。在传染病流行季节，或疾病发生时必须进行预防性消毒，严格按照“清水、消毒液、清水”的顺序进行，即用清水、消毒液、清水分三次擦拭。

2. 物体表面清洁与消毒的基本步骤

（1）准备一块清洁专用抹布（抹布要有专门标记）、一个专用“抹布盆”、一块肥皂和一把刷子。

（2）将清洁专用抹布放入“抹布盆”，浸湿后拧干。

（3）用湿抹布擦拭物体表面。擦拭时，应按照从上到下、从里到外、从左到右有顺序地擦，不能来回地擦，确保幼儿能够触摸到的每个地方都清洁一遍。

（4）用流动水冲洗用后的抹布，洗干净后将抹布悬挂在太阳下通风处自然消毒，晾干备用。

教师加油站

擦拭不同物体表面的正确顺序

- 擦拭墙面的顺序：从上到下（瓷砖、木质墙面都需要擦拭）
- 擦拭门框、窗框的顺序：从上到下
- 擦拭门把手的顺序：从里到外
- 擦拭窗台的顺序：从左到右
- 擦拭玩具柜、图书柜、幼儿衣柜的顺序：柜子上层内部、柜子中层内部、柜子下层内部、柜顶、柜体外部
- 擦拭电脑桌的顺序：抽屉、桌面、桌腿
- 擦拭幼儿桌子的顺序：抽屉、桌面、侧面、桌腿
- 擦拭幼儿椅凳的顺序：椅背、椅（凳）面、椅（凳）腿

3. 注意事项

（1）擦拭过程中，对污渍印较深的物体表面，如桌面、椅背等幼

儿小手经常触摸的地方，要涂抹清洁剂用刷子刷洗，去除上面的污渍，最后用洗干净的抹布擦拭两遍，确保清洁干净。

（2）抹布变脏时，要用清洁剂均匀涂抹在脏抹布上，用力搓，直到抹布看不到污渍，用流动水冲洗干净后，再继续擦拭其他物体表面。

（3）定期对天花板进行清洁，用长柄除尘掸子除掉天花板上的蜘蛛网、尘土等，一般1~2月清洁一次。

保育问答

问题一：

幼儿画画时，把彩笔、油画棒涂到桌面上，用抹布擦不掉怎么办？

幼儿在绘画时，经常会画到纸的外面，在桌面留下彩笔和油画棒印迹，很难擦掉，应对这一问题的方法有两种。

1. 准备比桌子大的桌布或桌垫若干，提前铺好桌布或桌垫

每天幼儿进美工区和开展美术教育活动前，教师要先把桌布或桌垫铺好，让幼儿在桌布或桌垫上绘画，这样即使画到纸的外面，也都画在了桌布或桌垫上，免去了擦拭桌面彩笔和油画棒的麻烦。使用的桌布或桌垫每周需进行一次清洗，并进行消毒。

2. 使用洗洁精（或去污粉）擦拭桌面

即便铺上了桌布或桌垫，幼儿在绘画过程中也有可能会不小心将桌布或桌垫拽离桌面，使彩笔和油画棒画到桌面上，留下印迹。教师要理解幼儿，并耐心对待。活动结束后，教师可以先用干净抹布擦拭一遍桌面，再用流动水冲洗抹布，拧干抹布后，涂抹上洗洁精，用力在桌面来回擦，很快印迹就会去除。还可以使用去污粉。由于去污粉有一定的腐蚀性，因此在使用前要先戴好消毒专用橡胶手

套，在桌面洒上去污粉擦拭，用力来回擦，也可以去除印迹。最后，要用清水抹布擦拭桌面两遍，将洗洁精（或去污粉）完全去除，确保桌面清洁干净。

问题二：物体表面粘贴过透明胶带，胶带残留擦不掉怎么办？

很多时候为了展示幼儿作品、创设墙饰的需要，物体表面需要粘贴透明胶带，但胶带撕下去后，留在表面上的胶带残留很难擦掉，这时要根据物体表面材质，选择使用不同材料擦拭物体表面。

金属、木质、硬塑料表面的胶带残留，可以使用橡皮从上到下、一点一点擦拭，擦掉之后，再用清水抹布擦干净。还可以使用洗洁精擦拭，在拧干后的抹布上涂抹洗洁精，用力来回擦，擦拭干净后，再用清水擦拭两遍。

瓷砖墙面的胶带残留，除了可以使用橡皮、洗洁精的方法擦拭外，还可以用去污粉擦拭。戴好消毒专用橡胶手套，在抹布上涂抹去污粉，用力来回擦拭，去除印迹后再用清水擦拭两遍。另外，也可以使用铁刷、钢刷一点一点擦除印迹，最后用清水抹布擦干净。

二、活动区活动的保育指导要点

活动区是幼儿游戏与学习的重要场所。教师可以根据室内空间和幼儿人数，将活动区分为角色区、表演区、积木区、美工区、益智区、科学区、阅读区、沙水区等区域。不同的活动区对幼儿具有不同的学习与发展价值，教师保育指导的侧重点也有所不同。教师必须牢记的一点是：活动区的保育指导是为了更好地支持幼儿的自主游戏，而不是干扰幼儿的游戏。因此，在组织活动区活动时，教师需关注以下几个方面。

（一）与幼儿共同制定游戏规则

由于活动区是幼儿自发、自主游戏与活动的空间，教师的主要指导方式以间接指导为主。因此，活动区的规则承载着组织和调整幼儿行为的作用。教师可以通过与幼儿共同讨论，针对幼儿游戏中容易出现的行为问题，制定游戏规则，并用图文并茂的形式，呈现在每个区域当中，便于幼儿在游戏中对照规则，调整自己的行为。

值得注意的是，即使制定了规则，教师仍需在幼儿活动时不断巡视与观察，及时发现幼儿的需求，提供适宜的支持，不得休息或无故离开班级。如果有急事需要离开，应该请别的教师代管。

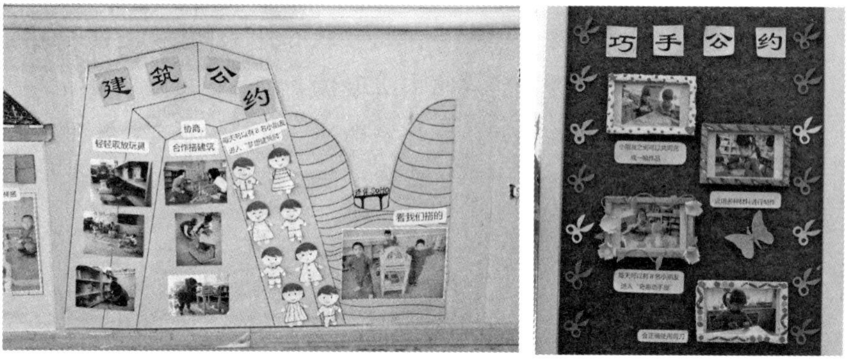

图8-1 活动区规则

（二）活动区应当进行科学布局

活动区的科学合理布局对于开展有效的保育工作非常重要。合理的布局可以预先规避各种可能发生的危险，使幼儿的活动情况能够时时处处为教师所了解和掌握，同时还能够有效提高幼儿活动区活动的质量。活动区的合理布局应当遵循动静分开、角区化设计、区域界限清楚、可视化指导、出入方便等原则。

（三）明确各个活动区的保育指导要点

由于不同活动区游戏内容、材料不同，保育指导也有着各自不同的重点。

1. 角色区的保育指导要点

（1）角色区投放的许多玩具材料来自于生活中的自然材料和生活用品，这些材料最好是轻便、易于整理和清洁消毒的，同时也要定期整理、清洁和更换。

（2）针对角色区投放的生活中的真实物品，教师应随时检查其损坏程度，以保证幼儿安全使用。各种用于幼儿角色游戏的真实蔬菜，如黄瓜、西葫芦、茄子等，教师要在幼儿游戏结束后及时收拾和清理，并督促幼儿洗手，防止时间过长滋生细菌。

2. 表演区的保育指导要点

（1）表演区的场景材料应安全轻便、牢固耐用，便于幼儿挪动；服装类道具应容易穿戴，且不影响幼儿活动。

（2）应为幼儿提供音质好的播放设备和乐器，避免提供劣质的、具有刺耳声音刺激的设备和材料。

图8-2　幼儿表演区

3. 积木区的保育指导要点

（1）可在积木区地面铺上平整的地毯或地垫，提醒幼儿脱鞋进区游戏。教师需及时关注和清理地毯或地垫上的杂质，尤其要防止地面上有不安全的硬物，以免对幼儿造成不必要的伤害。

（2）由于有些积木尺寸比较大，也比较重，因此教师要和幼儿商量并制定积木区的安全游戏规则，避免幼儿抛掷积木、积木搭建过高突然倒塌等情况发生造成危险。

图8-3　积木区一角

4. 美工区的保育指导要点

（1）美工区应光线充足，相对安静，并靠近水源；注意培养幼儿正确的握笔和绘画姿势；美工区的工具和材料应注意有序妥善保管，如毛笔要提供专门的笔架，颜料使用要有颜料盒或调色盘，并应封闭保存。

（2）培养幼儿安全使用美术工具和材料的方法与习惯，提高幼儿的安全意识。如使用剪刀时，刀口朝前，向前方剪；不用小手摸刀口处；不拿着剪刀挥来挥去；不用剪刀对着自己或别人等。使用颜料时，不能将颜料涂到脸上或放到嘴里。使用铅笔时，铅笔尖不要对着自己或其他小朋友；也不要将铅笔头咬在嘴里或塞到鼻子、耳朵里玩。

5. 益智区的保育指导要点

（1）提供的游戏材料要安全，不要过于细小，保证无毒无害，且经常进行安全检查。

（2）提醒幼儿不能将玩具放进嘴、鼻、耳里。对于小班及中班初期的幼儿，提供的玩具颗粒或玩具块应当大一些，防止幼儿吞咽或塞进鼻孔。当幼儿在操作豆子、穿珠、泡沫材料等小物品时，最好有教师在一旁监督。

6. 科学区的保育指导要点

（1）应为幼儿提供安全且适宜幼儿独立操作与探究的声、光、电、磁等科学材料，如小灯泡、一节2号或多节5号电池等。

（2）教师要关注幼儿在探究过程中的操作方法是否正确，以防操作不当，出现不可控制的混乱。

7. 阅读区的保育指导要点

（1）阅读区应设置在光线适宜的地方，同时为幼儿创设舒适、安静、温馨的阅读条件，如提供地毯、靠垫、坐垫、小沙发和布偶等。

（2）引导幼儿养成良好的坐姿和阅读习惯。

8. 沙水区的保育指导要点

（1）沙水区的沙、水应是安全的、洁净的，无尖锐物及其他杂物。

（2）应和幼儿讨论并制定规则，如游戏中不能抛沙、不能用脏手揉眼睛等。

（3）幼儿玩完沙、水后，要用清洁剂（如香皂、洗手液等）清洁双手。

安全小港湾

关注玩具材料的安全性

教师在为幼儿选择玩具材料时，首先要考虑到安全性。有尖角的玩具、小部件已经松散的玩具、以及尺寸过小的玩具，都存在着危险。关注玩具材料的年龄适宜性是消除危险玩具的重要前提。通常，玩具的外包装上都标注了该玩具适合哪个年龄段的幼儿，但一些玩具的小配件往往不会在外包装上标注出来，有些说明书中甚至完全没有安全提示。如果教师不注意查看包装上的说明或安全警告，直接把玩具给幼儿，那么很可能导致危险。

还有一些伤害是由幼儿不当的操作方式引起的，如吸入气球，将含有铅或其他危险物质的美术材料放入口中，被玩具上面的绳子勒伤等。作为教师，一定要清楚适合不同年龄阶段幼儿的玩具，必要时可查询玩教具国家安全标准，尽可能为幼儿提供安全无毒的、合格的玩具和游戏材料。特别是对于小班和混龄班的教师来说，更要注重安全与监控，确保各项安全措施到位。

（四）活动区材料的收放

教师应通过不同方式帮助幼儿有序收放活动区材料，以保证环境的安全、整洁、有序，并达到培养幼儿良好行为习惯的目的。

1. 制作收放小标志

标志的制作可结合不同年龄班幼儿的特点，体现不同的形式与内容。如小班可以结合一一对应、5以内点数、颜色认知等目标，对应制作小标志，引导小班幼儿有序收放玩具。中班可结合对整体与部分的认知、相邻数、图形等目标，对应制作小标志，引导幼儿有序收放。大班除了可以融入认知目标外，还可以根据大班幼儿认知发展水平，提供整体材料收放图片，引导幼儿通过观察图片中玩具的摆放形式，整齐地收放区域材料。

2. 特殊材料的收放

活动区中有一些形状、用途较为特殊的工具及材料，如剪刀、较大的纸张、颜料、穿珠等，这类材料在提供给幼儿游戏的同时，教师需考虑其如何收放才更加安全有序，以保证幼儿顺利开展游戏。有条件的幼儿园可购买专用的存放工具，不具备条件的幼儿园，教师可以根据工具及材料的特点自制相应的存放工具。

温馨提示

- 剪刀的收放：剪刀需摆放在刀头朝下的材料盒中，保证幼儿区域活动时的安全。
- 大型纸张的收放：一些大型纸张，可卷成卷，收放在不易被折坏的专门器皿中，以保证区域的整洁及材料的使用。
- 液体颜料的收放：液体颜料容易洒出，需要收放在专门的颜料盒中，专用颜料盒中可放置吸水海绵，以防止颜料洒出。

3. 分类收放

分类收放的目的，是为幼儿游戏提供更加便捷、安全的游戏空间，因此教师应针对不同材料提前进行思考与设计。表演区、建筑区的材料较为“大型”，需占用较大的空间，教师应当制作分类标志，并提供专门的存放工具，引导幼儿分类收放。如：表演区的服装类材料应当提供专门的衣架，乐器类、头饰道具类材料可提供专门的盒子进行存放；建筑区也应提供专门的柜子用来存放不同形状和大小的积木，以及各类辅材；等等。

三、集体活动的保育指导要点

（一）集体活动前的保育指导

教师开展集体活动时，要充分考虑活动空间、玩具材料是否充足，避免出现活动过程中幼儿过于拥挤以及争抢玩具的情况。同时，要保证活动内容与活动形式符合幼儿的年龄特点。

布置环境时，教师要避免不安全因素，如不使用图钉固定墙饰，不摆放易碎的玻璃制品，桌椅的摆放不妨碍幼儿行动，悬挂物要确保稳固等。

活动开始前，教师首先要引导幼儿做好生活上的准备，如主动如厕，着装整齐，系好鞋带、衣扣等。其次，教师应向幼儿讲解活动的规则，注意要正面叙述遵守规则的意义，这样幼儿更愿意遵守。一般来说，幼儿年龄越小，制定的规则应该越细致；活动越激烈或难度越大，制定的规则应该越严谨。当幼儿渐渐了解危险并建立起自我保护的意识时，规则可逐渐减少。对于年龄稍大的幼儿，教师可以在活动前与幼儿讨论活动的内容、形式以及活动过程中可能会发生的危险，和幼儿一起制定活动的规则。

温馨提示

开展较为复杂或较大型的活动前，例如外出郊游、亲子远足、家长开放日等，教师应制定详细的活动计划。活动计划中应当有详细的安全保护措施和应急预案。如果是幼儿园统一组织的大型集体活动，例如大型体育活动、大型文艺活动等，不但应当有幼儿园整体的活动计划、安全保护措施和应急预案，每个班级也应当有相应的活动计划、安全保护措施和应急预案，并且严格执行。

（二）集体活动中的保育指导

集体活动过程是集体活动最主要的环节，过程中的保育指导非常重要。教师应当加强和重视集体活动过程中的保育指导，促使幼儿身心都能积极投入到活动过程之中，并获得发展。

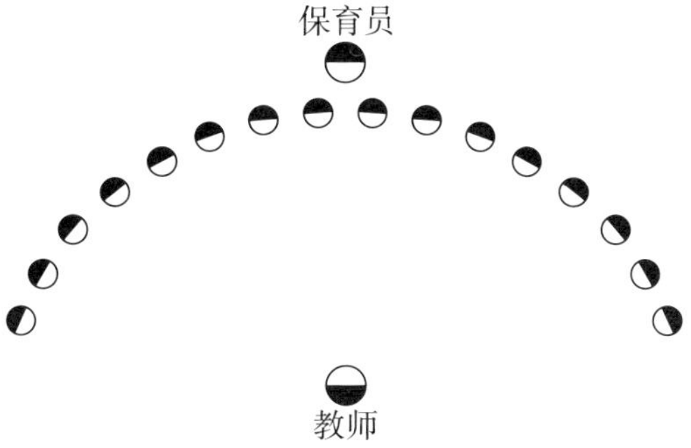

图8-4 半圆形坐位排列师幼位置

活动过程中，教师的位置非常重要。教师和保育员需根据不同的集体活动类型和幼儿的站位或坐位形式选择不同的位置。例如，集体上课时，幼儿多采用半圆形坐位，半圆形便于幼儿正面看到教师及其所使用的教具或图片，教师需站在幼儿正面，保育员一般站在幼儿的后面。组织集体游戏活动时，幼儿一般成圆形站位，教师和保育员则面对面站立，以便能够关注到所有幼儿。开展操作活动时，幼儿则分小组活动，教师和保育员一般成斜对角站位，确保能够及时指导所有幼儿。

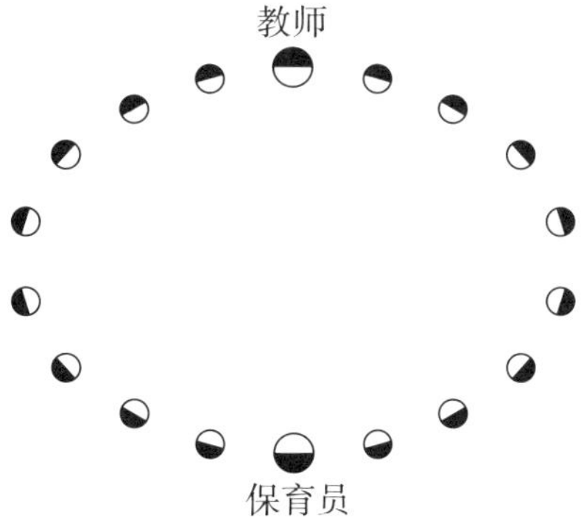

图8-5 圆形站位排列师幼位置

总之，教师和保育员应当分开站在不同的位置，确保能够关注到所有幼儿。教师要随时关注幼儿的反应，及时调整自己的位置，使全体幼儿都能看清楚教师的动作或出示的物品。教师还应随时环视所有幼儿，避免幼儿之间突然发生冲突，引发抓伤、摔倒等伤害事故。

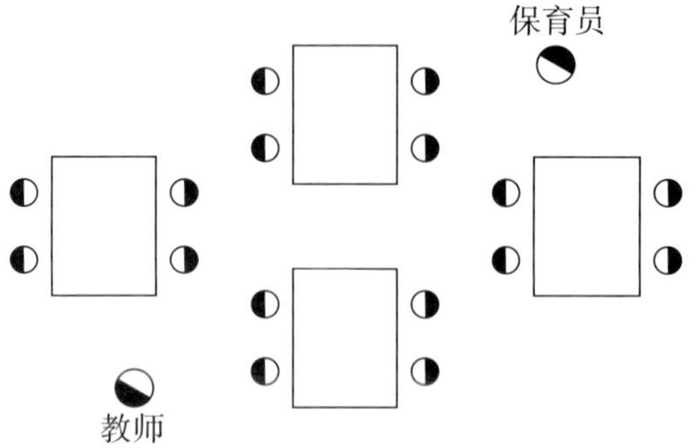

图8-6　集体操作活动坐位排列师幼位置

教师应注意对幼儿进行随机指导，引导幼儿遵守纪律，坚持正面教育，多鼓励和表扬，肯定幼儿的正确行为。当幼儿偶尔不遵守规则时，应适时提示；如果提示无效，可以使用暂时隔离的方法，让幼儿了解自己的行为是不被接受的；一旦幼儿愿意改变自己的行为，教师就应请幼儿回到原来的活动中。

在集体活动过程中，如果需要在幼儿身上设置标识或装饰物，可考虑粘贴、披戴等方式，尽量不要使用用别针、大头针等将标识或装饰物别在幼儿衣服上的方式，以免扎伤幼儿。

如果集体活动中需要使用纸、笔、剪刀等书写工具，教师要注意提醒幼儿保持良好的姿势，同时，还要培养幼儿学习握笔、使用剪刀等方法，初步养成有序摆放和安全使用工具、材料的良好习惯。

另外，集体活动过程中还应当允许幼儿随时如厕，尊重幼儿的年龄特点和生理需求。

（三）集体活动后的保育指导

集体活动即将结束时，教师要引导幼儿收拾作品、学具材料等，特别是一些危险的工具，如剪刀、刻刀等，要及时按照正确的方法收放到专门的容器中，避免放在裸露的地方导致危险。同时，教师还要妥善保存和对待幼儿的作品，使幼儿感受到成功和被重视的快乐。最后，教师要引导幼儿与成人共同清理场地，并提示幼儿与同伴合作将玩具放到指定地点。

四、过渡环节的保育指导要点

过渡环节在幼儿一日生活中起着承上启下的作用，是必不可少的衔接部分。过渡环节中的保育指导也非常重要，主要包括以下两点。

1. 尽量减少不必要的集体活动，消除消极等待现象。教师可以在楼道、走廊等公共场所，创设让幼儿动手操作的墙面游戏，减少消极等待，避免幼儿在等待过程中嬉戏、打闹带来安全隐患。

2. 教师之间要相互配合，关注到每一位幼儿的状况，消除过渡环节的“盲区”，避免出现安全问题。

分类游戏

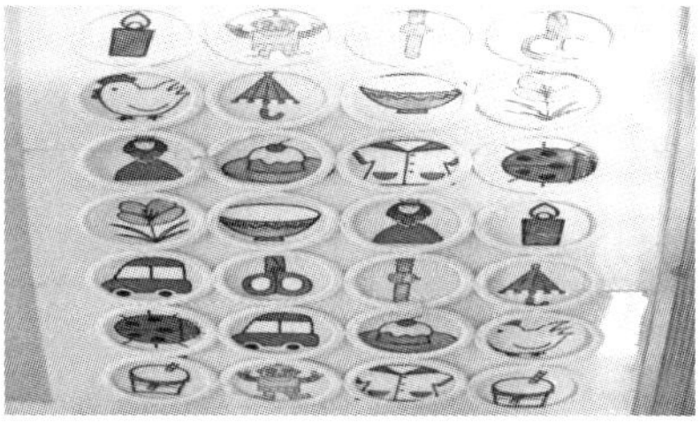

拼一拼

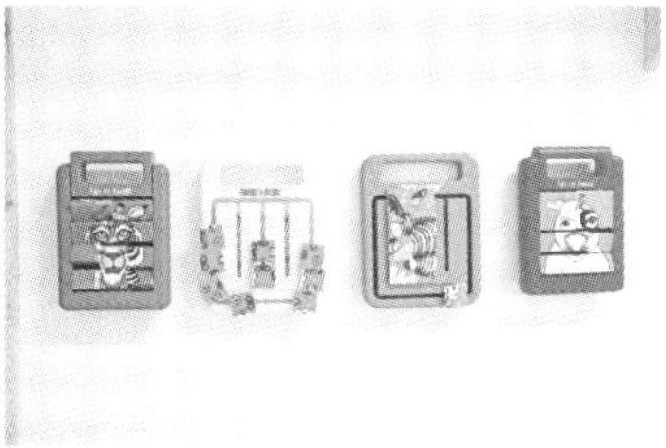

摆一摆、走一走

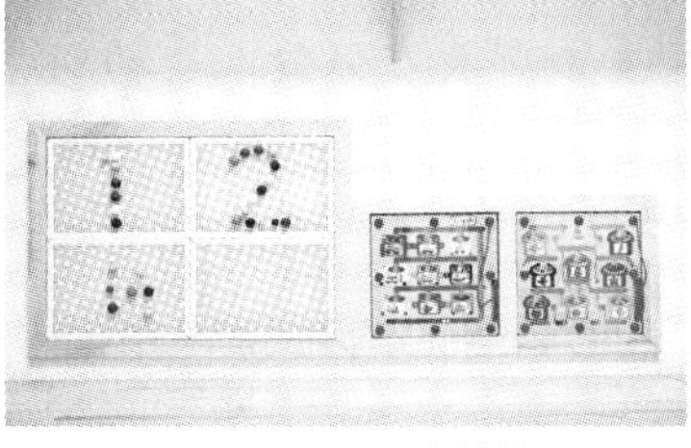

图8-7 互动墙饰

五、玩具、日用物品的清洁与消毒

（一）玩具的清洁与消毒

在幼儿园，班级的玩具往往是公用的，这就增加了疾病传播的机会。因此，教师要严格执行幼儿园的玩具卫生消毒制度，保证幼儿玩具的使用卫生。玩具种类繁多，根据制作材料的不同，可分为塑料玩具、橡胶玩具、金属玩具、木制玩具、纸制玩具、布制玩具、毛绒玩具、电动、电子玩具等。玩具制作材料不同，清洁与消毒方法也存在差异。教师在对玩具进行清洁与消毒时，一定要根据玩具的材质选择正确的方法。

教师加油站

玩具卫生消毒制度举例

幼儿园应当根据气候、地域、环境、卫生条件等方面的特点，制定本园的玩具卫生消毒制度，具体规定举例如下。

- 新购买的玩具投入使用前必须清洁、消毒。
- 在一日生活中，特别是区域游戏中，教师要培养幼儿爱护玩具，保持玩具清洁卫生的良好习惯，教育幼儿不要用脏手拿玩具，不要把玩具放在口中吮吸，不要将玩具随意乱丢等。
- 教师要在保健人员的指导下，定期对各类玩具进行清洁与消毒，并做好清洁与消毒工作记录。

1. 塑料、橡胶玩具的清洁与消毒

塑料玩具和橡胶玩具一般每周清洁、消毒一次，要严格按照“清水、消毒液、清水”的程序进行。基本步骤如下。

（1）准备一袋洗衣粉、一个“消毒盆”、一把玩具专用硬刷、一双消毒专用橡胶手套、一块“消毒抹布”。

（2）配制浓度为含有效氯250毫克/升的次氯酸钠类消毒液。

（3）用流动水冲洗玩具及玩具篮筐（玩具篮筐一般选择透气的塑料篮筐）。冲洗时，玩具要不断翻面。如果玩具表面有污渍，可用刷子蘸取洗衣粉刷洗。

（4）戴上消毒专用橡胶手套，将冲洗干净的玩具放到配置好的消毒液中浸泡一下，然后捞出放到玩具篮筐中。

（5）让消毒液在玩具表面停留15分钟。

（6）用流动水冲洗玩具及玩具篮筐，确保无消毒液残留。

（7）控干水，将玩具和玩具篮筐放到太阳下通风处晾晒。晾晒过程中，每隔一小时给玩具翻一次面，确保玩具的每一个面都晾晒到。

温馨提示

用嘴吹着玩的塑料、橡胶玩具（如哨子、喇叭等），教师应提醒幼儿不要与他人合用，以防交叉感染。每次游戏结束后，教师要立即对玩具进行清洁、消毒，以便下一次使用。

2. 木制玩具的清洁与消毒

木制玩具在潮湿的环境下容易霉变发黑，一般不建议用水冲洗。木制玩具应每周清洁、消毒一次。一般情况下，用清水擦拭去除浮尘，放到太阳下晒干即可，无需消毒。但在传染病流行季节或疾病发生时，必须严格按照“清水、消毒液、清水”的程序进行预防性消毒。

清洁后的木制玩具在晾晒时，要时不时翻动一下，确保各个侧面都充分干燥，但切记不要让玩具在太阳下长时间曝晒，以防漆面、木料出现裂痕。

3. 纸制玩具的清洁与消毒

纸制玩具（包括图书等其他纸制品）用干抹布擦拭清洁，在太阳下曝晒消毒，每两周一次。基本步骤如下。

（1）准备一块干抹布、若干地垫或报纸。

（2）在室外太阳下通风处找一块干净的空地，铺上地垫或报纸。

（3）用干抹布轻轻擦拭玩具表面，去除浮尘。

（4）将玩具散开摆放在地垫或报纸上，注意摆放时不能叠加，以免影响晾晒效果。

（5）让玩具在太阳下曝晒6小时，然后收回，摆放到原来的位置。

4. 毛绒玩具的清洁与消毒

毛绒玩具触感柔软、憨态可掬，很受幼儿的青睐。幼儿园提供适宜的毛绒玩具能够满足幼儿游戏的需要，同时也增加了幼儿园柔软的材料，让幼儿感到更加温馨舒适。但是，为了保证幼儿的健康，毛绒玩具需要定期清洁。教师要每个月对其清洁、消毒一次。

（1）可水洗的毛绒玩具

体型较小且没有发声装置的毛绒玩具可水洗。教师可根据班级条件选择机洗或手洗。

① 机洗的基本步骤（以自动洗涤方式为例）

- 准备好柔顺剂（柔顺剂不能有漂白作用）、软毛刷、洗衣液或洗衣粉。
- 将玩具放入洗衣机桶内，启动洗衣机电源按钮，根据玩具大小、多少等情况选择合适的水位，确保水将玩具浸没，然后往水中加入适量的洗衣粉或洗衣液，选择“柔和”洗涤模式，让洗衣机自动完成洗涤、漂洗、脱水的洗涤过程。在第一遍漂洗刚开始时，让洗衣机暂停，往水中加入适量的柔顺剂。
- 取出洗净甩干的毛绒玩具，用软毛刷将其毛绒梳理通顺。

● 将毛绒玩具放到太阳下通风处晾晒。晾晒过程中，时不时地用手轻拍玩具，使玩具毛绒及填充物恢复蓬松。

② 手洗的基本步骤

● 准备好“玩具清洗盆”（两个）、软毛刷、洗衣粉或洗衣液、柔顺剂。

● 配制浓度较高的清洗剂：往一个“玩具清洗盆”中倒入少量温水，然后加入一定比例的洗衣粉或洗衣液，用软毛刷搅动盆中的水，以能搅出丰富的泡沫为佳。

● 用另一个“玩具清洗盆”接大半盆清水，把毛绒玩具放入水中轻轻按压，浸湿后拿到盆外，用软毛刷蘸配制好的清洗剂轻轻刷洗玩具表面。

● 玩具表面刷洗干净后，将其放入盛满清水的盆中压洗，去除玩具内的灰尘与清洗剂。

● 重新换上一盆清水，加入柔顺剂，将毛绒玩具放入水中浸泡10分钟左右。

● 将加有柔顺剂的水倒掉，换上清水，把毛绒玩具放入水中反复按压，水变浑浊后换水继续按压，直至水变清澈为止。

● 将清洗干净的毛绒玩具放到洗衣机中轻柔脱水。

● 取出脱水后的毛绒玩具，用软毛刷将其毛绒梳理通顺。

● 将毛绒玩具放到太阳下通风处晾晒。晾晒过程中，不时用手轻拍玩具，使其玩具毛绒及填充物恢复蓬松柔软。

温馨提示

如果毛绒玩具的填充物可拆卸，先将填充物取出，放到太阳下曝晒。玩具表皮按以上方法清洗、晾晒，干透后，再把填充物重新装入，整理后拉上拉链即可。

（2）不可水洗的毛绒玩具

大型的和会发声的毛绒玩具不能水洗，我们可用粗盐（即大粒的工业用盐）对其进行清洁、消毒，这是因为盐能吸附污垢，并可有效杀灭细菌、病毒。具体的清洁、消毒步骤如下。

● 准备一袋粗盐和一个干净结实的大塑料袋。

● 将脏的毛绒玩具装进塑料袋中，倒入适量粗盐（粗盐的量应根据玩具的大小及其脏的程度来决定）。

● 将塑料袋袋口系紧，搬起来用力上下来回摇晃5分钟左右。

● 从袋中取出毛绒玩具，这时会看到毛绒玩具变干净了，粗盐因吸附了污垢变成了灰黑色。

● 将毛绒玩具拿到太阳下通风处曝晒消毒6小时左右。

5. 金属玩具的清洁与消毒

金属玩具应每周清洁、消毒一次。一般情况下，用清水擦拭玩具表面，去除浮尘，放到太阳下晾干即可，无需消毒。但在传染病流行季节或疾病发生时，必须严格按照“清水、消毒液、清水”的顺序擦拭消毒。不好清洁的金属玩具，可直接放到阳光下曝晒。曝晒时间不低于6小时。

6. 电动、电子玩具的清洁与消毒

电动、电子玩具怕水，应用酒精擦拭清洁、消毒。酒精挥发速度快，一般不会渗到玩具内部的电路板上。清洁、消毒的步骤如下。

（1）准备一块消毒专用抹布、一瓶浓度为75%的医用酒精、一副消毒专用橡胶手套。

（2）戴上消毒专用橡胶手套，用消毒专用抹布蘸取酒精，按照从上到下、从左到右的顺序擦拭电动、电子玩具表面，注意不能来回地擦。等酒精完全挥发后再给幼儿使用。

7. 布制玩具的清洁与消毒

布书、布摇铃等没有电池盒的布制玩具，可直接水洗。教师可

温馨提示

电动、电子玩具外层如有可拆卸的布料，应将布料拆卸下来单独清洗，里面的玩具用酒精擦拭消毒。

根据班级条件选择机洗或手洗。

（1）机洗的基本步骤

- 准备好柔顺剂（柔顺剂不能有漂白作用）、软毛刷、洗衣粉或洗衣液。
- 在布制玩具明显脏污处抹上洗衣粉或洗衣液，用刷子刷洗干净。
- 将已去除明显脏污的玩具放入洗衣机桶内，启动洗衣机电源，选择合适的水位，然后往水中加入适量的洗衣粉或洗衣液，选择“柔和”洗涤模式，让洗衣机自动完成洗涤、漂洗、脱水的全过程。第一遍漂洗刚开始时，暂停洗衣机，往水中加入适量的柔顺剂。
- 将洗净甩干的布制玩具放到太阳下通风处晾晒。

（2）手洗的基本步骤

- 准备好“玩具清洗盆”、柔顺剂、软毛刷、洗衣粉或洗衣液。
- 用“玩具清洗盆”接约1/2盆的清水，往水中加入一定比例的洗衣液或洗衣粉，充分溶解后，将玩具浸没到水中。
- 用软毛刷刷洗布制玩具表面，去除表面污渍。
- 布制玩具刷洗干净后，将其取出，挤干水分。
- 将盆中的脏水倒掉，换上一盆清水，加入柔顺剂，将布制玩具放入水中浸泡10分钟左右。
- 将加有柔顺剂的水倒掉，换上清水，把布制玩具放入水中反复按压，水变浑浊后换水继续按压，直至水变清澈为止。
- 将清洗干净的布制玩具放入洗衣机中轻柔脱水。

● 取出脱水后的布制玩具，拿到太阳下通风处曝晒。玩具干了以后继续曝晒一段时间，让阳光中的紫外线对其进行消毒。

温馨提示

有电池盒的布制玩具，如电池盒能拆出，可拆下电池盒按上述步骤清洗；如电池盒不能拆出，则只能刷洗玩具表面，千万不要浸泡清洗。

（二）动物容器的清洁与消毒

为方便幼儿观察，班级有时会饲养一些小动物，如金鱼、兔子等。因动物身上带有细菌，动物容器的卫生教师千万不能忽视。动物笼子及鱼缸清洁与消毒的基本方法如下。

1. 动物笼子的清洁与消毒

班级饲养的兔子、仓鼠等小动物必须用笼子关起来，一方面便于幼儿观察和了解小动物，另一方面也可以防止动物到处跑动传播细菌，影响幼儿身体健康。

教师每天来园后要清理动物用过的草垫、沙石，并为动物更换食物，防止食物腐烂滋生细菌。用热水清洗动物的食物器皿，清洗干净后，再用浓度为含有效氯500毫克/升的次氯酸钠类消毒液浸泡一小时，最后用清水彻底冲洗干净。还要严格按照“清水、消毒液、清水”的顺序擦拭笼子围栏。

2. 鱼缸的清洁

一般而言，鱼缸每周要清洁一次，基本步骤如下。

（1）为鱼准备一个临时栖息场所（如洗干净的“玩具清洗盆”），临时栖息场所中的水温要与鱼缸中的水温一致。

（2）用渔网将鱼捞到临时栖息场所中。

（3）将鱼缸中的脏水倒掉，用洗洁精把鱼缸内壁擦洗干净。

（4）用流动水冲洗鱼缸，确保鱼缸内外无洗洁精留存。

（5）往鱼缸中倒入新水，将鱼捞回鱼缸。

（三）布罩和地垫的清洁与消毒

1. 布罩的清洁与消毒

班级各类电器一般都配有布罩，如电视罩、电脑罩、空调罩等，这些布罩每个月要清洁一次。手洗、机洗均可，可放在一起混洗。洗净脱水后悬挂在太阳下通风处晾干。

2. 地垫的清洁与消毒

幼儿园一般会为班级配备地垫，方便幼儿爬行、游戏或摆放玩具等。地垫长期铺在地上，表面容易聚集灰尘、污垢。教师每周要对地垫进行清洁、消毒，基本步骤如下。

（1）准备一袋洗衣粉、一把刷子、一块抹布、一个“清水盆”。

（2）将地垫拿到有淋浴花洒的盥洗室，教师直接用花洒冲湿地垫表面；没有淋浴花洒的班级，教师用盆接水冲湿地垫表面。

（3）在地垫特别脏的地方涂抹洗衣粉，用刷子刷洗。

（4）用淋浴花洒或用盆接水冲洗地垫，边冲水边用刷子刷洗，确保地垫表面无污物残留。

（5）用干净的抹布将地垫擦干，竖立放于通风处晾干。

通常情况下，地垫用清水冲洗干净即可，不需消毒。但在传染病流行季节或疾病发生时，必须严格按照“清水、消毒液、清水”的顺序进行消毒。具体方法为：先按前面的方法将地垫清洗干净，然后用配制好的浓度为含有效氯250 毫克/升的次氯酸钠类消毒液擦拭地垫表面；消毒液停留15分钟后，用流动水冲洗干净；最后将地垫擦干放到通风处晾晒。

（四）电器的清洁

幼儿园一般会为班级配备电视机、台式电脑、电子白板等电器，以满足现代化教育教学的需要；还会配备电风扇、空调、洗衣机等电器，以方便教师照顾幼儿的生活起居。这些电器与幼儿的一日生活息息相关，教师应重视其清洁卫生。

1. 电视机的清洁

电视机用久了，无论是屏幕还是外壳，都会积攒灰尘。一般而言，电视机要每周清洁一次。清洁前将电源插头拔下，然后分别清洁屏幕与外壳。

（1）电视机屏幕的清洁

用干净的软布蘸取屏幕专用清洁剂按照从上到下的顺序擦拭。擦拭时要顺着同一个方向，并不时更换擦拭布面，防止沾有污垢的布面划伤屏幕。

（2）电视机外壳的清洁

直接用潮湿的清水抹布擦拭。清水抹布要拧干，不能滴水，以免水进入机器内部影响使用。擦拭后一定要充分晾干再通电使用。

2. 台式电脑的清洁

台式电脑每周清洁一次。清洁前先将电脑关闭并拔下电源插头，然后分别清洁显示器、键盘、鼠标、主机外壳。

（1）显示器的清洁

- 清理显示器背部散热孔隙处的灰尘，可用软毛刷顺着缝隙的方向轻轻扫动，并辅助使用吹气皮囊吹掉灰尘。
- 用干净的潮抹布擦拭显示器外壳。
- 用干净的软布蘸取屏幕专用清洁剂按照从上到下的顺序擦拭显示器屏幕。擦拭过程中要不时更换擦拭布面，以防沾有污垢的布面划伤屏幕。

（2）键盘的清洁

● 翻转键盘，将键盘里的碎屑拍出。

● 用棉签清洁键盘缝隙内的污垢。

● 用软布清除键盘上的污渍。

● 用酒精擦拭清洁好的键盘，清除键盘上的细菌，然后晾干。

（3）鼠标与鼠标垫的清洁

● 用软布清除鼠标及鼠标线上的污垢，要特别注意鼠标左右点击处及滚轮的清洁。

● 用干净抹布蘸取酒精，擦拭鼠标及鼠标线，进行消毒。

● 用流动水冲洗鼠标垫，有污渍的地方用刷子蘸取洗洁精刷洗，洗净后晾干即可。

（4）主机外壳的清洁

● 用干净的湿抹布，按照“外壳顶部、外壳前侧面、外壳左侧面、外壳右侧面”的顺序清洁主机外壳。

● 用毛刷轻轻刷掉主机机箱后面各种接口处的灰尘。

3. 笔记本电脑的清洁

笔记本电脑是便携式电脑，因为移动方便，便于操作，在使用过程中深受教师及幼儿喜爱。对于笔记本电脑的清洁，建议与台式电脑相同，每周清洁一次。清洁前先将电脑关闭并拔下电源插头，然后分别清洁显示屏、键盘、鼠标及电脑外壳，但由于笔记本电脑利用率较高，建议随脏随清。

（1）显示屏的清洁

用干净的软布蘸取屏幕专用清洁剂按照从上到下的顺序擦拭显示器屏幕。擦拭过程中要不时更换擦拭布面，以防沾有污垢的布面划伤屏幕。

（2）电脑外壳的清洁

用干净的湿抹布，按照外壳的“顶部、底部、两侧”的顺序清洁；用干净、微潮的抹布轻轻擦掉外壳上的灰尘及表面污渍。

（3）键盘、鼠标与鼠标垫的清洁方式与台式电脑基本相同，可参照进行。

4. 电子白板的清洁

我们主要介绍电子白板板面的清洁，这是因为板面是电子白板的主体部分和最重要的显示部分，因此，电子白板最重要的是板面的维护和清洁。其他配件，如电子笔、板擦、打印机、投影仪等，每周用干净的湿软布擦拭一次即可。投影仪的镜头需用特殊的镜头纸进行清洁。

板面是电子白板的主体部分，一般由高质量的耐磨材料制成，正常使用时难以出现破损，但要避免用锐利的器物（如刀子、尖指甲等）刮划。日常使用时，不要让书写的内容长时间留在板面上，以免时间长了不容易清除干净。另外，也不要使用油性彩笔在白板上书写。若不慎出现这些情况，应立即用脱脂棉蘸酒精轻轻擦拭。

为了保证白板良好的显示效果，板面应每周清洁一次，基本步骤如下。

（1）关闭与白板相连的电脑系统及投影仪。

（2）用干净的湿软布，按照从上到下的顺序擦拭板面。湿布一定要拧干，不能有水流出，以免水从白板底框渗入板内。如果板上的墨水擦不掉，可用专用的干拭除式标记笔的墨水完全覆盖，然后用软布擦拭清除。如果仍留有痕迹，可在该区域喷上专业的白板清洁剂，然后擦拭干净即可。

温馨提示

电子白板的发展非常迅捷，新生代的产品不断产生。因此，除了遵从前面的基本清洁要求之外，在进行不同类型的白板清洁之前最好查看与之配套的说明书，按照说明书的要求进行操作。

5. 电风扇的清洁

电风扇使用时，每周要清洁一次。

（1）台式电风扇的清洁

- 台式电风扇的主体结构包括网罩和扇叶，其他结构还包括按钮和底座等，清洁时要进行逐一清洁。
- 网罩基本上都是钢制的，可在盆中滴几滴洗洁精，用刷子刷洗。刷洗时要耐心，用力不可过猛，以免损伤网罩。
- 扇叶可用湿布直接擦拭，注意不要用力过猛，晾干后装回原机。
- 其他部分用湿布直接擦拭，不能用硬物刮洗，以免造成损伤。
- 电风扇如果长时间不用，再次使用前要先清洁，清洁时不要将电机直接浸入水中，以免引起短路等现象。

（2）吊顶式电扇的清洁

- 关闭电源。
- 用湿布擦去扇叶上的灰尘后，再用干布将扇叶擦干即可。
- 避免用硬物刮洗，以免造成外观上的损伤。
- 由于吊顶式电扇较高，清洁时需选择适宜的工具或梯子，注意在完成好清洁工作的同时，保证自身的安全。

6. 空调的清洁

空调分为室内机和室外机，要进行分别的清洁。

（1）室内机的清洁

空调使用时，室内机外壳每周用湿抹布擦拭一次，过滤网每两周清洗一次。过滤网的清洗步骤如下。

- 切断电源。
- 打开面板，取出过滤网。
- 用流动水冲洗过滤网，直到干净为止。太脏时，可用除污剂或中性肥皂水，用软毛刷轻轻刷洗。注意一定不要用40℃以上的热水清洗，也不要用洗衣粉、洗洁精、汽油等清洗，以免过滤网变形。

● 冲洗干净后，用软布擦干或放至阴凉处吹干，千万不要放在阳光下暴晒或用火炉等明火烘干，以免过滤网变形。

● 将晾干的过滤网装回空调内机，5分钟后插电使用。

（2）室外机的清洁

室外机可直接用水冲洗，但如果被油污等污染，影响制冷制热效果，就需要请专业人士上门清理。

温馨提示

教师应当注意空调的日常维护，过季不使用时，应用空调罩将室内机和室外机套好，防止灰尘进入机内。

7. 洗衣机的清洁

洗衣机是教师照顾幼儿一日生活的好帮手，经常用来清洗玩具、幼儿毛巾、幼儿衣物等物品，因此，洗衣机的清洁卫生非常重要。如果洗衣机本身不干净，那么清洗出来的物品也会带有细菌。

教师每天要用干净的湿抹布擦拭洗衣机表面，每个月还要清洁一次内筒。内筒的清洁方法如下。

（1）将水位调至最高，让洗衣机里注满水（为了洗涤效果，最好使用40 ℃左右的温水）。

（2）往水中加入适量的洗衣机槽专用清洁剂，按下洗涤键，让洗衣机空洗5分钟，让清洁剂充分溶解。

（3）5分钟后，切断洗衣机电源，让清洁剂溶液在桶内浸泡4小时左右。

（4）4小时后，把洗衣机调成洗涤模式，让其自动完成整个洗涤过程，以一次洗涤、两次漂洗为宜。

（5）洗完后，打开洗衣机盖，让其自然风干。

（6）用干净的湿布将洗衣机表面擦拭干净。

温馨提示

洗衣机应当尽量放在通风干燥处，这样有利于减少细菌的滋生。

8. 电话的清洁

有的幼儿园班级安装了电话，教师拨号时，手上的细菌、病毒等会沾染在电话机上，打电话时，口腔中的唾沫会喷到话筒上。为了保持电话机的卫生，教师要每周对其清洁、消毒一次。具体方法为：用干净的纱布蘸取浓度为75%的酒精擦拭电话机身及话筒，注意不要用湿布擦拭，更不要用水清洗。

9. 灭蚊灯的清洁

夏季，有的幼儿园会为班级配备灭蚊灯，用来杀灭蚊蝇。在使用过程中，灭蚊灯上会粘有蚊蝇，存在卫生隐患，要每周清洁一次，基本步骤如下。

（1）准备一把干软刷、一块干软布、一块潮软布（半干状态）。

（2）确认灭蚊灯处于关闭并与电源分离的状态。

（3）将灭蚊灯的外网拆卸下来，用干软刷按照从上到下、从左到右的顺序扫除灭蚊灯内外的浮尘；灯管上如果粘有蚊蝇，用干软布将其清除干净。

（4）用潮软布按照从上到下、从左到右的顺序擦拭灭蚊灯的内壁。

（5）将外网拿到盥洗室，在流动水下用软刷刷洗，确保无污渍残留。

（6）用流动水清洗潮软布，拧干后擦拭外网。

（7）用潮软布擦拭灭蚊灯灯座。

（8）将外网重新安装回原位。

安全小港湾

清洁后的灭蚊灯要放置一段时间，等充分干燥后才能插电使用，以免发生危险。

（五）钢琴的清洁

钢琴要注重日常保养，不用时要用钢琴罩罩好。但钢琴罩只能阻隔部分灰尘，要想保证钢琴长时间良性运作，教师还要做好日常的除尘工作。钢琴除尘最有效的方法就是擦拭，每周一次，基本步骤如下。

1. 用软毛刷或毛掸除去钢琴表面的浮尘，这样可以防止擦拭时大粒的灰尘划伤钢琴漆面。

2. 用潮的软棉布擦拭钢琴漆面，潮的软棉布一定要拧干，不可出水。

3. 用潮的软棉布由里向外（由谱架向琴锁方向）擦拭琴键。如果琴键上有污渍，可用软棉布蘸少许牙膏擦拭。

温馨提示

- 擦拭琴键时，软棉布不可过湿，以免水渗入琴键引起琴键变形。
- 琴键不可以使用化学消毒剂擦拭，以免开裂、变黄；也不可以用家具蜡或者汽车蜡擦拭，以免琴键过于光滑影响弹奏。

复习与思考

1. 教师在准备活动区玩具材料时应考虑哪些安全注意事项?

2. 教师在幼儿集体活动过程中如何安排自己的位置才能够有效预防幼儿安全事故的发生?

3. 如何对塑料玩具进行清洁与消毒?

第九章
户外活动中的保育工作

学习目标

1. 掌握户外活动的准备及安全检查工作要点。
2. 掌握幼儿运动前、运动中及运动后的保育工作要点。
3. 掌握户外玩具的清洁与消毒方法。

户外活动是幼儿和教师都十分喜欢的一种活动。在户外，幼儿可以尽情嬉戏、奔跑，享受阳光和清新的空气。但同时，户外活动也处处充斥着危险，容易引发安全事故。

在组织户外活动时，教师应加强安全意识，根据本班幼儿的年龄特点，因地制宜地组织幼儿开展丰富多样的体育锻炼，做好幼儿运动前、运动中和运动后的保育工作，全面观察幼儿运动过程中的状况和表现，做好安全保护工作。

一、户外活动时间、场地、器械的安排与安全检查

（一）户外活动时间和场地的安排

充足的户外运动和游戏时间对幼儿的身心健康大有裨益。幼儿园应严格执行卫生部、教育部联合颁发的《托儿所幼儿园卫生保健工作规范》规定，全日制幼儿园每日户外活动时间不少于2小时，寄宿制幼儿园不少于3小时，并根据季节变化酌情调整。

在不同的季节，教师应根据天气情况适当调整户外活动时间。温度过高或过低都不利于户外活动。一般而言，春秋季节户外活动的时间相对较长，冬夏两季则相对时间较短，教师可以根据天气情况，将户外活动时间移至中午或清晨。

夏季在户外游戏时，户外活动场地中应该有遮阳的地方，避免幼儿中暑或在强烈的紫外线下暴晒。此外，户外场地还应该设有饮水处，以防止幼儿中暑或脱水。幼儿活动前，教师还可以给幼儿喷一些防蚊液，避免蚊子以及其他昆虫的叮咬。天冷的时候，户外活动场地要选择朝阳处，让幼儿穿得暖和一些。下雪时，要在幼儿玩之前先检查场地和大型器械的表面，防止幼儿因积雪而

滑倒。

（二）户外活动场地的安全检查

户外活动的场地要宽敞、平坦、防滑、四周无障碍物。活动前，教师要仔细检查和清除场地的危险物及障碍物。水池或带棱角的花坛也容易有安全隐患，要让幼儿避开。在一些细节方面，教师也要加以考虑，例如，户外活动应该远离空调排风机或有烟尘的地方，沙坑应经常翻松以保持其使用弹性，塑胶软垫如有破损、硬化或移动应立即修补。在恶劣天气条件下，如暴风雪、大风或大雨之后，必须对户外环境作全面检查。

此外，如果户外活动场地使用不合理，也会导致安全事故的发生。如：场地不规则，且多障碍物，就不适合进行跑步类练习；粗糙的水泥地面不适合进行跳跃类练习；等等。

教师可以在户外活动场地中张贴一些温馨的安全小提示，提醒幼儿注意活动安全。还可以鼓励幼儿主动发现活动中易出现危险的地方，请幼儿自己制作、张贴安全小标志。

图9-1　户外安全小标志（崔佳蕊提供）

（三）户外活动器械的准备与安全检查

幼儿园的户外活动器械应确保安全耐用。此外，在器械的安全检查方面，教师要做个细心、负责的人，检查器械是否有损坏、是否有边缘锋利之处，器械之间是否有防护距离等。动态的器械，如秋千、荡船、转椅等，在其周围和进出方向应保留适当的安全距离，以免发生危险；静态的器械，如滑梯、攀登架、云梯等，应在其下方设置沙坑、草坪或塑胶软垫，以保证安全；阳光强烈且没有遮荫的地方不宜放置金属器材，以免烫伤幼儿皮肤；器材的间隙缺口处应避免夹陷幼儿的肢体。

图9-2 多种材质的幼儿户外活动场地

对于金属材质的大型玩具，要检查有无生锈腐蚀的地方，金属槽内有无锐利或者比较尖的边缘；对于木制玩具，要检查其表面是否有带毛刺或被腐蚀的地方；在准备硬质或易碎的玩教具时，要注意检查，以免扎伤幼儿身体。

活动前，教师要为幼儿准备数量充足的游戏玩具及材料，摆放在幼儿可自行取放的位置。户外小型玩具及器械的数量要比幼儿数略多几个，并定期修补玩具，及时更换材料。教师可以请稍大的幼儿参与材料的准备工作，如制作标志、摆放轻型器械等。

图9-3　为幼儿提供适宜爬行的软垫

安全小港湾

户外活动器械的安全检查标准

1. 滑梯：着地处地面有安全保护设施，滑梯台阶无破裂或松动。
2. 跷跷板：两端着地点松软，或设有缓冲物；板面没有断裂变形的迹象；扶手处没有松动。
3. 大型塑料玩具：无变形、开裂，或者容易卡住幼儿的地方。
4. 障碍轮胎：轮胎固定稳妥，轮胎表面平整无破损，轮胎内槽无积水和脏物。

二、幼儿运动前的准备与安全检查

（一）幼儿的着装与安全检查

幼儿的着装是户外活动中的关键环节，只要着装适宜，即便是在雨雪天气，幼儿也能够尽情地嬉戏。正如一句谚语所说："没有坏的天气，只有不合适的衣服。"

每次户外活动前，教师都应该提示幼儿整理好自己的服装，并检查他们的着装情况。幼儿的着装要轻便、适合运动。过多、过厚、过紧的衣服，过大、过小的鞋子都有可能限制幼儿活动；过硬、过厚的鞋也容易导致幼儿脚踝扭伤甚至摔伤。同样，教师的着装也应符合要求，以便和幼儿共同游戏、运动。

图9-4 着装适宜的幼儿与教师

教师加油站

幼儿着装要求	● 衣服上不要有过长的带子、胸针等饰物。 ● 衣服扣子要系好。 ● 在较寒冷的季节要注意检查秋衣是否塞在裤子里，避免幼儿在运动中露出小肚皮。 ● 口袋里不要装硬物。 ● 裤腿不能过长。 ● 鞋的大小要适合，鞋带要系好且鞋带不能过长。 ● 检查鞋子是否穿反了。

（二）幼儿身体的准备

运动前，教师要带领幼儿做好身体重点部位的准备活动（1~4分钟为宜）。适当的准备活动是为了提高中枢神经的兴奋性，增强各器官的功能，以适应剧烈活动的需要，同时减少外伤。手腕、脚踝、膝关节、颈、腰等是重点活动的部位，还要根据户外活动的内容选择重点活动的部位。例如，本次活动重点是攀爬的器械练习，就要重点进行手腕和脚踝的准备活动。

（三）幼儿情绪的准备

幼儿情绪的好坏直接影响活动质量。在活动前，教师应充分调动幼儿情绪，提高幼儿活动兴趣，使幼儿主动积极参与活动。例如，教师可以播放充满动感活力的音乐，激发幼儿活动身体的愿望；教师自身的饱满情绪和精神状态也会感染幼儿，激发幼儿参与活动的兴趣。

三、幼儿运动中的指导与安全护理

（一）观察幼儿的运动量

在活动过程中，教师可以通过观察幼儿的呼吸状况、面色、汗量等状况来判断活动量是否适宜。如果幼儿呼吸急促且有规律，微微出汗，这表明幼儿的活动量尚且合适；如果幼儿呼吸急促而无规律，出现上气不接下气或大汗淋漓的现象，这说明活动量过大，教师需要及时调整，引导幼儿进行一些舒缓的运动或暂时休息一下；而有的幼儿虽然在活动，但身体各方面情况都无明显变化，呼吸平稳、无汗，手的温度没有增加，这就要鼓励他们进一步加大活动量。

表9-1 幼儿运动量适宜程度观察表[①]

观察内容＼程度表现		适度疲劳	中度疲劳	非常疲劳
运动中	面色	稍红	相当红	十分红或苍白
	汗量	不多	较多	大量出汗
	呼吸	中速、较快	显著加快、加深	呼吸急促、表浅、节奏紊乱
	动作	动作协调、准确、步态轻稳	协调性、准确性和速度均降低	动作失调、步态不稳、用力颤抖

① 引自王占春主编：《幼儿园体育活动的理论与方法》，人民教育出版社2002年版，第161页。

续表

观察内容 \ 程度表现		适度疲劳	中度疲劳	非常疲劳
运动中	注意力和反应力	注意力集中，反应正常	能集中注意力，但不够稳定，反应力减弱	注意力分散、反应迟钝
	精神状态	情绪愉快	略有倦意	精神疲乏
运动后	食欲	饮食良好，食欲增加	食欲一般，有时略有降低	食欲降低，进食量减少，甚至有恶心、呕吐现象
	睡眠	入睡较快，睡眠良好	入睡较慢，睡眠一般	很难入睡，睡眠不安
	精神状态	精神爽快，情绪好，状态稳定	精神略有不振，情绪一般	精神恍惚，心悸，厌倦练习

此外，教师还可以根据幼儿的脉搏，用搭脉的方法来判断幼儿的运动量是否适宜。活动中的幼儿心率应为130次/分以上，最高不超过180次/分。心率恢复时间为5分钟内。

（二）调节幼儿的运动量

幼儿的运动内容和运动量应随季节、天气的变化而有所变化。夏季酷暑时，适宜开展运动量较小的户外活动，如钻爬、平衡、投掷等运动，避免让幼儿出现大汗淋漓的情况；冬季严寒时，要注意让幼儿充分做好热身活动，使运动量逐渐增加，开展一些运动量较大的活动，如跑步、跳跃等。如遇到雾霾和沙尘天气，应减少户外活动时间，或改在室内进行活动。

幼儿运动量过大时，教师可以通过降低运动强度、减少运动次数、缩短运动时间、轮流活动等方式来降低幼儿生理负荷；幼儿运动量不足时，教师可以通过增强活动的紧张度、增加活动次数与运动时间、拓展活动范围等方式来增加运动量。

安全小港湾

不适宜幼儿开展的活动

- 静力性活动：玩扩胸器、拔河比赛等。
- 急骤性的静止活动：如疾跑中突然静止、疾跑中突然转身等。
- 有损骨骼关节的活动："斗牛"游戏（膝盖和膝盖碰撞）、掰手腕、从高处往硬地上跳等。
- 过量的耐久性活动：距离过长的跑步、距离过长的"小兔跳"比赛等。

（三）教给幼儿自我保护的方法

教师具备安全意识，就能提前评估活动的安全性，做好活动中的安全防护工作，还可以提醒幼儿运动时安全的重要性，告诉幼儿哪些动作、哪些做法容易引发危险，从而有效制止不安全行为的发生，同时教会幼儿自我保护的方法。例如：告诉幼儿在游戏奔跑时，不能只低着头向前冲，而要注意观察周围情况，避免与其他同伴相互碰撞而跌倒，如果有时真的不慎跌倒，应尽可能用双手撑着身体，避免头部着地；幼儿在抛接物品时，要告诉幼儿尽量散开，并保持一定的空间距离，避免抛接物落在自己或同伴的头上、身上；告诉幼儿在安全的地方活动，不去危险的地方；教育幼儿练习跳绳时，保持合适的距离；活动时不远离教师，离开时向教师报告；不随意推搡同伴；跳跃或快速奔跑时不说笑、不伸舌头；活动中如果身体出现不适或损伤，要及时告诉教师；出汗后不要立即脱衣服、摘帽子；等等。通过这些方法，使幼儿在活动中学会自我保护，灵活应变。

图9-5　玩跷跷板规则：面对面、两端体重相近
（崔佳蕊提供）

图9-6　跳绳规则：保持安全距离
（崔佳蕊提供）

安全教育不仅要在专门的户外活动前进行，还应渗透在幼儿整个的活动过程中。在户外活动中，难免会发生一些磕碰现象，而这些磕碰现象发生时，正是教师对幼儿进行安全教育的最佳时机。在真实的

场景下，通过幼儿亲身体验，能让幼儿较深刻地理解和接受，并取得事半功倍的效果。

（四）关注幼儿的个体差异

在组织户外活动时，教师要注意幼儿的个体差异，视幼儿的运动能力、体质强弱不同而调整活动内容，不能强求一致。在此基础上，教师再引导幼儿积极参与体育锻炼，使幼儿能在自己的身体承受范围之内和原有水平上得到发展。

教师需要随时关注幼儿在运动中的反应，观察其面色、情绪、出汗量、呼吸特征、动作协调性、注意力及运动后的食欲、睡眠、精神状态等。当发现幼儿出现面色涨红、满头大汗、精神疲乏，甚至呼吸急促、动作摇摆不定等情况时，应让幼儿及时休息，适时调整运动量，防止运动过度。对出汗较多的幼儿要及时擦汗，在冬天户外活动前可用干毛巾衬垫在幼儿背部帮助吸汗并在运动后取出。

1. 对体弱幼儿的指导与护理

体弱幼儿的抵抗能力较差，极易感染病源，尤其是体育活动前后，穿脱衣服稍有不慎就会引起伤风、感冒甚至发热。这就要求教师除了提示幼儿在锻炼前后脱穿衣服外，还应鼓励幼儿根据自己的身体状况主动增减衣服，休息时主动喝些温开水补充体内水分。活动结束后，及时督促幼儿穿好自己的衣服保暖，提醒幼儿用肥皂和流动水洗手，用干毛巾擦汗。

2. 对肥胖幼儿的指导与护理

肥胖幼儿的运动强度应遵循安全、循序渐进、提高运动兴趣、尊重个性意愿的原则，依据肥胖程度、健康状况、心肺功能状态等因素，区别对待。在开展活动时，教师要注意不要让幼儿因肥胖产生心理压力，要维护肥胖幼儿的自尊心。教师可以通过巧妙的游戏活动鼓励肥胖儿多做一些运动，如在玩老鹰抓小鸡的游戏时，让肥胖儿当老鹰，增加跑跳的次数和强度，使其在快乐的游戏中增加运动量，达到有氧运动的目的。在对肥胖儿的运动进行指导时，教师切忌在增加运动量时，要求幼儿从不爱活动或者很少活动的状态，立即转变到大强度体能消耗的状态，这样不仅违背了运动的基本规律，而且容易引发安全事故。

另外，在日常生活环节或户外活动之余，教师还可适当增加一段时间让肥胖儿进行单独的体育活动，如爬楼梯、跳绳、跑步等，每次活动时间持续10~30分钟，运动量达中等强度（心率在140~160次/分）。活动过程中需注意观察幼儿的面色、精神状态等，随时给予适宜的指导和调整。

3. 对不爱运动幼儿的指导与护理

对个别不喜欢参加体育运动的幼儿，教师可以根据幼儿的兴趣和水平，适当降低运动难度、运动量，及时鼓励幼儿在活动中的进步，让他们体验到成功感和快乐感，循序渐进地为其增加运动量和活动强度、时间，使他们感受到运动的快乐并收获满足感，从而喜欢上体育运动。

4. 对患病幼儿的指导与护理

对于身体不适或患病幼儿，教师要多关注其精神及身体变化，及时发现不适状况并加强护理。多关注胃肠不适幼儿的活动状况，适当减少活动时间或活动强度，并采取保暖等措施缓解幼儿不适。对患有慢性鼻炎、过敏、哮喘等疾病的幼儿，教师可以引导其在户外活动前做“简易呼吸操”，缓解冷热刺激带来的不适反应。

儿歌：简易呼吸操

闭上嘴巴打开鼻，
轻握小手深呼吸。
吸进一口新空气，
好多废气呼出去。

（北京市第一幼儿园附属实验园）

（五）时时关注幼儿安全

大多数伤害事故都发生在户外，这与幼儿本身的行为特点密不可分。幼儿好奇心强、注意力易分散、缺少对危险的判断力，容易做超出身体能力的事情，这些都容易给他们带来危险。因此幼儿在户外活动的时候，应至少保证有两名教师，从多方位看护幼儿，以免危险发生。

在活动开始前，教师就要清楚地讲明活动要求，告诉幼儿哪些是容易发生危险的地方。在活动的中间和结束环节，教师也要时刻提高警惕，对容易出危险的地方和容易出危险的幼儿做到心中有数。

特别是在较高的大型器械旁，教师之间要互相配合，注意站位，尽量使全体幼儿都在教师的视线范围之内，做好活动中的安全护理，这样也可以增加幼儿心理上的安全感。例如，幼儿在玩滑梯时，可以有一位教师站在入口处，及时调整参与活动的幼儿人数；另一位教师站在滑梯下方，保护从上面滑下来的幼儿，并提示其注意与前一个小朋友保持距离。教师切不可在这段时间里互相聊天，忘记了看护幼儿的职责，以免因自身疏忽而导致事故的发生。

图9-7 运动中时时关注幼儿的安全

四、幼儿运动后的指导与护理

每次活动结束后，教师要带领幼儿做整理活动，如散步、做放松操等，待幼儿情绪平稳后再坐下来休息，这样可减小活动后的心脏负担，有益于精神的放松和体力的恢复。

教师在带领幼儿回活动室前要准确核对人数，检查幼儿有无受损伤的情况，有无遗忘衣物、器械，有无携带危险物品等。

回到活动室之后，教师要提醒幼儿用干毛巾将汗擦干，提醒幼儿及时穿上衣服，以免着凉。对于出汗较多的幼儿，教师要及时提醒或者帮助其换下已被汗湿的内衣，并提醒幼儿稍作休息再喝水（10分钟左右），以补充身体在体育活动中失去的水分。教师应提醒幼儿不要一次性喝太多的水，控制好幼儿的饮水量，需要注意观察幼儿的饮水量，并且鼓励幼儿互相提醒，建立良好的运动后饮水的习惯。

五、户外玩具的清洁与消毒

皮球、跳绳等户外玩具容易沾染灰尘和寄生虫卵，最好不要带回室内，可在班级进门处放一个篮筐，将其放入篮筐中。这些户外玩具每个月要清洁一次，方法为直接用刷子在流动水下将玩具表面的污渍刷洗干净，然后放到太阳下通风处晾干。

一般情况下，户外玩具只需清洁，不需消毒。但在传染病流行季节或疾病发生时，必须严格按照“清水、消毒液、清水”的顺序消毒，方法为：先用刷子在流动水下将玩具表面刷洗干净，再用浓度为含有效氯250 毫克/升的次氯酸钠类消毒液擦拭消毒；消毒液停留15分钟后，用流动水冲洗干净；最后将玩具擦干放到太阳下通风处晾干。

复习与思考

1. 我国有关部门对于幼儿园户外活动的时间要求是什么？不同季节如何合理调整户外活动时间和场地？

2. 为保证幼儿的安全，幼儿的户外着装应注意哪些事项？

3. 如何观察幼儿的运动量是否适宜？

4. 为什么在户外活动过程中教师要时刻关注幼儿的安全？教师如何有效关注幼儿的安全？

第十章
离园环节的保育工作

学习目标

1. 掌握离园环节的保育工作流程。

2. 知道如何组织幼儿安全有序地做好离园准备。

3. 掌握离园环节接待家长的工作要点。

离园环节是指幼儿晚餐后等待家长来接，直至最后一名幼儿离开幼儿园的这段时间。离园环节教师的工作内容有：清点幼儿人数、组织幼儿活动、接待家长、填写离园交接记录、清理幼儿活动区域、准备次日工作等。这些工作中最重要的是组织幼儿安全有序地做好离园的准备以及接待家长。

一、清点幼儿人数

一日生活中，教师要严格执行各环节的幼儿人数清点制度并做好记录。离园前，教师更要及时清点幼儿人数，以防幼儿丢失、遗漏。

（一）离园前的清点

幼儿离园前，教师要按照当天的出勤记录清点幼儿人数。清点幼儿人数时除了核对出勤记录上的总人数与班级实际人数是否相同外，还要核对出勤记录上标注出勤的幼儿是否实际出勤。

教师可用游戏化的方式进行幼儿人数清点，这样既锻炼了幼儿的反应能力又增添了趣味性。例如，教师按照出勤名单依次叫幼儿的名字，听到自己名字的幼儿做叉腰动作或其他自己喜欢的有趣动作，这就会大大增强幼儿对点名活动的兴趣，使枯燥的点名活动变成了点名游戏。

（二）离园时的清点

幼儿离园时，一名教师组织幼儿进行活动，另一名教师站在班级门口处，一边接待家长，一边关注班中幼儿的活动情况。每接走一名幼儿，教师都要做好记录并随时清点幼儿人数。

（三）离园后的清点

当幼儿全部离园后，教师应再次检查班级中的每个角落，以防遗漏幼儿。

二、离园活动的安排

离园时，教师要一边照顾幼儿，一边和家长交流幼儿在园的情况，此时，如果不能合理安排幼儿的活动，就会出现幼儿乘机在活动室里打闹、奔跑的现象，容易引发安全事故。因此，教师在组织离园活动时要注意以下两点。

（一）组织安静、有趣的室内活动

幼儿等待离园时，教师应组织一些适合在室内开展的、活动量较小的、安静和有趣的活动，让活动牢牢吸引幼儿的注意力，减少因幼儿情绪兴奋带来的安全隐患，使离园活动变得安全有序。通常，玩具材料操作活动、表演活动和谈话活动等比较适合离园前进行。

（二）积极情绪情感的引导

离园前，教师应稳定幼儿情绪，消除个别幼儿的不愉快情绪，让幼儿带着开心、快乐的心情回家，为次日幼儿来园奠定良好的心理基础。

三、晚检

晚检是继晨检和午检后，对幼儿身体健康状况的再次确认和检查。日托园的晚检在幼儿离园前进行，寄宿园的晚检在幼儿晚间上床睡觉前进行。晚检的部分内容与要求和午检相同，这里不再赘述，详细内容参见第七章“睡眠与起床环节的保育工作”中的“午检”部分。以下重点介绍晚检环节中需要特别注意的事项。

（一）日托园晚检的内容与方法

1. 身体健康状况的检查

离园前的晚检可与离园活动同时进行，教师要对幼儿的体温、肢体活动情况及表皮皮肤进行一一检查，特别是传染病流行期间要重点观察有无传染病早期表现。对于午检后提出需要加强观察的幼儿，教师要多给予关注，并在晚检环节加强检查。对于精神状态不佳、出现身体不适或有外伤的幼儿要格外关注，并在离园时向家长说明。

2. 仪容、仪表及物品的整理与检查

在关注幼儿身体健康的同时，教师还要仔细查看每一名幼儿的面部、手部是否洁净，头发是否凌乱，穿戴是否整洁，鞋子是否反穿，上衣胸前、袖口是否有水湿现象。对于年龄较小或生活自理能力较弱的幼儿，教师还要检查其是否有尿湿、汗湿、大便便在裤内的现象，如有，应及时为幼儿更换洁净的衣物。

入园初期，常常会出现幼儿因想把班级中的玩具带回家玩而将玩具偷偷装在口袋里的现象。离园前，教师在为幼儿整理衣服时，可以有意识地检查一下幼儿的衣服口袋，检查时应采用拥抱、抚摸的方式，不能刻意去翻幼儿的口袋。如果幼儿执意要将玩具带回家，教师应拒绝并劝解，帮助幼儿建立良好的行为习惯。可使用的语言如：“小朋友要回家，玩具也要回自己的家，它的家是玩具柜，我们一起送它回家吧！明天再和它一起玩好不好？”必要时，可请幼儿家长帮助自己一同劝解幼儿。

教师可组织幼儿进行“摸摸自己的扣子，掖好自己的衣服，提提自己的裤子，看看自己的鞋子，找找自己所带的东西”等自我检查的活动，以及“找一找，看一看，你有困难我来帮忙”等同伴互相帮助的活动。这样既有利于幼儿自理能力的培养，又进行了幼儿之间互相关心、互相帮助的情感教育。

（二）寄宿园晚检的内容与方法

1. 身体健康状况的检查

教师应清洁好双手，站在睡眠室门前，对每一位幼儿进行检查。教师一边整体观察幼儿精神状态是否快乐、自然、平和，面部是否有外伤、皮疹，肢体活动是否有异常；一边摸幼儿前额、后脖等位置，感觉幼儿体温是否正常，主动询问幼儿有无不舒服的地方。如果感觉幼儿体温偏高，要用体温计给幼儿测量体温；如果体温高于 37 ℃，应带其到保健室诊治。

2. 幼儿睡眠安全的检查

睡前，教师要检查幼儿是否将小玩具、小线绳等物品带上床。幼儿上床后，教师在为幼儿整理被子的同时，可以有重点地查看幼儿的床头、枕下、手里、嘴里等位置，如发现幼儿有带上床的小玩具、线绳等物品，应及时清理，并通过讲道理让幼儿明白自我保护的重要性，以保证幼儿睡眠的安全。

3. 晚检后的交接班

在寄宿制幼儿园，幼儿晚检上床后，教师要整体巡视幼儿睡眠情况，掌握幼儿的全面状态，在下班前要做好与夜班教师的交接班工作，具体内容如下。

（1）将幼儿人数、晚检记录等详细写在交接班本上，特别注明需要夜班教师关注的幼儿情况。

（2）与夜班教师交接时，除了要用语言说明幼儿的身体、情绪状况外，更要提醒夜班教师对照晚检记录一一核对幼儿晚检情况，做到了如指掌。

（3）交接班后，夜班教师要为需夜间重点观察、照顾的幼儿做好相应的准备，例如，在幼儿床边的小凳上放好卫生纸、小脸盆等，以备幼儿呕吐所需。

（4）交接班后，夜班教师还要整体地仔细观察所有幼儿，自己再检查一遍幼儿的体温，以排除漏检的情况。

保育问答

问题一：小班幼儿晚检时体温正常，但上床后突然升高怎么办？

小班幼儿年龄小，体温变化快，容易出现体温忽然升高的现象。有的小班幼儿上床前体温正常或只是有一点点偏高，但上床半小时后，体温会突然上升到39℃甚至以上，有时还会伴随出现呼吸加快、喘息、喉鸣等症状。

针对这个问题，夜班教师要有足够的思想准备，要勤摸勤观察。在交接班过程中，教师要仔细询问幼儿睡前的身体状况，做到心中有数，要有针对性地多在有异样的幼儿床边巡视，这样才能保证幼儿体温突变时给予及时的关注和采取相应的措施。

有呼吸增快、喉鸣、喘息现象的幼儿，有时体温不高，但如果听到幼儿呼吸声音异常、咳嗽声音异常时，一定要及时与值班的保健人员或家长联系，尽快就医，确保幼儿的健康安全。

问题二： 幼儿上床后突然说耳朵痛怎么办？	在上床前，幼儿的注意力被其他事情吸引，耳朵的疼痛不容易被幼儿察觉，上床之后，疼痛会因为夜里的安静而凸显出来。幼儿耳朵疼痛往往是一种严重的表现，即中耳炎的症状。 因此，幼儿诉说耳朵疼痛时，夜班教师一定要足够重视，先观察10分钟、半小时，如疼痛未消失，幼儿还睡不着觉，就要立刻找保健室值班人员带幼儿到医院就医，避免幼儿中耳炎症状加重，引起耳鼓膜穿孔。
问题三： 晚检时发现幼儿情绪不佳怎么办？	幼儿会因为想家、想妈妈，睡前看电视或玩游戏太兴奋，和小朋友发生矛盾等原因，出现情绪不佳、过于兴奋等问题，影响入睡。因此，晚班教师及时关注和引导幼儿的情绪问题十分重要。 对于小班幼儿，教师要尽量像妈妈一样多多爱抚和陪伴，使其感受到教师的关爱，逐渐适应幼儿园的生活。对于中大班幼儿，教师要更多地以鼓励、交谈、开导等方式，让幼儿说出心中的事情，释放不快的情绪，帮助解决，使其愉快入眠。同时，晚班教师在交接班时要向夜班教师说明清楚哪些幼儿存在情绪问题，需要夜班教师多多关注和安抚，让幼儿平静地进入梦乡。

四、接待家长

离园时，教师应热情主动地与家长沟通幼儿在园情况，耐心细致地与家长交接幼儿物品，妥善处理由他人代替家长接幼儿的问题。家长带幼儿离开时，教师应主动和家长说“再见”。离园接待时，教师不宜与家长进行长时间的沟通，如有长时间交流的需要，可与家长商议，约定交流时间。一般来说，离园环节教师接待家长时应注意以下几点。

（一）准确识别家长

离园时，教师要准确识别家长，亲自将班级中的每一位幼儿交到其家长手里，确保交接安全。

教师每接手一个新的班级，都应快速记住幼儿的姓名以及经常来接送幼儿的家长，要做到看到家长的面孔就立即能说出相应幼儿的姓名。教师如果出现不认识幼儿家长的情况，可以先有礼貌地询问家长：“请问您接哪位小朋友？您是他（她）的哪位亲人？”随后按家长说的姓名将该幼儿叫到自己身边，询问幼儿：“告诉老师是谁来接你了？”如果来人的确是幼儿熟悉的家长或亲属，幼儿的回答与表现会非常自如。随后，教师还应通过给幼儿父母打电话、查询班级幼儿情况记录表等途径确认家长身份。

如果开学一段时间后，教师仍不能准确识别家长，家长会担心幼儿的接送安全，对教师产生不信任，质疑教师的工作能力。因此，能快速地识别家长是做好教师的一项基本功。

（二）妥善处理“代接”问题

“代接”是指幼儿家长因事不能亲自来接幼儿时，请自己的亲属、朋友或同事代替自己接幼儿离园。由他人代接一般有两种情况。

第一种是家长已经用书面的形式向教师说明了自己不能前来接幼儿的原因，以及委托何人来接和确认的方式。教师可按照家长的嘱托，对前来接幼儿的人进行询问，并与家长联系确认其身份，得到家长认可后，才能将幼儿交给代接的人。

第二种是家长事先没有告诉教师自己不能来接幼儿，也没有书面说明。教师应及时与家长取得联系，核实代替家长来接幼儿的人员情况，要求家长用手机短信或邮件的方式将他人代替自己接幼儿的情况作准确说明。同样，教师在准确核实及家长许可后，才能将幼儿交给代接的人。

如果赶上大批家长接幼儿的时段，教师可以请代接的人先在活动室外稍等，待自己做好其他幼儿的离园接待工作后再妥善处理。

（三）认真交接幼儿物品

离园环节，教师要细心与家长交接幼儿的物品。离园环节涉及的交接物品主要有以下三类。

1. 幼儿衣物

离园时，幼儿如果需要增添衣物，教师应指导家长从幼儿储物柜中取出，在活动室门口帮助幼儿穿戴好。如果幼儿当天有浸湿、尿湿的衣物，教师应清洗晾晒后叠放整齐，离园时交给家长，并向家长说明情况。幼儿等待离园期间也会发生尿湿衣物的现象，教师如果来不及清洗，可以用塑料袋装好交给家长，请家长回家后清洗。

2. 幼儿药品

对带药来园服用的幼儿，离园时教师应主动向家长介绍幼儿服药前后的情况。一般情况下，幼儿只带当天所需用量的药品入园。如果有些药品不适宜按每天的用量分装，幼儿服用后剩余的药品教师应在离园时退还家长，并在交接班记录本上作记录。如果第二天幼儿需要继续在园服用该药，教师可请家长第二天入园时再次将药带来。

3. 通知和文字材料

离园时，家长来园相对集中，是教师发布通知或发放文字材料的较好时机。有事情需要通知家长时，教师应提前将通知张贴在班级宣传栏中，离园时教师应提醒家长认真阅读。向家长发放班级学习资料、收费发票、外出活动注意事项等文字材料时，教师要亲自将其交到家长手中。如果是幼儿的爷爷、奶奶、姥姥、姥爷来接幼儿，教师应叮嘱他们把材料给幼儿的父母。如果是家长的朋友、同事来接幼儿，教师应请他们告知幼儿父母下次来园时主动找教师索要材料。

（四）真诚沟通幼儿在园情况

离园时，教师要主动与家长作礼貌而简短的交流，简要沟通幼儿在园的情况。与家长沟通时，教师应注意以下几点。

1. 面带微笑，迎着家长的目光说话

教师真诚、微笑的目光可以得到家长的信赖。如果家长感到教师的目光注视着他们，他们会更加注意教师的谈话内容，心理上会与教师更加亲近。同时，目光的交流也是教师了解家长内心世界的迅速可靠的方法。

2. 根据幼儿实际情况有针对性地交流，不要泛泛而谈

教师要根据幼儿的实际情况，有针对性地与家长交流，让家长感到教师在关注他的孩子，教师在用心爱护和教育他的孩子，从而令家长心悦诚服，愿意与教师交流。抓住幼儿个性特点最有效的途径是细致观察。在一日生活中，教师要注意观察幼儿饮食、睡眠、游戏、学习等各方面的情况，发现有需要跟家长沟通的问题及时记录。教师若对幼儿缺乏了解，与家长交流时就说不到点子上。

3. 做一个积极的倾听者

教师在倾听家长谈话的同时，还应注意观察家长的面部表情和肢体语言。有些时候，家长的焦虑、紧张等情绪会通过这些非语言的形式表露出来。教师如果对家长的话有疑问或者误解要及时问清楚。

4. 保持冷静，灵活应对

当家长对教师产生误会时，教师应保持冷静，灵活运用良好的应对技巧。不要与家长争辩，而是从解决问题的角度出发，及时解

决与幼儿有关的任何问题，不要不了了之。

5. 不要相互比较

教师应避免在其他幼儿或家长面前谈论某个幼儿，更不要在家长面前拿一名幼儿的情况与另外一名幼儿作比较，这样做不但无济于事，还会导致家长的怨恨和指责。

教师加油站

离园环节教师应跟家长重点沟通的话题

1. 家长嘱咐的事情

当幼儿有特殊情况时，来园时家长会向教师嘱咐一些事情，如“成成咳嗽了，您多照顾他。”“笔笔心情不好，请老师多关注。”“惠惠上火了，您提醒她多喝水。”离园时，教师应主动向家长反馈，将自己对幼儿的观察以及护理情况与家长作简短有效的交流。

2. 幼儿的进步及现存问题

教师既要和家长谈论幼儿的优点，也要讨论存在的问题。离园时，教师应在家长面前表扬幼儿当天的进步。同时，还要告知家长幼儿存在的问题。告知家长问题时要讲究方式，要以鼓励的口吻提出希望，如：“小宇今天是第一个举手朗诵儿歌的，非常主动。如果以后中午睡觉时不和小朋友随便讲话就更棒了。”

3. 幼儿意外伤害

幼儿在园发生了意外伤害，如果伤情严重，教师应在第一时间告知家长。指甲划伤、磕碰等小伤，教师可在离园时主动告知家长，要实事求是地讲述事情发生的经过及处理措施，态度诚恳地向家长说明并道歉。

4. 幼儿身体、情绪的变化

若幼儿身体出现流涕、咳嗽等变化，教师应告知家长，提醒家长回家后注意观察并采取护理措施。若幼儿因游戏中与同伴发生争吵，或不小心便溺在裤子上等原因情绪不好，离园时教师应主动向家长说明，并向家长提供一些帮助幼儿调适心情的方法与建议。

5. 幼儿饮食

幼儿在园饮食情况怎样，是稍微多吃了一些，还是因身体、情绪原因没达到正常进餐量，或是幼儿挑食、偏食没吃某种食物，离园时教师应主动和家长沟通，从而帮助幼儿建立良好的饮食习惯。

五、交接班的规范与流程

班级工作是有衔接的，早班、晚班教师应互相沟通、配合一致才能做好幼儿的保育工作。教师必须重视交接班工作，每天认真填写交接班记录。

（一）交接班时间

上午班的教师一般在中午交班，因此中午填写交接班记录，并和下午班的教师交接上午的工作。下午班的教师在幼儿离园后填写交接班记录。如果是寄宿制幼儿园，下午班教师还需要与夜班教师做好寄宿幼儿的交接工作。

交接班时，接班教师要认真检查每名幼儿的身体状况，核实幼儿实际人数，确认各方面情况与交接班记录相符后才能在交接班记录上签名。交接班应本着“谁签名谁负责”的原则，如接班人未签名，发生事故由交班人负责。

（二）交接班内容

交接班内容主要包括以下三方面。

1. 基本情况：人数、幼儿情绪及健康状况、带药及服药情况、对体弱幼儿的照顾等。

2. 半日生活情况：进食情况、教育教学活动情况、户外活动情况等。

3. 事故情况：有无事故发生，包括小伤、破皮等情况。

（三）交接班记录填写

无论何时，交接班程序都不能简化，交接班记录不能漏写或补写。带班教师应及时记录好幼儿的健康、学习等情况，对当班时遗留的或需要解决的问题，如幼儿伤害、病儿照顾等，应向接班教师同时做好口头说明和书面说明，以免发生意外。这样做也有助于责任的分工和明确，建立良好的班级管理制度。

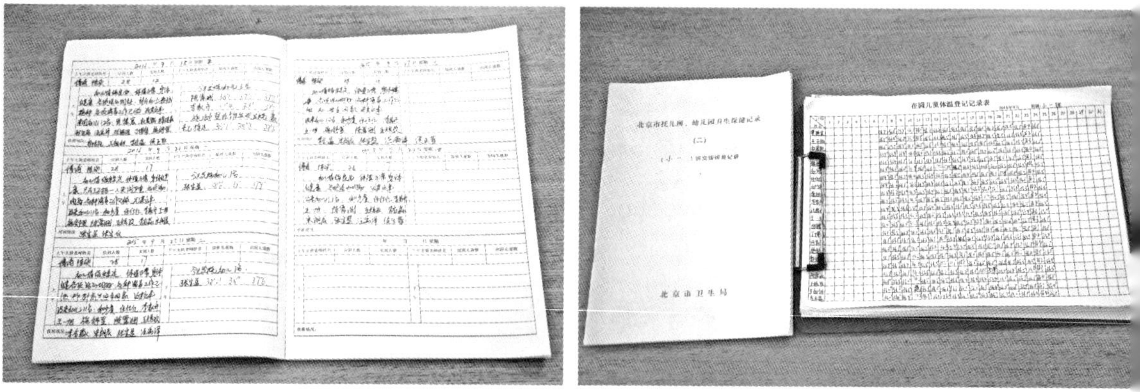

图10-1　交接班本和交接班记录

六、幼儿活动区域的整理、清洁与消毒

（一）活动区域的整理

经过了一天的使用，幼儿活动区域特别是活动室总会有些凌乱。大部分幼儿离园后，教师可组织还未离园的幼儿和自己一起整理。整理的内容、方法及注意事项如下。

1. 玩具材料

幼儿每天都会使用各种玩具材料，虽然每次使用后教师都会引导幼儿将玩具材料整理好放回原处，但难免会出现收拾不整齐的现象。离园时，教师可和幼儿一起整理各个活动区，将玩具材料重新检查一遍并摆放整齐，发现坏了或旧了的玩具材料要及时修理好或用新的材料替换。同时，也适时组织幼儿适当劳动，既有利于培养幼儿的自理能力，又有利于促进幼儿为集体服务的意愿。

2. 幼儿储物柜

多数幼儿园的幼儿储物柜不带锁，不具备存储物品过夜的安全功能。幼儿离园时，教师要提醒家长将幼儿储物柜中的物品带回家。幼儿离园后，教师要逐一检查幼儿储物柜，发现有幼儿衣物或其他物品未带走时，应及时与家长联系，说明情况，商议措施，防止幼儿个人物品的丢失。

3. 玩具柜及桌椅

幼儿离园后，教师应根据班级使用需要将玩具柜、桌椅归位，摆放整齐，使班级家具呈现出合理摆放、整洁有序的状态。

4. 教师教学用品

教师应有良好的整理习惯，使用后的教学用品不随手乱放，及时收放整齐，离园之前再清点一遍，将教学用品收拾整齐。

（二）活动区域的清洁与消毒

每天下班前，教师要对幼儿活动室、盥洗室、卫生间进行清洁、消毒，因具体的清洁、消毒方法已在相应章节里详细说明，此处再简要强调一下晚上离园前必须要做的、比较费时的清洁与消毒工作。

1. 活动室的清洁与消毒

离园时，活动室地面要进行清洁。活动室中所有幼儿能接触到的家具也要在离园时进行清洁，然后要用消毒水擦拭，第二天入园前准备时再用清水擦拭一遍。例如，活动室桌子、椅子、玩具柜等。

2. 盥洗室的清洁与消毒

盥洗室地面要进行清洁。盥洗室的一些物品，如水杯、毛巾、饮水桶、餐桌布、洗衣机、皂盒或洗手液给液器、水池、便器及便器周围、垃圾桶等，都要在离园前进行清洁与消毒，保证第二天幼儿入园能正常使用。

保育小窍门

清洁与消毒的小细节

除了前面介绍过的盥洗室物品的清洁、消毒方法之外，还有一些物品清洁、消毒的细节需要特别注意。

- 餐桌布：幼儿晚餐时使用的餐桌布，清洗干净后用消毒液浸泡5分钟，随后用清水投干净。清洁干净的餐桌布用毛巾架悬挂晾干。
- 洗衣机：除了擦拭洗衣机内外壁和盖子之外，还要将洗衣机过滤袋中的污物清除干净。晚间，洗衣机可开盖放置，以免总是潮湿滋生细菌。如果洗衣机的排水管插在地面下水口中，教师应将其拔出，将地面下水口盖好，防止老鼠或蟑螂从下水道爬出。
- 皂盒或洗手液给液器：清除皂盒上残留的皂液，用流动水冲洗后控干，保持皂盒干燥。使用洗手液给液器的园所，教师要将出液口残留的洗手液清除并清洗干净，以保持出液流畅。

- 水池：清洁完毕水池及下水口的污渍后，教师可将100~200毫升稀释的消毒液倒入下水口，消毒下水道，然后将下水口盖子盖好，以防下水道反味污染室内空气。
- 便器周围设施：用消毒配比液从上往下擦洗便器扶手、冲水开关、周围的瓷砖。第二天入园准备时再用清水擦拭一遍。

七、次日工作准备

当日工作结束后，教师要为次日工作作准备。准备内容主要包括以下三个方面。

（一）劳动用品

当日工作结束后，教师应对拖把、抹布进行清洗、消毒，悬挂晾干，并检查洗涤用品是否充足，为次日晨间幼儿入园前的清洁工作做好准备。

1. 拖把：各种专用拖把清洗后用消毒液浸泡，浸泡后用流动水将残留的消毒液冲洗干净，拧干后挂在指定挂钩上晾干。

2. 抹布：各种专用抹布分别清洗、消毒、晾干。

3. 洗涤用品：检查洗衣粉、肥皂、消毒液等次日需要的洗涤用品是否充足、够量。

（二）幼儿生活消耗用品

幼儿在园所需的生活消耗用品有洗手肥皂、洗手液、餐巾纸、擦手油、卫生纸等，教师要检查这些生活用品数量是否能满足次日所需，可利用离园时间及时准备齐全。

（三）幼儿活动材料

教师应按照教育计划中的内容，将次日开展教学活动、游戏活动、户外体育活动、生活活动所需的材料准备好。这些材料往往是大量需要的，因此可以利用幼儿离园之后较为充分的时间进行准备，从而保证教育教学的质量。

复习与思考

1. 日托园晚检的内容与方法包括哪些？

2. 小班幼儿晚检时体温正常，但上床后体温突然升高怎么办？

3. 离园环节，教师接待家长的注意事项有哪些？

第十一章
与保育密切相关的家长工作

学习目标

1. 理解不同时期家长工作的重要意义。

2. 掌握不同时期的家长工作要点和必要的策略。

保育工作与家长工作密切相关。教师和家长之间良好的沟通不但能够使幼儿园的保育工作质量得到很大的提高，同时也能教育家长，使家长认识到保育工作的重要意义和价值。与保育直接相关的家长工作包括：直接与家长讨论幼儿的健康状况，帮助家长了解与保育有关的知识和方法，提供幼儿园印制的健康教育宣传手册，举办关于健康教育的专家讲座等。

幼儿园教师除了要做好每天入园、离园时的家长工作外，还应重视特殊时期的家长工作，如新生入园时期、寒暑假时期、传染病流行时期、幼儿发生意外伤害时期等。教师要准确把握不同时期家长工作的侧重点，使幼儿无论在幼儿园还是在家庭中，都能够受到良好的照顾。

一、日常的家长工作

日常的沟通交流是教师与家长之间传递信息最重要、最便捷、最有效的方式。教师和家长除了要相互沟通幼儿在家、在园的游戏和生活状况之外，更重要的是要交流幼儿的健康状况，彼此做到“心中有数”。

（一）早晚沟通

利用每天早晚家长送接幼儿的机会与家长进行简短的沟通，是教师使用频率最高的家长工作方式。早间入园时，教师可以快速地向家长了解幼儿当日的身体、情绪状况，以便在一日生活中有针对性地开展保育工作。傍晚离园时，教师应告诉家长幼儿在园的具体表现，如进餐情况、午睡情况等，避免只用“挺好的”“还行”等模糊的字眼来回答，要让家长感到教师确确实实在关注自己的孩子，而不是敷衍了事。对于家长特意叮嘱的事宜，教师一定要有所反馈，如对于家长送来时说肚子疼的幼儿，教师就一定要重点关注其饮食和大小便的情况，并如实向家长报告。

（二）家长园地

“家长园地”是面向全体家长宣传教育理念、教育方法，反映幼儿园事务、班级动态的窗口。家长园地的内容要及时更换，需结合班级健康教育的内容和家长的需求灵活设置。例如，班级最近开展了营养膳食方面的健康教育，教师就可以及时把与幼儿营养膳食有关的科普知识和话题展示出来供家长了解，如：“怎样合理控制孩子的零食？”“如何使孩子爱上吃蔬菜？”等有针对性的话题。

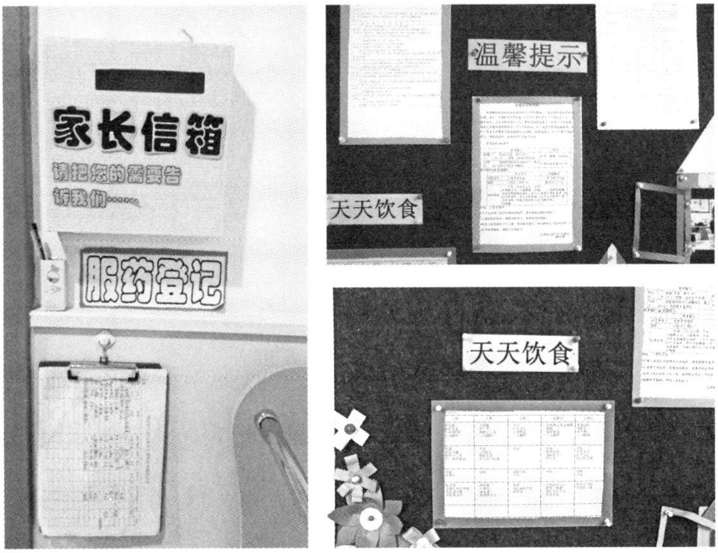

图11-1 家长园地的保育栏目

教师还可以根据工作需要，在家长园地设立家园互动栏目，以起到双向沟通的目的。例如，在幼儿初入园时，教师可以在家园联系栏中布置反映幼儿一日生活情况的互动栏目，名称可以是“把您的担心告诉我”“今天我便便了”“宝宝生活共同关注”等，将准备好的幼儿名卡放在栏目旁边。家长可在名卡上写清楚需要教师注意的问题，然后把名卡插到相应栏目中，供教师入园接待后仔细查看，更清楚地了解每个幼儿的健康状况，帮助家长照顾好幼儿的生活。

（三）家园联系手册

家园联系手册是教师与家长围绕幼儿的发展与教育进行书面交流的渠道，和口头沟通一样具有便捷、高效的特点，但又比口头沟通更加正式，且更容易体现书写人的真诚和用心，更加切合幼儿的个性特点。对于那些工作繁忙，平时没有时间亲自接送幼儿的家长来说，这种沟通方式尤为重要。

图11-2　家园联系手册

有时，家长还会把不便跟教师当面交流的信息写在手册上，帮助教师更深入地了解幼儿的特点和家长的真实想法。反过来，教师也可以将不便通过口头和家长交流的问题通过家园联系册的书面形式进行交流。例如，对于教师发现的幼儿午睡时习惯性阴部摩擦的现象，教师就可以以书面沟通的方式，请家长在家里查看幼儿会阴部是否有不良刺激，如湿疹、炎症、饶虫症、包茎引起的包皮炎等，并提醒家长注意平时给幼儿穿宽松的内裤。同时，教师也要向家长说明自己打算采取的教育方法，如让幼儿多从事体育活动、发展兴趣、转移对自己身体的注意力等，积极争取家长的支持和配合。可见，通过家园联系册的形式，教师和家长之间能够更加直接、真诚地交换意见和问题，打消彼此的顾虑，共同寻求问题的解决方案。

二、新生入园时期的家长工作

幼儿离开父母，进入一个新的环境生活和学习时，幼儿的父母也会有许多担忧，如：“孩子在幼儿园吃得饱吗？”“饮水量够不够？”“喜不喜欢老师？”“能和小朋友愉快相处吗？”等等。除此之外，家长对幼儿园教师的工作和幼儿园的课程安排也不甚了解。这些担忧与不了解，会使家长产生焦虑情绪，家长的焦虑情绪又会直接影响幼儿，从而加重幼儿的分离焦虑。因此，要做好初入园幼儿的适应工作，除了要关注幼儿外，还要关注家长。教师应从以下三方面做好初入园幼儿的家园沟通工作。

（一）召开班级家长会

幼儿入园前，教师可召开班级家长会，帮助家长了解幼儿园生活、教育的特点，减少或解除家长的担忧。

在班级家长会上，教师应向家长介绍班级中每位教师的基本情况及主要负责的工作内容，介绍幼儿入园后一日生活的作息时间及安排，介绍幼儿园课程设置的特点及小班阶段的教育目标。教师还应就家园共育、接送安全、传染病预防、晨检、服药注意事项、考勤相关事宜等问题向家长提出具体要求，从多方面指导家长帮助幼儿建立与幼儿园生活相一致的饮食和作息习惯，从而使幼儿更好地适应入园生活。

针对家长的担忧，教师还可帮助家长分析幼儿入园焦虑的原因，使家长认识到幼儿面对陌生环境出现不良情绪是正常现象，教给家长缓解幼儿分离焦虑的有效方法，让家长和教师一起采取有针对性的措施，有效缓解幼儿的分离焦虑，使幼儿尽快适应集体生活。

（二）家访

对于初入园的幼儿，教师应在其入园前进行家访。家访时，班级中所有教师都要参加。在家访中，教师可通过与家长沟通、与幼儿玩耍等途径了解幼儿，与幼儿建立初步的感情，以缓解幼儿入园时的分离焦虑。

1. 与家长沟通

家访中，教师要向家长了解幼儿的性格特点、饮食习惯、睡眠时间、疾病史、过敏史、兴趣爱好及有无攻击性行为等问题，并做好详细的记录。同时，教师还要向家长全面介绍幼儿园的情况，如伙食、师资、课程设置、教学设备等。教师应根据幼儿的现状，指导家长带领幼儿进行生活自理能力的培养，为在幼儿园过集体生活奠定基础。教师还要将班级家园共育网络平台等沟通媒介的使用方法告知家长，鼓励家长与教师或其他家长进行经验交流，实现资源共享。

2. 与幼儿玩耍

家访过程中，教师除了要与家长沟通外，还要留出不少于半小时的时间与幼儿接触。教师可将幼儿园里一些简单的积塑玩具带去引导幼儿玩，或与幼儿玩一些简单的手指游戏，让幼儿与每位教师有初步的接触。

3. 送小礼品

教师可将幼儿水杯、幼儿毛巾的标记等做成精美的礼物牌。在家访结束前，请幼儿选择自己喜欢的礼物牌并将它送给幼儿，让幼儿提前熟悉自己将要使用的物品的标记。同时，还可请幼儿挑选一张自己最满意的相片送给教师，教师可用它布置班级室内环境，因为悬挂着幼儿照片的班级环境会使幼儿感到温暖、亲切，可有效缓解幼儿的分离焦虑情绪。

（三）日常及时沟通

教师应建立多种家园沟通的渠道，使家长和自己成为相互信赖的朋友，共同促进幼儿的健康成长。除了常见的家园共育栏、面谈、便条、成长档案袋外，还可通过录像、网络沟通平台、电话等多种渠道架起家园沟通的桥梁。

初入园的幼儿情绪、行为都不稳定，教师每天都要与家长交流，发现问题及时商量解决办法。与家长沟通时，教师应耐心细致地回答家长关心的问题，尤其是入园第一天幼儿的表现、饮食、睡眠、大小便情况等问题。

开学初，教师还可以在班级网络平台上发布幼儿一日生活的照片或录像、幼儿的稚语趣事、教师的工作日记、幼儿第一天的特殊表现等，让家长及时了解幼儿的在园表现，打消家长的顾虑。

及时沟通一方面可以帮助教师了解幼儿的个性特点、生活习惯以及家长的育儿理念，另一方面也会使家长愿意主动配合教师的工作，改变幼儿家庭生活的随意性，形成与幼儿园相仿的作息和生活习惯，缩小家园生活的差异，使幼儿更好地适应集体生活，提高幼儿园保育的质量。

三、寒暑假时期的家长工作

寒暑假期间，大部分幼儿在家中由专人看护度过假期，少数幼儿因家中无人看护在幼儿园度过假期。因此，寒暑假时期的家长工作教师要根据实际情况从两方面开展。

（一）幼儿在家中度过假期

放假前，教师应给每位在家中过假期的幼儿的家长发一封家长信，提示家长从以下几个方面科学、合理地安排幼儿的假期生活。

1. 饮食

幼儿的饮食要做到平衡多样：以谷类为主，多吃蔬菜、水果、奶类、豆类；适量吃鱼、禽、蛋、瘦肉；饮食要清淡少盐。

家长要注意控制幼儿的食量，避免过度进食，因为幼儿的消化器官尚未发育成熟，过度饮食会引起胃肠道不适。教师可建议在假期家长最好参照幼儿园的进餐时间及食谱为幼儿合理安排一日三餐。

2. 作息

假期中，幼儿的生活发生了很大变化。幼儿不用一大早就起床去幼儿园，很多家长也觉得放假了就应该让孩子放松放松，早上晚起一会儿，晚上晚睡一会儿都没什么关系。

实际上，良好的作息习惯对幼儿的身心健康非常必要。教师应建议家长可参照幼儿园的作息安排和幼儿一起制定假期作息时间表，并督促幼儿按照安排进行活动。不过暑假天气热，也可建议家长不必强迫幼儿必须在几点钟就睡觉，可适当推迟一些；寒假也可适当推迟幼儿起床的时间，但尽量不要让作息时间发生太大的变化，要考虑到为幼儿下学期的在园生活奠定良好基础。

3. 安全

教师应提示家长注意幼儿的假期安全，防止发生意外伤害事故及感染传染病。教师还要提醒家长尽量不要把幼儿一个人留在家里或者带幼儿到冰面、河边、荒郊野外等危险地带玩耍，以免发生安全事故；尽量减少幼儿去人多的公共场所的次数，以免走失或感染传染病。如果有家长准备带幼儿外出旅行，教师可向家长提供一些有关幼儿旅行安全与健康护理方面的建议。

4. 活动

幼儿在假期连续长时间看电视或玩电脑是一个极为普遍又特别值得注意的问题。教师应提示家长保护幼儿的视力，不要让幼儿连续看电视或玩电脑超过30分钟。教师可设计一份“假期幼儿活动表”供家长参考，引导家长为幼儿安排丰富的假期活动，如画画、做手工、听故事、讲故事、唱歌、跳舞、阅读等。

5. 交往

现在，很多家庭都只有一个孩子，再加上父母等人需要上班，假期幼儿不能像在幼儿园里那样，经常与小朋友、教师等人交往接触。教师应提醒家长为幼儿创造与他人接触的机会，鼓励幼儿多与小区里的孩子玩耍，邀请小朋友到自己家里做客，或让幼儿去别人家聚会，以提高幼儿的社会交往能力。

（二）幼儿在园中度过假期

假期幼儿来园人数相对较少，当班中只有10名以下的幼儿来园时，幼儿园通常会把同一年龄段的幼儿集中到一个班级，安排各班教师轮流看护。如果是本班教师看护幼儿，家长们会比较放心；如果是外班教师看护幼儿，家长们会因为不熟悉而产生不信任的心理。

为了做好家长工作，教师应做到以下几点。

1. 提前了解

对于不熟悉的幼儿，教师应先认真了解幼儿的年龄、民族、家庭住址、家长联系电话等基本信息，向幼儿原班教师了解幼儿的个性特点、家长的育儿观念等深层次信息并熟记于心。这既是教师做好带班工作的保证，又是赢得家长信任的基础。

2. 主动沟通

每天幼儿入园或离园时，教师要主动与家长沟通，做到用自己的真诚与敬业获取家长的信任。幼儿入园时，教师应面带微笑，主动与家长打招呼，认真聆听并记录家长的嘱托。幼儿离园时，教师应主动向家长反映幼儿的在园生活情况及家长嘱托的完成情况，加强家园之间的密切联系与交流。

3. 及时联系

假期带班中如果出现因不熟悉幼儿而拿不准该如何处理的事情，教师应及时与幼儿原班教师联系，听取建议；必要时也可以与家长及时联系，以便采取妥善的方法处理，避免处理不当导致幼儿受到伤害及引发家长误会与不满。

四、传染病流行时期的家长工作

3~6岁幼儿的身体各系统发育还不完善，自身的抵抗力比较弱，易感染各种疾病。尤其是在传染病流行期间，为了幼儿的健康成长，教师应向家长加强宣传、教育，共同做好幼儿的传染病预防、控制工作。

（一）加强向家长的宣传

传染病多发季节，教师要在保健人员的指导下，向班级中每位幼儿的家长发放传染病防控宣传资料，并请家长认真阅读，配合幼儿园做好传染病的管理工作，确保幼儿身心健康。宣传资料中应包含当季常见传染病的种类、传染源、传播途径及预防措施，幼儿园和班级为预防传染病所采取的措施等内容。

这些具体的做法一方面能让家长感受到幼儿园和教师工作的细致、实效，另一方面也能使家长了解传染病的相关知识，知道自己应该怎样配合幼儿园开展防病工作。

（二）争取家长配合

传染病流行阶段，教师必须争取家长的积极配合才能有效防病。教师要明确具体地告知家长应配合做好哪些工作，具体内容包括：学习有关传染病的预防知识；积极配合班级教师对幼儿进行健康教育，督促幼儿养成良好的卫生习惯，帮助幼儿搞好个人卫生；按照天气变化及时给幼儿增减衣物；不带幼儿到人口聚集及空气污浊的场所；坚持入园前和回家后给幼儿进行“自查”，发现异常（如口腔有溃疡，皮肤有皮疹，手、足有水泡，出现发热、腹泻等症状）及时与班级教师联系；让幼儿坚持早睡早起，同时加强幼儿在家的饮食卫生，让幼儿少吃生冷食品；加强与教师的沟通，及时交流幼儿的健康状况。

（三）注重观察

带班时，教师如果发现班级中有发热、出皮疹的幼儿，应立即通知保健人员，在保健人员的指导下做幼儿隔离、班级消毒等工作。同时，教师需向家长说明幼儿身体状况，要求家长带幼儿去医院就诊。如因症状不明显，医院无法立即确诊，教师应配合保健人员劝说并要求家长让幼儿在家中休息1~2天，继续观察，待医生出具幼儿不是传染病的诊断证明后再入园。如果幼儿确诊为传染病，需在家中隔离治疗，教师可定期给幼儿父母打电话，了解幼儿的病情，并安慰、鼓励幼儿。教师还应将班中已经发生传染病的情况及时告知班里每一位幼儿的家长，同时给予家长一些防病的建议。同时，病儿所在的班级应当与其他班级进行有效隔离，防止传染病的蔓延，等到规定的隔离期结束之后，方可解除隔离。

五、发生意外伤害时的家长工作

幼儿活泼好动，对任何事物都充满极大的好奇心，但由于身体协调性差，缺乏自我保护意识，不能预见自己行为的后果，在幼儿园生活、学习、游戏时容易发生意外伤害事故。而且，计划生育政策的实施使得家里孩子数量很少，因此每个幼儿都是家里的宝，幼儿受的点滴伤害家长都看在眼里，疼在心上，非常在意。这就导致幼儿在园出现意外伤害后，很多家长会感情战胜理智，不管事情原委，冲动地指责教师、指责幼儿园。那么，幼儿在园发生意外伤害事故后，教师应该如何做好家长的安抚工作、化解家园矛盾呢？一般来说，可以从以下几方面做起。

（一）及时救助受伤幼儿

幼儿发生意外伤害事故后，教师一定要在第一时间进行正确的处理。

如果是擦伤、抓伤等小伤，教师要及时将幼儿送到幼儿园保健室处理，并在当天家长接幼儿离园时向家长说明伤情。

如果是骨折、头部撞击、高处跌落等大伤，教师要在保健人员的陪伴下立即将幼儿送往医院救治，同时请同班教师上报园领导。在将幼儿送往医院的途中，教师应电话联系家长，如实告知家长幼儿的伤情及准备送往的医院，请家长立即赶到该医院。如果家长坚持到某一医院救治，教师应遵从家长的意愿，并将通话录音保留证据,以免以后发生纠纷。

（二）与家长真诚沟通

幼儿发生意外伤害事故后，教师要及时与家长进行客观真诚的沟通，向家长实事求是地介绍事故发生的原因及经过，认真聆听家长的想法和意见。

如果沟通过程中家长态度不好、言词激烈，教师应表现出应有的涵养和礼貌，让家长适当发泄一下内心的不快。

不论是责任事故还是非责任事故，只要是在教师带班期间发生的幼儿意外伤害，教师都应向幼儿家长诚恳道歉。教师应在态度上、情感上对幼儿受伤表现出极大的同情，让家长感觉到教师的真诚。

（三）主动承担责任

如果是教师失职造成的责任事故，教师应主动承担责任，以积极的态度在园领导的引领下妥善解决问题。事故未引发严重后果的可参照幼儿园行政管理制度处理，事故后果严重的应依法解决。教师千万不要推卸责任，以免激怒家长，造成更严重的后果。

（四）先做态度稍好家长的工作

幼儿发生意外伤害事故后，幼儿家属之间的态度也不尽相同。可能母亲的态度很强硬，父亲的态度稍温和；也可能老人的态度很强硬，父母的态度稍温和。因此，当家长中有一方采取不依不饶的态度时，教师可先做态度稍好一方的安抚工作，从而促进问题的顺利解决。

（五）班中教师共同调解

一个人做调解工作势单力薄，有时还可能会因为一句话没说好造成更大的误会。因此，幼儿发生意外伤害后的家长工作最好多人一起做，但幼儿出事时的带班教师一定要在场。如果家长情绪非常激动，大家可以你一句、我一句的劝解，化解紧张气氛。另外，多人一起调解还会让家长感觉幼儿园非常重视，从而在心理上更容易给予理解和宽容。

（六）主动去幼儿家中探望

幼儿发生意外伤害事故后如果不能来园，班级中的教师应及时去幼儿家中探望。教师可购买一些营养品或玩具带去，还可将班级同伴对幼儿的慰问话语带去，鼓励幼儿学会坚强、勇敢，以此感动家长，融化家长心头的坚冰。

（七）争取领导帮助

一般情况下，经过对幼儿的及时救治，以及与家长的有效沟通，大部分家长都能对事故给予理解、接受。但是，也有极个别的家长，在教师尽了最大努力，幼儿也无大碍后还是不予谅解。这时，教师就要及时向园领导汇报，争取得到领导的帮助。幼儿园的领导应及时与家长交流，帮助家长认识到：幼儿的成长过程不可能一帆风顺，一生一定会遇到挫折和失败，应将此次事故看成是幼儿成长过程中的一次挫折教育，是一次培养幼儿意志品质的机会。如果因为幼儿曾经的伤痛不依不饶，对幼儿的成长极为不利，也会使家长在幼儿心目中的形象大打折扣。如果遇到纠缠不休、提出恶意条件的家长，必要时幼儿园可以通过法律途径解决问题。

六、长期不来园幼儿的家长工作

幼儿连续两天未来园时，教师应及时打电话询问原因。如果幼儿因与班中同伴发生矛盾或对教师工作不满而不愿来园，教师应立即与家长进行沟通，针对引发幼儿不愿来园的原因和家长共同商议解决办法。如果幼儿因家中突发事故未来园，教师应做好幼儿来园后的心理疏导与安慰。教师还应在幼儿来园前和幼儿家长进行沟通，共同商定办法帮助幼儿疏导情绪。

幼儿如果长期不来园，可能是由于生病、外出等多种原因造成的。无论是哪种原因造成幼儿长期不能来园，教师都应通过细致的工作关心幼儿，让幼儿体会到集体的温暖。

（一）因病长期不来园

幼儿因病长期不能上幼儿园时，教师要定期给幼儿及家长打慰问电话，了解幼儿的病情，并向幼儿表达教师和其他小朋友对他（她）的思念与关心。教师可将班级中发生的趣事讲给幼儿听，使幼儿对集体生活产生向往。

教师还可带着班中幼儿或教师自己自制的绘画、折纸等美工作品到幼儿家中进行探望，鼓励幼儿听父母、医生的话，好好打针吃药，尽快康复，回到班中和小朋友们一起玩耍。条件允许的情况下，教师可将班中其他幼儿祝福的话语及学习生活的片段用视频的方式录制下来，播放给生病的幼儿看。

（二）因外出长期不来园

幼儿因随父母外出探亲或旅游长期不能来园时，教师可请幼儿父母引导幼儿对所到之处的风土人情进行观察、记录，待幼儿回园后，鼓励幼儿将自己外出时的所见所闻用照片、绘画、讲述等形式介绍给班级中的小朋友和教师。

幼儿外出后，教师应定期与幼儿家长联系，了解幼儿情况，并将园中的各种活动、通知以及班级中学习的内容及时告知幼儿父母。

（三）三个月以上不来园

幼儿期是各种传染病的高发期，为确保全体在园幼儿的身体健康，教师应当严格执行幼儿园卫生保健常规制度。

当班级中有连续三个月以上未来园的幼儿需要来园时，教师应及时向保教管理者及保健人员汇报，并通知幼儿父母带幼儿到幼儿园所在城市的区县妇幼保健机构或医疗机构的儿童保健门诊进行健康检查，检查合格后持“健康检查表”重新入园。重新入园的第一天，教师应提醒家长先带幼儿到幼儿园保健室上交“健康检查表”，保健人员对幼儿进行入园检查后，再将家长与幼儿送到幼儿所在班级与教师进行交接。

复习与思考

1. 教师应做好哪些家长工作以缓解幼儿的入园焦虑?

2. 暑假到了，乐乐要跟着爸爸、妈妈去海边度假，作为教师，你应该提醒家长注意哪些事项?

3. 幼儿发生意外伤害事故后，教师应该如何做好家长的安抚工作，化解家园矛盾?

4. 妞妞上午在园里出现了发热、出皮疹的现象，你作为教师应该怎样做?

第十二章
清洁与消毒

学习目标

1. 理解清洁与消毒在幼儿园的重要性。
2. 掌握幼儿园常用的清洁与消毒方法。

幼儿的生活环境中存在着许多肉眼看不到的致病细菌与病毒，它们通过呼吸系统、消化系统或皮肤接触进入幼儿体内，引发各种疾病。预防和减少疾病发生最有效的方法就是加强幼儿日常生活环境、用品、饮食及个人的卫生工作，常用的方法就是清洁、消毒。在幼儿园一日生活中，对幼儿接触的环境及使用的各类物品进行清洁、消毒，是幼儿教师最基本、也是非常重要的一项工作。

一、清洁、消毒的基本概念

（一）清洁

清洁是指通过洗刷、擦抹、拖扫、铲除等方法保洁各种物品，分干式清洁与湿式清洁。例如，用掸子除尘属于干式清洁，用湿抹布擦拭属于湿式清洁。

（二）消毒

1. 消毒的概念

消毒是指采用物理、化学或生物的方法，消灭停留在不同传播媒介物上的病原体，从而切断传播途径，阻止和控制传染病的发生。例如，利用空气流动有效稀释室内有害气体及病菌的含量，间接达到净化空气的目的，属于物理消毒法；使用含氯消毒液擦拭物体表面杀灭多种病原体，属于化学消毒法。

2. 消毒的分类

（1）预防性消毒

为了预防传染病发生而施行的消毒，并非已发现明显的传染源。消毒的对象为有可能被病原体污染的物品和场所。

（2）疫源地消毒

疫源地是传染源及其排出的病源微生物所能波及的范围。对疫源地内污染物的消毒称为疫源地消毒。疫源地消毒又有两种情况：

- 随时消毒：当有传染病发生时，在患儿尚未离开园所之前，应随时对其所在班级和污物（排泄物、呕吐物、分泌物等）进行消毒，以迅速杀灭从机体排出的病原体。

- 终末消毒：当患儿离园后，对被污染的场所及一切物品进行的最后一次彻底的消毒。

二、清洁、消毒的基本要求

教师是班级卫生消毒工作的直接责任人，要严格执行幼儿园的卫生消毒制度，认真做好班级卫生消毒工作，具体要求如下。

1. 接受保健人员的指导，按照保健人员制定的卫生消毒常规做好班级清洁、消毒工作。

2. 熟悉班级内各类物品的清洁方法及消毒方法。掌握消毒液配比的方法，清楚消毒不同物品时消毒液的浓度及作用时间要求。

3. 妥善保管班级使用的各种清洁用品和消毒用品，妥善保管各类清洁剂、消毒剂，确保存放安全，防止幼儿接触发生危险。

4. 做好清洁、消毒记录，便于保健人员随时了解班级卫生消毒工作是否按规定执行。

5. 积极配合幼儿园的卫生检查工作，定期参加幼儿园的卫生评比活动。

6. 班级内有传染病发生后，教师要及时通知保健人员，并在保健人员或属地疾病预防控制机构的具体指导下，积极对被传染病病原体污染或可能污染的物品、环境实施消毒。

三、幼儿园常用消毒方法

（一）物理消毒法

物理消毒法是指利用高温、紫外线照射、稀释等方法杀灭或减少致病病原体的方法。物理消毒法简便易行、绿色环保，常用的方法有煮沸法、蒸汽法、紫外线照射法、通风法、过滤法等。

1. 煮沸法、蒸汽法

煮沸法及蒸汽法是利用水或蒸汽的高温，杀灭或减少致病病原体的方法。此种方法既简便又可靠，适用于食物、食具、金属、玻璃制品、棉织品等耐高温、不怕水的物品，消毒时间一般不少于15分钟。

教师加油站

煮沸法及蒸汽法的注意事项

- 食具应严格执行一洗、二刷、三冲、四消毒、五保洁的清洁、消毒顺序，当发生传染病时，则应采取“消毒、清洗、再消毒”的顺序进行。
- 消毒时，碗、杯等应竖立放置，并且留有间隙。
- 食具消毒后不能用抹布擦干，附在碗、筷上的水分，可让其自行干燥或用经消毒处理后的洁净抹布擦干。
- 煮沸消毒时，被煮物品必须全部浸没在水中，水沸腾后开始计时。中途如果新添需消毒的物品，要重新计时。煮沸的物品量不可超过容器容量的3/4。

- 蒸汽消毒一般使用流通蒸汽柜，温度要达到100℃以上。消毒时，被消毒的物品之间不能挨得过紧，要保留约一根筷子粗细的间隙，才能达到较好的消毒效果。

2. 通风法

通风法是空气消毒的首选方法，也是最简易、最经济的方法。通风分自然通风和人工通风，幼儿园多采用开窗通风的自然通风方法。平时应注意开窗通风保持室内空气流通。温暖季节宜实行全日开窗的方式换气。寒冷季节在幼儿来园和户外活动期间宜利用室内和走廊的窗户换气。通过换气可以大量减少细菌的密度，从而降低呼吸道疾病的发生。

3. 紫外线照射法

紫外线照射法有两种：一种是日晒法，适用于毛巾、被褥、各类玩教具等物品的消毒；另一种是紫外线消毒灯照射，适用于空气、物体表面的消毒。

（1）日晒法

日晒法是利用阳光中的紫外线杀灭病原体进行消毒的方法。这种方法既简便易行又经济环保。在阳光下曝晒不低于6小时，可杀死附着在毛巾、被褥等物品表面的病原体；在直射阳光下能很快将流感、百日咳、流脑、麻疹等病原体杀死。

（2）紫外线灯消毒

紫外线消毒灯照射可杀灭各种病菌，在幼儿园中常用于物体表面及不具备开窗通风消毒条件时的消毒。

紫外线消毒灯有移动式的与悬挂式的。保健人员要指导教师根据消毒灯的功率，按照每立方米不少于1.5W的要求计算灯管需要量，同时按照要求进行安装和消毒。

教师加油站

紫外线灯消毒的注意事项

- 紫外线灯开关要有明显标志，与其他开关分开。
- 消毒时，要将门窗关闭严密，到达消毒要求时间后，应通风一小时以减少对人体的危害。
- 消毒空气时，房间内应保持清洁干燥，尽量减少尘埃和水雾；温度低于20℃或高于40℃，相对湿度大于60%时，应适当延长照射时间。具体照射时间可以根据紫外线灯的种类和型号、照射面积大小，以及使用说明来确定。
- 由于紫外线穿透力差，对照射不到的部位没有杀菌作用，故消毒物品表面时，被消毒物品必须充分暴露，不能被遮挡，且照射距离不宜超过一米。
- 紫外线对人体皮肤、眼睛可产生刺激，不得使紫外线光源照射到人，以免引起损伤。在开启紫外线灯前，必须确认在室内无人的条件下进行操作。操作者出门后要将门锁好。
- 在使用过程中，应保持紫外线灯表面的清洁，一般两周用酒精棉擦拭一次，发现灯管表面有灰尘、油污时，应随时擦拭。
- 使用紫外线灯消毒后要及时做好记录，紫外线灯累计照射使用寿命时间为1000~3000（具体灯管寿命时间以说明书为准）小时左右。要定期检测紫外线灯，紫外线强度低于70 μW/cm^{2}时，必须更换灯管。

（二）化学消毒法

化学消毒法是利用各种化学药品杀灭病原体以达到预防感染、传染病的传播和流行的方法。化学消毒法应用范围广，使用方便，价格低廉，但有一定腐蚀性和刺激性，过量使用会损害人体、污染环境。

1. 日常生活中常用的化学消毒剂

（1）含氯消毒剂

常用含氯消毒剂有次氯酸钠类消毒剂、84消毒液、漂白粉（即次氯酸钙）等，一般用于环境、餐饮具、玩教具、便器、织物、分泌物、排泄物、垃圾等的消毒。这种类型的消毒剂是幼儿园最常用的消毒剂，消毒办法参见各章当中的相关说明。

（2）碘伏

碘伏可杀灭细菌、真菌、病毒，毒性低，对人体黏膜无刺激，性能稳定，无腐蚀性，有漂白作用。一般采用浸泡、擦拭、冲洗的方法用于人体皮肤、黏膜及某些物体表面的消毒，常用浓度为1%。

（3）酒精

成份主要是乙醇。酒精可杀灭细菌、真菌及部分病毒，作用快速，对人体黏膜有刺激，一般采用浸泡、擦拭的方法用于人体皮肤及体温计等物体表面的消毒。不同浓度的酒精有不同的用途，常用浓度为75%。酒精可燃，容易挥发，要密闭保存。

2. 消毒剂选用及配制的基本原则

消毒剂有一定的腐蚀性和刺激性，幼儿园及教师在选择消毒剂时一定要本着对教师和幼儿安全、对环境污染小、对被消毒物品损坏小的原则选用适宜的消毒产品。

教师在使用消毒剂时，不是浓度越高越有效，一定要严格按说明书要求的比例，或在保健人员的指导下进行配制。配制时，一定要戴上专门的橡胶手套或一次性塑料手套，以防止发生伤害事件。

3. 消毒剂配制及使用时的注意事项

（1）消毒剂要使用印有消毒卫生许可证的合格产品，并严格按照所附说明书要求配制使用，可在幼儿园专业的保健人员指导下进行配制，从而最大程度保证消毒液配比的正确性和科学性。

（2）可配备有刻度或做了配比标记的消毒剂专用配比容器，以保证消毒剂配制的便捷性和准确性。

（3）应用化学药液进行消毒时，必须严格掌握药物的性质、有效浓度及消毒时间，按操作说明来使用。

（4）浸泡消毒物品时，应先将物品上的污物清洗干净后再浸泡。

（5）消毒物品与药液应充分接触。

（6）药液要现配现用，超出使用期限应及时更换。

（7）多数药液对人体有一定的刺激作用，在消毒时，应做好个人防护，避免伤及身体。

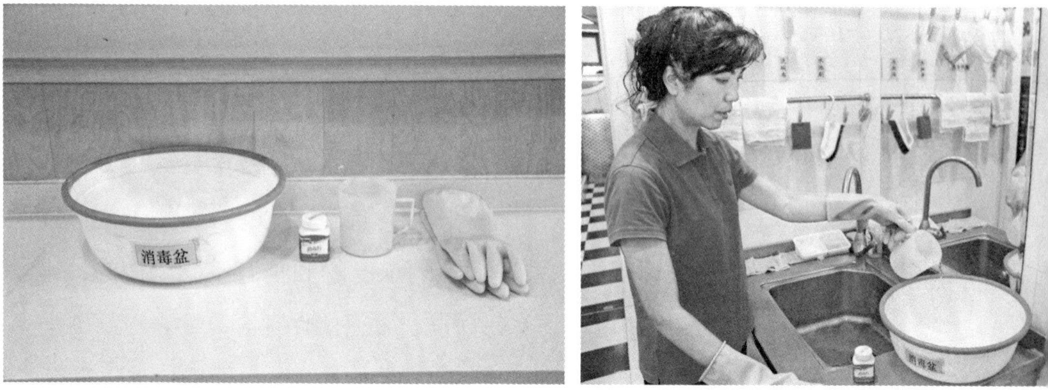

图12-1　消毒剂的配制

教师加油站

次氯酸钠类消毒剂的配制与使用

2012年颁发的《托儿所幼儿园卫生保健工作规范》明确规定，对托幼机构环境和物品进行预防性消毒时，要使用次氯酸钠类消毒剂。次氯酸钠类消毒剂是一种高效消毒剂，能杀灭包括细菌芽孢在内的各种微生物，主要用于耐腐蚀用品的消毒、卫生洁具的消毒、环境表面的消毒、餐具的消毒、分泌物和排泄物的消毒等。因此，我们将对次氯酸钠类消毒剂的配制与使用作具体介绍。

1. 次氯酸钠类消毒剂使用方法

根据消毒物品的特点，可采用浸泡法、擦拭法和喷洒法消毒。

2. 次氯酸钠类消毒剂配制的基本步骤

第一步：做好消毒剂配制前的准备。准备一个有标记的消毒专用盆、量杯和专用橡胶手套或一次性塑料手套，避免消毒剂直接接触人体对人体产生伤害。

第二步：掌握次氯酸钠原液中的有效氯含量。

第三步：根据不同消毒对象及物品，确定需配制消毒剂中的有效氯含量。

第四步：算出需配制消毒的原液用量，并进行配制。

在实际工作中，一般不需要教师进行如此复杂的计算，而应由园所保健人员统一做好计算，并统一提供配制方法及统一的标有刻度或标记的容器来进行配制。

3. 使用次氯酸钠类消毒剂时的注意事项

（1）次氯酸钠类消毒剂不稳定，易分解。稀释液更不稳定，必须现用现配制，不能存放和连续使用。

（2）对金属有腐蚀性，对织物有破坏和漂白作用。

（3）浸泡消毒的物品放入消毒剂溶液中要加盖。

（4）喷洒法消毒时，喷洒在污物的表面上，喷洒液量以潮湿为度。

4. 次氯酸钠类消毒剂允许的使用浓度及使用条件

在对不同物品进行消毒时，要根据物品的性质及消毒的目的配制不同浓度的消毒剂，严格遵守消毒剂作用时间的要求，确保达到最佳的消毒效果，具体要求可参见《托儿所幼儿园卫生保健工作规范》中关于环境和物品消毒方法的详细规定。

表12-1　托幼机构环境和物品预防性消毒方法[①]

消毒对象	物理消毒方法	化学消毒方法	备注
空气	开窗通风每日至少2次；每次至少10~15分钟。		在外界温度适宜、空气质量较好、保障安全性的条件下，应采取持续开窗通风的方式。
	采用紫外线杀菌灯进行照射消毒。每日一次，每次持续照射时间60分钟。		1. 不具备开窗通风空气消毒条件时使用。 2. 应使用移动式紫外线杀菌灯。按照每立方米1.5瓦计算紫外线杀菌灯灯管需要量。 3. 禁止紫外线杀菌灯照射人体体表。 4. 采用反向式紫外线杀菌灯在室内有人环境持续照射消毒时，应使用无臭氧式紫外线杀菌灯。
餐具、炊具、水杯	煮沸消毒15分钟或蒸汽消毒10分钟。		1. 对食具必须先去残渣、清洗后再进行消毒。 2. 煮沸消毒时，被煮物品应全部浸没在水中；蒸汽消毒时，被蒸物品应疏松放置，水沸后开始计算时间。
	餐具消毒柜、消毒碗柜消毒。按产品说明使用。		1. 使用符合国家标准规定的产品。 2. 保洁柜无消毒作用。不得用保洁柜代替消毒柜进行消毒。

① 摘自2012年5月9日卫生部印发的《托儿所幼儿园卫生保健工作规范》卫妇社发〔2012〕35号。

续表

消毒对象	物理消毒方法	化学消毒方法	备注
毛巾类织物	用洗涤剂清洗干净后，置阳光直接照射下曝晒干燥。		曝晒时不得相互叠夹。曝晒时间不少于6小时。
	煮沸消毒15分钟或蒸汽消毒10分钟。		煮沸消毒时，被煮物品应全部浸没在水中；蒸汽消毒时，被蒸物品应疏松放置。
		使用次氯酸钠类消毒剂消毒。 使用浓度为有效氯250~400毫克/升、浸泡消毒20分钟。	消毒时将织物全部浸没在消毒液中，消毒后用生活饮用水将残留消毒剂冲净。
抹布	煮沸消毒15分钟或蒸汽消毒10分钟。		煮沸消毒时，抹布应全部浸没在水中；蒸汽消毒时，抹布应疏松放置。
		使用次氯酸钠类消毒剂消毒。 使用浓度为有效氯400毫克/升、浸泡消毒20分钟。	消毒时将抹布全部浸没在消毒液中，消毒后可直接控干或晾干存放；或用生活饮用水将残留消毒剂冲净后控干或晾干存放。
餐桌、床围栏、门把手、水龙头等物体表面		使用次氯酸钠类消毒剂消毒。 使用浓度为有效氯100~250毫克/升、消毒10~30分钟。	1. 可采用表面擦拭、冲洗消毒方式。 2. 餐桌消毒后要用生活饮用水将残留消毒剂擦净。 3. 家具等物体表面消毒后可用生活饮用水将残留消毒剂去除。

续表

消毒对象	物理消毒方法	化学消毒方法	备注
玩具、图书	每两周至少通风晾晒一次。		1. 适用于不能湿式擦拭、清洗的物品。 2. 曝晒时不得相互叠夹。曝晒时间不少于6小时。
		使用次氯酸钠类消毒剂消毒。 使用浓度为有效氯100~250毫克/升、表面擦拭、浸泡消毒10~30分钟。	根据污染情况，每周至少消毒一次。
便盆、坐便器与皮肤接触部位、盛装吐泻物的容器		使用次氯酸钠类消毒剂消毒。 使用浓度为有效氯400~700毫克/升、浸泡或擦拭消毒30分钟。	1. 必须先清洗后消毒。 2. 浸泡消毒时将便盆全部浸没在消毒液中。 3. 消毒后用生活饮用水将残留消毒剂冲净后控干或晾干存放。
体温计		使用75%~80%乙醇溶液、浸泡消毒3~5分钟。	使用符合《中华人民共和国药典》规定的乙醇溶液。

备注：

1. 表中有效氯剂量是指使用符合卫生部《次氯酸钠类消毒剂卫生质量技术规范》规定的次氯酸钠类消毒剂。

2. 传染病消毒根据国家法规《中华人民共和国传染病防治法》规定，配合当地疾病预防控制机构实施。

四、清洁剂与消毒剂的管理

在日常工作中，教师要负责保管班级使用的清洁剂与消毒剂。清洁剂与消毒剂应放置在阴凉、干燥且幼儿触碰不到的地方。容易受潮的清洁剂和消毒剂必须密闭保存。

班级中如有存放物品的仓库或保管室，应设立专门的柜子存放肥皂、香皂、洗衣粉、洗衣液、皂粉、洗涤灵、去污粉和有效氯粉剂、片剂等。如没有专门的仓库或保管室，可存放在盥洗室的吊柜或壁柜里，上锁锁好，一定不能让幼儿触碰。

图12-2 清洁、消毒用品的存放

五、清洁与消毒专用物品的标记

（一）制作清洁与消毒专用物品标记的方法

在对环境进行卫生消毒时，抹布、盆、橡胶手套等都要有明显标记，区分使用，不能混淆。为了使用时明确区分，准备好的专用抹布要有“清水一”“消毒”“清水二”标记，专用盆要有“清水盆”“消毒盆”标记，专用拖把要有“室外”“室内干”“室内湿”“卫生间干”“卫生间湿”标记，橡胶手套要有“消毒”“清洁”“卫生间”标记，幼儿物品有“姓名”标记，这样就不容易混淆了。

1. 标记专用抹布的方法

用毛线缝制。如可以先在抹布一角处，用笔写上“消毒”两个字，字的比例约占抹布面积的1/9，选择和抹布颜色反差大的毛线（如果是浅色抹布，可用红色、黑色毛线；如果是深色抹布，可以用黄色、白色、浅粉色毛线等，目的是能凸显出字的颜色），用小针脚一针一针沿着“消毒”字样缝制，这样制作的标记醒目，也不容易掉色。

另外在准备抹布的时候，“清水一”“消毒”“清水二”三块抹布最好用三种颜色，如粉、黄、蓝三种颜色，方便教师区分。

2. 标记专用盆的方法

由于含氯消毒液对金属有腐蚀作用，所以不宜用金属器皿盛装，应选择塑料材质的消毒专用盆。最好准备两种不同材质的盆（如“消毒盆”用塑料盆，“清水盆”用金属盆）或两种不同颜色的盆（如“消毒盆”用蓝色盆，“清水盆”用红色盆），以便于区分使用。如果

“消毒盆”和“清水盆”外观一模一样，可写明“消毒盆”“清水盆”标记，用胶带贴在盆外侧容易识别的地方，外面再贴一层透明胶带固定，防止脱落。

图12-3 专用盆的标记

3. 标记专用拖把的方法

在纸上写（或打印）“室内干”“室内湿”“室外”“卫生间干”“卫生间湿”五个词语，大小比例要适合，用剪刀裁剪后，剪下来粘贴在拖把柄上，使用透明胶固定。

4. 标记专用橡胶手套的方法

用黑色油笔或黑色中性笔在手套外侧写上“消毒”“清洁”“卫生间”字样。

5. 标记幼儿专用物品的方法

消毒后的幼儿毛巾、水杯，要专人专用，保证一整天一个幼儿固定用同一个毛巾、水杯，可在毛巾架、水杯架上粘贴幼儿喜欢的“小标志”（例如小动物、卡通形象等贴画），也可以在毛巾架、水杯架上写上幼儿名字。请幼儿记住自己的“小标志”或名字，能够把自己的物品放到属于自己的位置。

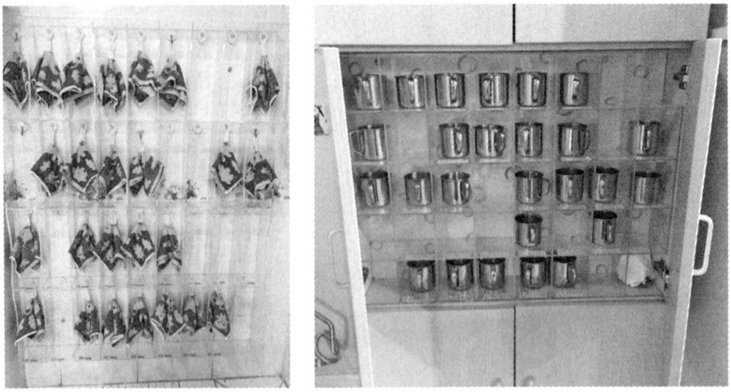

图12-4　幼儿的毛巾格和水杯格

（二）清洁用具墙面环境创设的方法

盥洗室内各类清洁用具较多，如毛巾、洗碗布、水池刷、洗杯布、奶壶刷、水果刷、抹布等，为了更好地区分，避免混淆，可以专门布置一面环境墙，使清洁用具都有固定位置，方便取用。具体方法如下。

1. 打印需要粘贴的字样，如“教师毛巾”“洗碗布”“水池刷”“洗杯布”“奶壶刷”“水果刷”等，也可以手写，大小比例适中，用剪刀裁剪好，备用。

2. 最好选择一面瓷砖墙（瓷砖容易粘贴胶带且粘贴胶带后容易清洁），墙上还要有毛巾杆，可以挂晾东西。准备若干小夹子，挂在毛巾杆上，备用。

3. 先用干净的湿抹布擦拭墙面，去除墙面污渍，再用干净的干抹布擦拭一遍。等墙面完全清洁、干燥后再粘贴。

4. 将字样粘贴在墙面上。要根据墙面状况，合理安排每个物品的挂晾位置。如果是一个毛巾杆，要按照：食具清洁用具（洗碗布、洗杯布、奶壶刷、水果刷等）、个人清洁用具（教师毛巾等）、其他清洁用具（水池刷、抹布等）的顺序粘贴标记；如果是两个毛巾杆，要分成上、下排挂晾，上排粘贴食具清洁用具的标记，下排粘贴个人清洁用具和其他清洁用具的标记。需要注意的是，两个毛巾杆之间要空出合适的距离，避免悬挂的清洁用具之间互相触碰和污染。

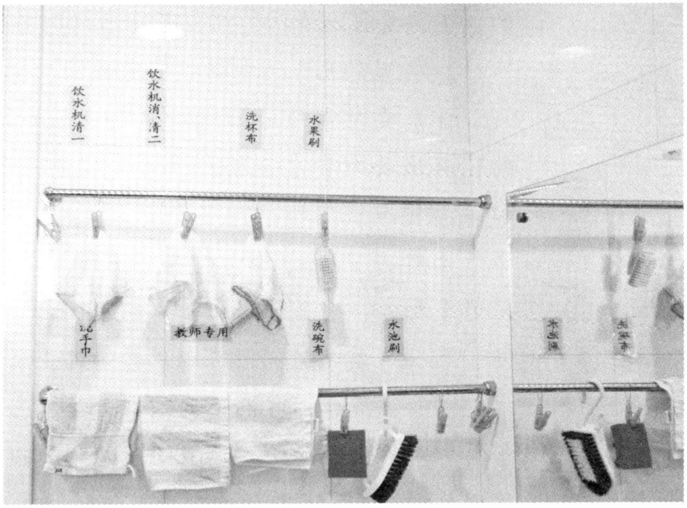

图12-5　清洁用具墙面环境创设

5. 按照粘贴好的标记，一一对应，挂晾各类清洁用具。在每次对各类物体表面、食具、个人用品等清洁、消毒后，使用过的清洁用具都要清洗干净，找到相应的标记，用小夹子夹好挂晾，这样可以有效地避免混淆，真正做到专门使用。

保育问答

问题一：所有环境卫生消毒工作都要在幼儿来园前完成，时间紧、工作量大，教师忙不过来怎么办？

一般来说，室内外地面清洁、各种物品表面卫生消毒工作都应在幼儿来园前完成，但在实际操作中教师忙不过来，客观上存在困难。面对这一情况，教师可以灵活调整卫生消毒时间，分时间段完成，下面是三个合理安排卫生消毒工作的小窍门。

1. 前一天幼儿离园后可以完成的卫生消毒工作

包括室内活动室、盥洗室、卫生间的地面清洁擦拭，盥洗室和卫生间的清洁和消毒工作等。这样，第二天早上教师到园后，室内地面、盥洗室、卫生间是干净的，不需要再次清洁，只要开窗通风即可。

2. 当天幼儿来园前必须要完成的卫生消毒工作

首先要对室外地面进行清扫，做到无落叶、无杂物；其次要对餐桌、楼梯扶手、门把手、毛巾架、水杯架、餐车、门框、玩具柜、图书柜、幼儿衣柜等物体表面进行卫生消毒，尤其是早餐前的餐桌表面消毒尤为重要。

3. 上午其他时间段可以进行的卫生消毒工作

墙面、窗台、窗框、电脑桌等物体表面，是幼儿早餐前暂时不会接触的，睡眠室是幼儿午睡时才接触的，可以放到幼儿早餐前后的上午其他时间段进行。

可见，教师如果能够合理地分配卫生消毒时间，可以起到事半功倍的效果。

问题二：加入水后，消毒片溶解速度很慢怎么办？

为了使消毒液达到预定的浓度，必须等消毒片完全溶解后才能使用。如果消毒片溶解速度慢，有两种方法可以解决：

1. 可以在消毒前15分钟将消毒片泡入水中，让消毒片有充分的时间溶解；

2. 可以用30℃左右的温水代替凉水溶解消毒片。在有刻度的量杯中调配30℃左右的温水，以手放到水中感觉温暖但比人体温度略低为宜。这种方法既能够加快消毒片的溶解速度，又不会破坏消毒片的消毒效果。

复习与思考

1. 物理消毒法有哪些？每种方法的使用有哪些注意事项？

2. 在配制和使用次氯酸钠类消毒剂时要注意哪些问题？

3. 所有环境卫生消毒工作都要在幼儿来园前完成，时间紧、工作量大，教师忙不过来怎么办？

第十三章

常用幼儿护理技能

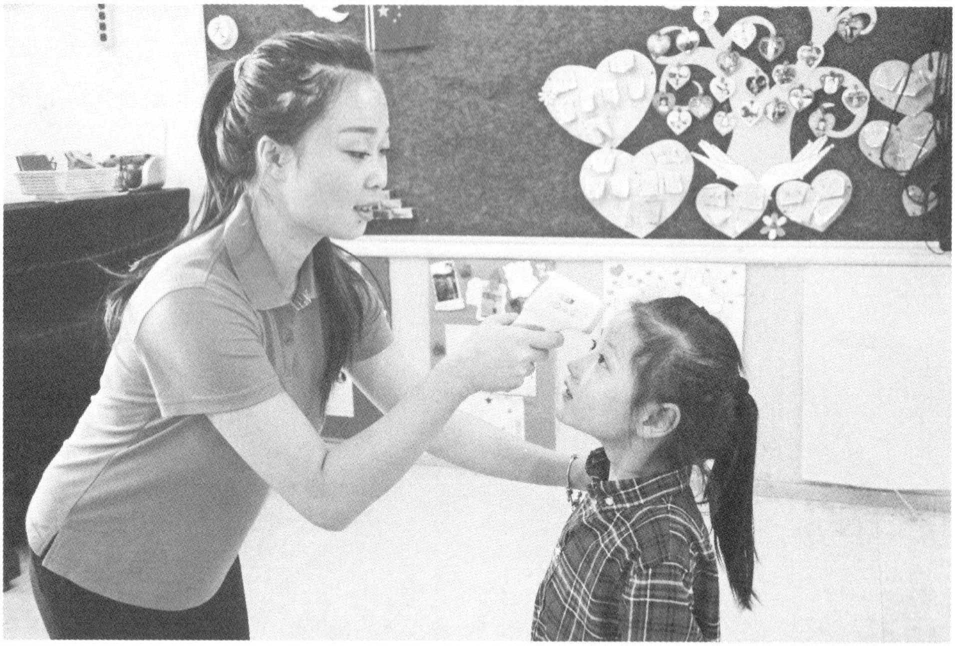

学习目标

1. 掌握幼儿园常用的幼儿护理技能。

2. 学会处理在护理幼儿过程中遇到的常见问题。

常言道："三分治疗，七分护理。"良好的护理，既能减轻患者痛苦，又能最大限度发挥治疗效果，促进身体康复。幼儿年龄小，认知、表达能力弱，一旦患病，更需要做好精心护理。掌握常用护理技能是教师做好幼儿护理工作的必要条件，也是幼儿园保育工作的职责所在。下面介绍几种日常生活中常用护理技能的相关理论和操作要领，便于教师在工作中正确操作使用。

一、测量体温

（一）测量体温的目的

体温是机体内在活动的一种客观反应，是衡量机体状况的指标之一。正确测量体温不仅可以及时发现幼儿疾病发生和发展的规律，也可以及时把握幼儿病情的变化，帮助医生进一步的诊断治疗。

（二）体温正常数值

幼儿腋下正常温度通常在36~37℃之间；口腔温度比腋下温度高0.2~0.4℃；直肠温度又比口腔温度高0.3~0.5℃。昼夜温差小于1℃。

由于幼儿的体温调节中枢发育尚未完善，另外，随着人体的生理性变化，体温并不是固定不变的，其波动一般不会超过平均数上下0.5℃。一般清晨2~6时体温最低，下午2~8时最高。此外，进食、剧烈活动、情绪激动、精神紧张等因素，都可使体温出现一时性的增高，偶尔一次腋下温度超过37℃也是正常的。

（三）测量体温的方法

幼儿体温测量常用的方法有水银体温计腋下测量法和电子测温

枪测量法。腋下测量法操作方便、相对安全，所使用的水银体温计也容易消毒，因此比较常用。另外，随着科学技术的发展，电子测温枪（也称非接触式红外线体温计）越来越普及，操作简便，适合幼儿园在晨检幼儿集中时使用，在日常生活中也有广泛应用。

1. 水银体温计腋下测量法

（1）测量法

- 测量前对幼儿予以解释，以取得幼儿的配合。例如：“甜甜，等会儿老师要给你测测体温，看看你是不是生病了。以前在家里爸爸、妈妈给你测过体温吗？……”
- 让幼儿躺下或坐下，解开衣服，检查幼儿腋下是否有汗，如有，用干毛巾轻轻擦干。
- 取出消毒后的体温计，查看水银柱是否在35℃以下。如超过35℃，应拿住体温计尾端，轻轻将水银柱甩至35℃以下。
- 将体温计头端放到幼儿腋窝中央，使其紧贴幼儿皮肤不外露。
- 帮助幼儿屈臂过胸夹紧体温计。
- 5分钟后，取出体温计查看数值。查看时要在光亮处，横持体温计让体温计水平与眼等高，缓缓转动体温计，查看水银柱所至的刻度并记录下来。
- 清洗、消毒用后的体温计，擦干，放在安全固定的位置备用。

（2）注意事项

- 应在幼儿进食或喝水半小时后并且安静不哭闹的状态下进行测量。
- 测量前，一定要保证体温计的水银柱在35℃以下。甩体温计时要避免触及其他物品，以防撞碎体温计。
- 测量前，幼儿腋窝要保持干燥。
- 测量时，教师应在旁边守护，以防体温计掉落或折断。
- 发现所测体温与幼儿正常体温不符时，应重新测量。

● 切忌用45℃以上的热水洗烫体温计，以免体温计爆破。

（3）体温计的检查方法

为了保证测量的准确性，体温计要定期检查。将所有体温计的水银柱甩至35℃以下，于同一时间放入测试过的40℃温水内，3分钟后取出检视。若体温计所测温度相差在0.2℃或以上者、水银柱自动下降或玻璃管有裂隙者，则不能再使用。

（4）体温计的清洁与消毒

体温计要用专门的盒子盛放，每次使用后，体温计要清洁、消毒，盒子也要清洁、消毒，基本步骤如下。

● 准备75%的医用酒精一瓶、消毒纱布若干、备用塑料盒子一个。

● 将体温计从盛放的盒子中取出，放到水池旁安全处。

● 用清水按照“盒子内底、盒子内侧、盒子外侧、盒子外底”的顺序分别冲洗两个盒子（盛放盒与备用盒）。

● 将一个盒子中的水甩干，放入体温计，倒入浓度为75%的酒精溶液，浸泡消毒5分钟。

● 浸泡过程中，用纱布蘸取酒精擦拭另一个盒子，晾干备用。

● 将盒子中消毒体温计的酒精溶液倒掉，然后倒入冷开水，冲洗两遍体温计。

● 将体温计从盒子中一支一支取出，用消毒纱布擦干后，放入另一个盒子中。

● 用纱布蘸取酒精擦拭空的盒子，晾干备用。

保育问答

问题:

测量体温时，

体温计内的水银有毒，若不慎打碎，水银会掉落出来，教师一定要看好幼儿，嘱咐幼儿千万不要去触摸。

不慎将体温计损坏了怎么办?	同时，马上关掉室内所有的加热装置，打开窗户通风，尽快把水银、碎玻璃收集起来。收集水银时，教师要戴上口罩、手套，用湿润的小棉棒或胶带纸将洒落在地面、桌椅上的水银收集起来，放进可以封口的小瓶中，交保健人员专门处理。对于无法完全收集起来的碎水银，可用硫磺粉末洒在水银洒落处（硫磺粉末一般药房有售），使水银与硫磺反应，生成难以挥发的硫化汞。

教师加油站

水银的危害

调查资料显示，多数人对水银危害的重视程度不高，很少有人能正确处理体温计破碎后外溢的水银。中美曾合作开展医疗环境中含汞产品与废物的研究，结果显示：一支水银体温计被打碎后，如果外泄的汞全部蒸发，可使一间密闭的15平方米大、3米高的房间空气汞浓度达到22.2毫克／立方米，远远高于国家规定的最大容许浓度0.02毫克／立方米。

汞的挥发能力特别强，但不是瞬间作用，会经历一个缓慢的过程，逐渐蒸发到空气中。如果通风条件好，当通风排毒量大于挥发量时，就不会达到中毒的浓度。因此，一定要提高安全意识，注意收集散落的汞，收集完毕后保存好送到幼儿园保健室，保健室收集到一定数量后交给环保部门。切不可扔到垃圾箱里或倒入下水道，以免污染土地、地下水，破坏生态环境。另外，一定要开窗通风，加快汞的蒸发。

2. 电子测温枪测量法

（1）测量法

● 测量前，确保幼儿额头没有被头发、汗水、化妆品或帽子等覆盖。

● 将测温枪对准幼儿前额或耳后，距离5~15厘米，按下测量开关，记录显示温度。

（2）注意事项

● 测量前，按照说明书先对测温枪模式进行设定以确保测量数据的准确性。

● 清洁时，不要使用有腐蚀性的清洁剂，切勿将测温枪浸入水中。

（3）电子测温枪的清洁与消毒

电子测温枪应每周清洁、消毒一次，按照“清水、75%的酒精溶液、清水”的顺序擦拭测温枪整个表面。

二、止鼻血

鼻出血，幼儿十分常见，最常见的病因是鼻部受到撞击、过敏原或其他因素造成的鼻黏膜的炎症反应、黏膜层的破损或吸入过多的干燥空气等。许多鼻出血是在没有任何明显原因的情况下发生的。

幼儿鼻出血时，一忌仰头，二忌捏鼻，这两种方式都会使流出来的血液反流入喉，形成反呛，有的甚至造成窒息。遇到鼻出血，首先要安定幼儿的情绪，安慰幼儿不要紧张、不要哭闹，提醒幼儿张口呼吸，并立即帮助幼儿采取以下方法进行止血。

1. 指压止血法

让幼儿保持正常直立或取坐位，身子和头要稍微前倾，用手指压住贴鼻骨的边缘，向鼻中隔方向压迫3~5分钟，哪边鼻腔出血就压哪边，并保持另一边鼻腔通畅。中间不要放松压力来查看流血是否停止，同时可以用湿毛巾冷敷前额、鼻部。

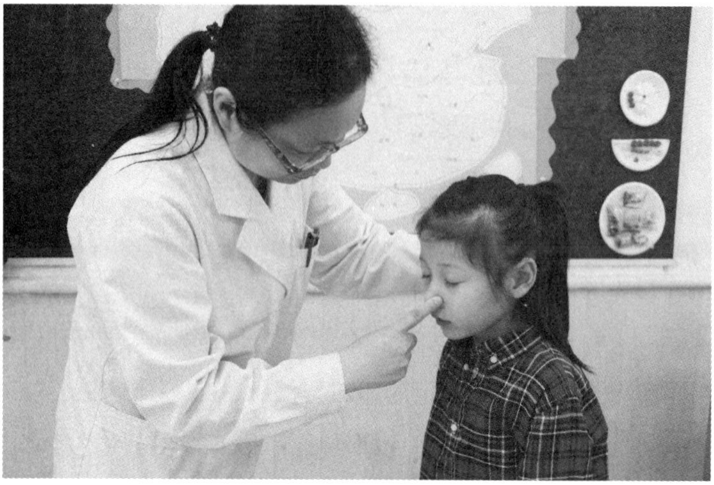

图13-1　指压止血法

2. 压迫填塞法

如果出血量大，或用上述方法不能止住出血时，可采用压迫填塞法。具体方法是：用脱脂棉卷成如鼻孔粗细的条状，向鼻腔充填。要填塞紧点才能止血。

鼻血止住后，让幼儿保持安静，不要做剧烈的运动，更不要抠挖、摩擦鼻子，以免再次引发流血。

若经上述处理，鼻出血仍不止，应立即去医院处理。若从鼻孔流出的血已不多，但幼儿有频繁的吞咽动作，一定要让幼儿把“口水”吐出来。若吐出的为鲜血，说明仍在出血，要送医院处理。这是因为鼻后部出血很难用一般的止血方法止住，若大量出血，十分危险。

保育问答

问题一:

鼻子反复出血怎么办?

幼儿鼻出血通常是由于鼻中隔前端血管丛出血，这丛血管位于鼻前庭后，靠鼻子的前面，出血的特点是量中等，一般能自行止住。幼儿鼻出血的原因主要有五个方面：一是幼儿喜欢挖鼻孔造成的损伤；二是幼儿的黏膜比较薄，受刺激血管容易裸露；三是幼儿普遍不喜欢吃蔬菜，造成体内维生素C和维生素K缺乏，局部血管脆性增加，也容易出血；四是发热高烧后由于凝血功能障碍，鼻子易出血，一般恢复后鼻出血也自然停止；五是全身性疾病，如血友病、出血性紫癜、贫血、维生素C（K）缺乏症等均可引起鼻出血，这些病往往以鼻出血和牙龈出血为首发症状，如果怀疑幼儿患病，可委婉提醒家长带幼儿到医院进一步检查。

问题二:

鼻出血可以预防吗?

鼻出血应以预防为主。首先应帮助幼儿纠正挖鼻的不良习惯，积极预防鼻炎、鼻窦炎等疾病。平时鼻腔黏膜发干或气候干燥季节，可在鼻腔内滴一些油剂或涂些软膏之类的药物，也可以用干净的棉团蘸水擦拭鼻腔，使鼻腔保持润滑和保护鼻黏膜，减少出血机会。如果幼儿因吃花生和巧克力之类的食物过多引起鼻出血，就应限制幼儿吃这类食品，而是应当引导幼儿多吃蔬菜和水果，并且要注意及时补充身体内的水分，适量服用维生素，还要切忌给幼儿吃煎炸、油腻的食物。同时，要教育幼儿不要把异物放在鼻腔中，以免引发危险、以及引发鼻出血和鼻腔炎症。

教师加油站

处理鼻出血时常犯的错误

幼儿鼻出血，是生活中再常见不过的现象。当看到血从幼儿鼻孔中流出后，有的年轻教师会惊慌失措地喊：“快，快，把头仰起来！赶紧用纸塞！”殊不知，这时已经犯了三个错误。

错误一：赶紧抬头。大部分幼儿出血都发生在鼻前部。如果抬头的话，血液会倒流到鼻腔后方，引起气管阻塞，导致呼吸困难，甚至危及生命。如果把血液咽下去还会引起胃部不适或疼痛，并使医生无法估计出血量，不利于治疗。

错误二：惊慌失措。惊慌失措会更加增添幼儿的恐惧心理。正确的方法应当是细心安抚幼儿，消除幼儿恐慌心理。可让幼儿站立或取坐位，放轻松，低下头（千万不要躺平或头部后仰），将棉团轻塞入流血的鼻孔，以手指压鼻翼5分钟，大部分出血都可以控制。如果实在止不住，就一定要去医院。

错误三：幼儿鼻出血随便用纸塞。鼻出血忌用不干净的纸卷乱塞。这种做法不但起不到止血作用，不干净的纸卷及棉花反而会引起炎症。

三、指导幼儿擤鼻涕

流鼻涕是幼儿常会遇到的问题，但是他们往往没有掌握正确的擤鼻涕的方法，因此，教师还要帮助幼儿学习和掌握擤鼻涕的方法，使他们能够独立自理和习得文明的行为礼仪。擤鼻涕的具体方法如下。

1. 准备好柔软无刺激的手帕或卫生纸。

2. 教幼儿擤鼻涕时，教师要亲自示范，然后，让幼儿跟着一起做。

3. 采用身体向前倾的姿势，有利于将上颌窦内积存的分泌物排出体外。

4. 把准备好的手帕（卫生纸）放在幼儿的鼻翼上，先用一指压住一侧鼻翼，使该侧的鼻腔阻塞，让幼儿闭上嘴，用力将另一侧鼻腔内鼻涕擤出，然后用拇指、食指从鼻孔下方的两侧经中间对齐，将鼻涕擦净。

5. 用同样的方法擤另一侧鼻孔的鼻涕。

6. 擦完鼻子的纸，扔到垃圾桶；手帕要及时清洗，必要时进行消毒。

保育问答

问题：

不正确擤鼻涕会造成什么危害？

擤鼻涕的方式不正确会使鼻涕流到中耳去，使中耳发炎甚至穿孔。由于幼儿的鼻窦正在发育，耳咽管仍然宽短而水平，鼻涕容易进入鼻窦和中耳，引起这些部位的炎症。擤鼻涕时的压力以不使耳朵内突然发响和突然感觉发堵为原则。

四、指导幼儿打喷嚏

打喷嚏也是幼儿日常生活中常遇到的现象，教师要帮助幼儿学习和掌握打喷嚏的正确方法。正确打喷嚏的方法为：用手帕、纸巾遮挡口鼻打喷嚏，如果一时找不到遮挡物，也可以用手遮挡或挽起手对着胳臂用衣服袖子代替，之后将手和衣服清洗干净。如果用手遮挡后，手不要去摸其他地方，需要立即洗手。教师还要提醒幼儿千万不能面向别人打喷嚏，并让幼儿意识到这是非常不文明、不礼貌的行为。

保育问答

问题：

打喷嚏会造成什么危害？

当鼻腔黏膜受到异物或异味刺激时，通过神经反射，会先深吸一口气，然后产生一种急速有力的呼吸把气体喷射出来，这就是喷嚏。打喷嚏能传播病菌。当患感冒、腮腺炎等传染病时，病菌常借助喷嚏飞沫传播。

鼻腔是细菌混杂居住的大本营。据研究发现，一个喷嚏里大约含有30万个细菌。随喷嚏喷出的飞沫还可以悬浮在空气中达数天之久，到处漂移，传播疾病。因此，教给幼儿正确打喷嚏的方法非常重要。

五、给药

幼儿经常会带药到幼儿园服用。给药是幼儿教师必须掌握的基本护理技能。

（一）常用给药途径

给药途径指药物和人体接触作用的途径。幼儿园的给药途径通常有口服给药和局部给药两种。其中，口服给药是最常用的给药方法，指药物通过口腔服入经胃肠道黏膜吸收发挥治疗作用。口服药通常有水剂、片剂、胶囊、颗粒冲剂等。局部给药包含皮肤给药，例如局部止痛、止痒膏剂；眼部给药，例如眼药水、眼药膏；鼻腔给药，例如鼻塞药；耳道给药，例如中耳炎药等。

（二）给药方法

给药途径不同，操作方法也不同。不管是哪种途径的给药，给药前，教师都应洗干净双手，仔细核对由家长注明并有家长签字的给药信息，包括班级、幼儿姓名、药物名称、药物性质、使用目的、准确剂量、给药途径、用药时间、服用后注意事项等信息。如果药品标签已脱落或字迹不清楚，切忌不可盲目给药，谨防误用或用药过量对幼儿造成伤害。

1. 口服给药

（1）水剂药

给水剂前，备好半杯温开水，先将药液摇匀（如果药液太凉要先用手焐一下）。一手持量杯，拇指指在所需的刻度上，与眼睛同一水平，一手持药瓶，瓶签朝上，缓缓倒出所需药量，倒完后用干净湿纱布擦净瓶口，将药瓶放回原位。幼儿采取坐位或半卧位，将药服下并喝几口温开水，之后将量杯清洗干净，备用。

（2）片剂药

小粒药物可直接口服，大粒药物需要分成2~3份后口服。喂药时，幼儿取坐位或半卧位，先准备好温开水，嘱咐幼儿张嘴，头稍后仰，把药放在舌头大约2/3处的部位，喝一口温开水送下。服药后，如果幼儿出现恶心、呕吐，应轻拍其后背或安抚以分散其注意力，并且密切关注有无不良反应。

（3）胶囊药

取100毫升左右温度适宜的白水，取站位或坐位，让幼儿先喝一口水润润喉咙和食管，然后把胶囊含入口中，再喝一口水，将头向后略仰，将胶囊与水一同咽下，接着将剩余的水喝完，确保将胶囊冲进胃内。

（4）颗粒冲剂

先准备好一杯清水，另外准备一个冲调容器，然后根据药品使用说明用适量的开水或温水冲调，搅拌至颗粒基本溶解，让幼儿服用。服用完毕后，让幼儿喝几口清水，之后将冲调容器清洗干净，备用。

保育小窍门

指导幼儿服药的小细节

- 服药前，如果幼儿哭着不愿意服药，这时教师可以抱抱、亲亲，进一步消除幼儿的恐惧感。对于哭闹或不愿吃药的幼儿，不要强行灌药，以免呛咳。
- 服药时，应鼓励年龄大的幼儿自己吃，甜药先吃，苦药后吃。教师必须看着幼儿把药吃下去再离开。
- 如果同时给几名幼儿服药，应为一名幼儿服完药后，将药放回原来固定的位置，再为另一名幼儿服药，以防拿错。
- 幼儿服药后，教师要仔细观察一段时间，如服后即吐应补服。
- 易挥发的药应及时盖好盖子，不要同时打开几个药瓶的盖子，以免盖错，造成漏服或误服。
- 服药应严格按要求控制药量和用药时间。班级喂药最好使用药箱和一次性小药杯，防止药品污染。
- 每天必须与家长和其他教师进行交接并且做好记录。

2. 局部给药

（1）耳的给药

- 充分摇晃药液。如果是冬季，要注意药液温度不宜过凉，如药液温度过凉时，可用手握住装有药液的药瓶，将其焐热，以免刺激幼儿出现眩晕、恶心、呕吐等不良反应。

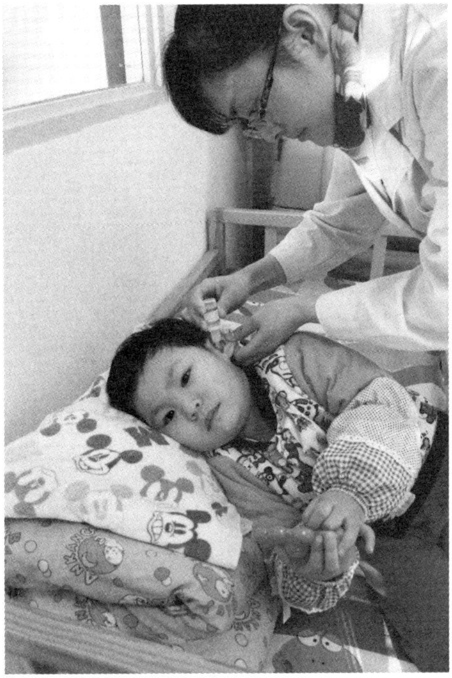

图13-2 耳的给药

- 让幼儿侧卧，病耳朝上，用棉签轻轻擦去幼儿外耳道内的脓性分泌物。
- 一只手朝后上方牵拉幼儿耳廓，另一只手将药液滴入幼儿耳孔中央。
- 轻压耳孔前的小突起，使药液进入耳道。让幼儿保持侧卧位5~10分钟。如有必要，可用消毒棉球堵塞耳道口。

（2）鼻的给药

- 用蘸有清水的棉棒顺时针在幼儿的鼻孔内轻轻转动，清除幼儿鼻腔内的分泌物、鼻痂，注意动作要轻柔，且不要太深，以免损伤幼儿娇嫩的鼻腔黏膜。
- 让幼儿平卧，肩下垫枕头，头往后仰；或者让幼儿坐在椅子上，背靠椅背，头尽量往后仰，以使药水不流到幼儿喉咙里去。对于拒不合作的幼儿，可趁其熟睡后滴药。

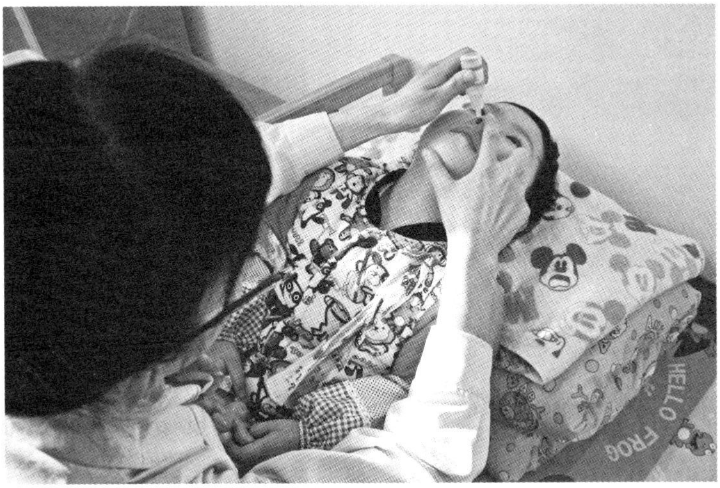

图13-3 鼻的给药

• 按照要求的用药量滴药，可分多次滴完。滴药前，用滴管从药瓶中取出少许药液，注意一次不要取太多，一般为滴管容量的一半即可。

• 滴药时，教师一只手的手指轻轻推起幼儿鼻尖，使鼻腔充分暴露；另一只手持药对准幼儿鼻孔，在距离鼻孔1~2厘米处沿着鼻腔壁缓缓滴入2~3滴药液。注意不要滴入太多，以免引起呛咳。

• 用指尖轻轻压住幼儿鼻翼，使药液与幼儿鼻黏膜充分接触。

• 用消毒棉球擦干净流出的药液，让幼儿静坐或静卧2~3分钟，不要立即抬头或站立。

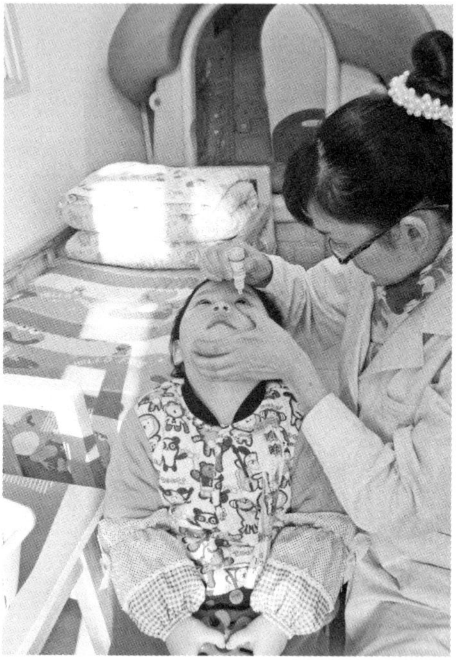

图13-4 眼的给药

（3）眼的给药

① 滴眼药水

• 准备好药水，注意药的温度，如果药从冰箱里取出，应在常温下搁置一会儿再用，防止冷刺激。

• 有分泌物时，要先用消毒棉签将分泌物清除掉，以免影响药效。

• 让幼儿坐着，头向后稍仰或仰卧，头部倾斜使患病眼睛的位置低于健康眼睛的位置，以免药液从患病眼睛流入健康眼睛。

• 先将药瓶盖拧开，瓶盖面朝上，避免污染。倾斜药瓶，轻轻挤压，将第一滴眼药水弃掉（每次滴药第一滴都要弃掉）。

• 一只手轻轻向下拉开幼儿患病眼睛的下眼睑，叮嘱幼儿眼睛向上看。眼药水瓶口距眼球应保持3厘米左右的安全距离。避免对眼睛造成伤害。

• 另一只手持眼药水瓶将药水滴在眼球与下眼睑之间，不要直接滴在黑眼球上。每次1~2滴。

• 滴完后，用拇指、食指轻轻提起幼儿上眼睑，让幼儿轻轻转动眼球，以使药水均匀覆盖。

• 让幼儿闭上眼睛，教师用手轻压幼儿眼角内侧泪囊口处2~3分钟，防止过量药液进入鼻腔，然后嘱咐幼儿闭眼1~2分钟即可。

② 涂眼药膏

• 眼药膏宜在睡前涂用，一般与眼药水交替使用。

• 首先洗净双手，以免经手指接触感染。

• 让幼儿坐着，头向后稍仰或仰卧，眼睛向上看，教师用食指和拇指分开幼儿的眼皮。

• 挤出少量（一般为绿豆粒大小）眼药膏放入幼儿下眼皮内结膜囊内，并注意不要让药膏瓶口接触到眼睛或睫毛。

• 叮嘱幼儿闭上眼睛，并用棉球或手指按摩幼儿眼球，使药膏均匀分布。

（4）皮肤给药

• 用温水洗干净幼儿患处皮肤。

• 用棉球或纱布蘸适量药水或药膏敷到幼儿患处，涂抹均匀。幼儿皮肤比较娇嫩，涂药时要注意控制力度，以免对幼儿皮肤造成损伤。

3. 给药的注意事项

（1）给药应做到“三查七对一注意”。

• 三查：拿药前查、倒药时查、放药时查。检查的内容为：查药品的有效期；查药品有无变质、浑浊、破损；查药品标签是否清晰，瓶盖有无松动。

• 七对：核对班级、姓名、药名、剂量、浓度、用法、给药时间。

• 一注意：注意幼儿用药后反应。

（2）给药前，教师一定要将手洗干净，避免造成污染。

（3）要按照使用说明给药，注意用药剂量和时间间隔。

（4）口服水剂、耳鼻眼局部滴剂不宜太凉，以免刺激幼儿引起不适。

（5）滴用药水的瓶口、滴管口不要碰到幼儿的眼、鼻、耳，以免伤害到幼儿或污染药液，影响疗效。

（6）标签脱落或字迹不清楚的药品不要使用；出现变色、混浊或破损的药品也不得使用。

（7）“幼儿带药记录表”必须有家长签字。

（8）不接受家长带的保健药及自煎汤药。

保育问答

问题一：

幼儿不愿意服药，怎么办？

如果幼儿不愿意服药，不能在其哭闹或挣扎时捏着鼻子、掰开嘴强灌，以免好不容易把药灌下去，又在哭闹中被吐出来，幼儿受罪。另外，如果灌不好还会出现危险，使药物呛进气管，造成窒息，严重的还会致死。

应该根据幼儿年龄与药物本身的特点，采取多种措施让幼儿自愿服药或让服药变得有意思，消除幼儿对服药的恐惧。

对大点的幼儿，可以耐心说服，如讲一些动物宝宝生病后吃药就痊愈的故事，让幼儿从心理上接受服药。或者让幼儿自己吃药，把放好药的杯子交给幼儿，让幼儿觉得服药可以由自己来控制，从而使服药变得不那么恐怖。

对于年龄小的幼儿或说服等招数不见效的较大幼儿，可以通过以下三种方式让幼儿把药服下去。

1. 把药藏起来或者改变药的外形。例如，把片剂碾碎裹在幼儿爱吃的食物中（肠溶片、控释片、薄膜衣片除外），把油类药物滴在幼儿爱吃的饼干上，让幼儿不知不觉地吃进去。采用这种方法时，应注意药的服用要求，不适宜与食物混吃的药品要换其他的给药方式。如果药品可以与食物混吃，那么要注意不要混在过多的食物中，以免幼儿吃不完食物，无法吸收所有的药物。如果幼儿因不喜欢药的外形而排斥服药，可以改变药的外形，例如通过加食用色素或有颜色的果酱等，把白色的药变成可爱的红色、绿色等，让幼儿欣然接受。

2. 加糖。这个方法的使用由来已久，而且颇为见效。对于特别苦的药，如黄连素等，可先在小勺里放点糖，将药倒在糖上，再放点糖盖上药，同时准备好糖水，将药倒入幼儿口内后立即给幼儿喝糖水。也可以把药混在其他带甜味的食品或饮料中，以掩盖药的苦味。需要注意的是，如果加糖或与其他甜性食物同食会影响到药品的疗效，则要想办法采取其他的方式。

3. 避开味蕾。一般来说，对苦涩味道敏感的味蕾位于舌头后部，在给幼儿喂药时最好避开这个位置。例如，在给幼儿吃液体药时，可以把药液滴在幼儿口腔的两腮处，这样幼儿不会觉得药有多苦，而且也不太容易吐出来。

问题二：幼儿误服了药，怎么办？

幼儿误服药多因药品保管不善或给幼儿服药时核对不仔细造成。

当幼儿误服药物后，首先应尽快弄清误服药物的种类、服药时间和误服的剂量，及时地掌握情况，为下一步制定治疗方案做好准备。

如果误服的是一般性药物，例如毒副作用很小的普通中成药或维生素等，可让幼儿多饮白开水，使药物稀释并及时从尿中排出。

如果误服的是副作用强、剂量大且有毒性的药物，如避孕药、安眠药等，则应立即送往医院治疗，切忌延误治疗时间。在此期间，注意不要喝大量的水。

如果误服的是腐蚀性较强的药物，如强碱、强酸性药物，在将幼儿送往医院的这段时间内，应由有医疗常识的人采取相应的急救措施。例如误服强碱药物，应立即服用食醋、柠檬汁、橘汁等进行中和；误服强酸药物，应服用肥皂水、生蛋清等，保护胃黏膜；误服碘酒等，则应饮用米汤、面汤等含淀粉的液体。

最后值得注意的是，在送往医院急救时，应将错吃的药物或药瓶带上，以便让医生了解情况，及时正确采取解毒措施。

六、冷敷

（一）冷敷的目的

冷敷是幼儿园经常使用的救治和处理办法。冷敷可使局部毛细血管收缩，减轻局部血管充血，具有减轻肿胀、止血、止痛、解痉、皮肤散热、降低体温、防止继发感染等作用。

（二）冷敷的适应症

一般适用于高热、局部炎症、鼻出血、扭伤及轻微挤压伤早期等，具体作用如下。

1. 减轻局部出血

冷敷可使局部血管收缩，血流减慢，增加血液的黏稠度，有利于血液凝固而止血，适用于鼻出血、局部软组织损伤的初起等症状。

2. 减轻组织的肿胀和疼痛

冷敷可降低神经末梢的敏感性而减轻疼痛，同时冷敷可使血管收缩，血管壁的通透性降低，渗出减少，减轻由组织肿胀压迫神经末梢引起的疼痛；适用于急性损伤初期、牙痛、烫伤等症状。

3. 控制炎症扩散

冷敷可使局部血流减少，降低细胞的新陈代谢和细菌的活力，控制炎症的扩散，适用于炎症早期。

4. 降低体温

冷敷直接与皮肤接触，通过传导与蒸发的物理作用，使体温降低，适用于高热、中暑等症状。

（三）冷敷的禁忌

冷敷法并不是所有患儿都可以使用，以下情况不能使用。

1. 血液循环障碍者不宜冷敷。

2. 慢性炎症或深部化脓病灶不宜冷敷，以免使局部血流减少，影响炎症的治疗。

3. 患麻疹、风湿性关节炎的幼儿和体质很差的幼儿不宜冷敷。

4. 对冷过敏者禁用冷敷。

5. 组织损伤、破裂，应绝对禁止冷敷。

6. 枕后、耳廓、阴囊、心前区、腹部、足底感觉异常，以及昏迷、体弱者禁用。

（四）常用的冷敷法

冷敷法分为局部冷敷法与全身冷疗法。局部冷敷法有冰袋、冷湿敷等，全身冷疗法有温水擦浴、酒精擦浴等。全身冷疗法幼儿园一般不用，以下只介绍局部冷敷法。

1. 冰袋冷敷法

（1）从冰箱中取出冰块，将冰块砸成核桃大小（冰块也可用自来水、井水代替）。

（2）把砸好的冰块放入盆中，用凉水冲溶冰块的棱角，以免损坏冰袋，或使幼儿感到不适。

（3）往冰袋中装入半袋左右的冰块，加入适量冷水。

（4）将冰袋平放于桌上，一手提高冰袋口，另一手轻压袋身，排出袋内的空气，然后将盖拧紧，擦干袋外的水分，倒提，检查无漏水后装入帆布袋中。

（5）协助幼儿采取合适体位，使幼儿既能暴露需要冷敷的部位，又能舒适地保持一段时间。

（6）用于治疗幼儿的扭伤、挤压伤、局部炎症时，只需将冰袋放于局部。用于给高热幼儿降温时，应将准备好的冰袋放在幼儿前额、颈部、腋窝、大腿根等大血管处。

（7）冷敷时，注意观察幼儿局部皮肤的颜色有无改变，局部有无麻木感，如有，应暂停冷敷。

（8）冷敷时间一般不超过30分钟。如为降温，冷敷后30分钟测体温，体温降至38.5℃以下时，可取走冰袋。

2. 冷湿敷法

（1）准备两条干净的毛巾和一盆洁净的冰水（在凉水中加一些冰块即可），没有冰块时，可用凉水代替冰水。

（2）把两条毛巾折叠成损伤部位大小，放入冰水中浸湿。

（3）取出一条毛巾拧成半干（以不滴水为宜），敷于损伤部位，3~5分钟后，换另一条毛巾；如此反复，两条毛巾交替使用，一般连续湿敷15~20分钟即可。

（4）敷完后，擦干冷敷部位皮肤。

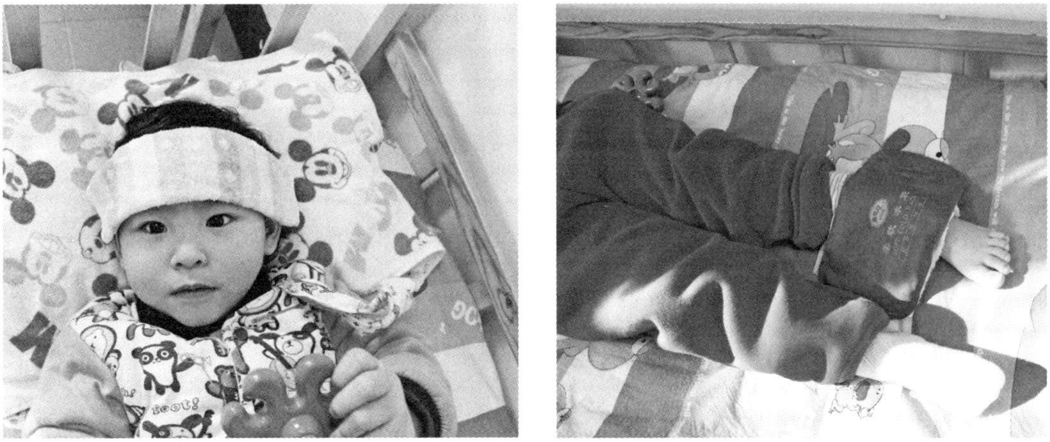

图13-5 冷湿敷法

复习与思考

1. 小胖流鼻血了，他惊慌失措地来找教师，还用手使劲捏着鼻子。小胖的这种做法对吗？作为教师的你应该采取哪些正确的做法？

2. 幼儿不正确擤鼻涕会造成哪些危害？应该怎样指导幼儿擤鼻涕？

3. 冷敷适用于哪些情况？有哪些常用的冷敷方法？

第十四章
幼儿常见疾病与症状的处理

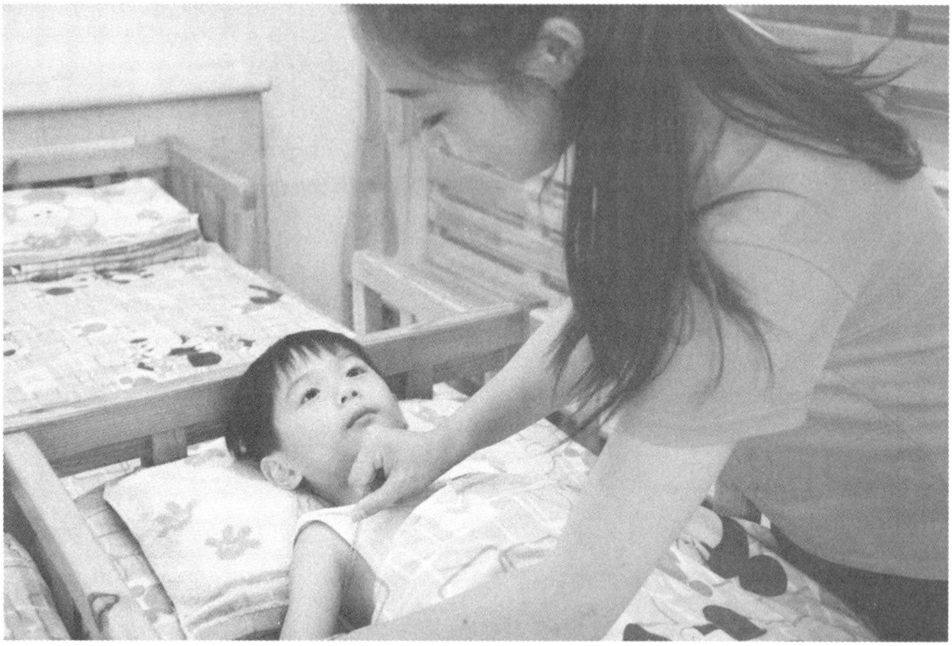

学习目标

1. 掌握幼儿常见疾病与症状的不同表现与处理措施。
2. 掌握幼儿常见疾病与症状的预防措施。

幼儿由于语言表达能力有限，往往不能确切地说出自己身体的不适，如果教师能够了解幼儿常见疾病的症状和预防知识，就可以尽早、有效地诊断和治疗疾病，将疾病对幼儿的危害降至最低。因此，简单了解幼儿常见疾病与症状的发病原因、主要表现以及预防和护理的相关知识，是每位幼儿教师必须具备的保育知识与技能。

一、发热

发热是幼儿最常见的症状，常见于各种全身性和局部性感染，以及许多非感染性疾病。当机体在致热源的作用下，或其他各种原因引起体温调节中枢的功能障碍时，体温超出正常范围，且一日内体温波动超过1℃以上，即称为发热。幼儿正常体温的口腔温度一般为36.2~37.4℃，腋下温度一般为36~37℃。发热根据病因可分为非病理性发热和病理性发热。

1. 非病理性发热

幼儿中枢神经系统调节功能较差。饮食、剧烈活动、哭闹、穿衣过厚、室温过高、情绪激动等都可能引起幼儿体温暂时性升高，但解除导致幼儿体温升高的因素后，短时间即可恢复正常。

2. 病理性发热

病理性发热是人体对疾病的反射性反应，也是人体对感染的防御性反应，能刺激机体抵抗病毒的侵袭，促进康复，常见于各种全身性或局部性感染，以及许多非感染性疾病。发热有利也有害，如果体温过高（一般为超过39℃），可能引起幼儿惊厥、昏迷，甚至导致严重的后遗症。因此，要及时进行降温处理。

（一）发热的伴随症状

发热常伴随一些其他症状，伴随症状不同则见于不同的疾病，有提示诊断的意义。

1. 发热伴打喷嚏、鼻塞、流涕、咽痛等呼吸道症状，应疑似感冒。

2. 发热伴随咳嗽、呼吸急促或气喘，常见于支气管炎或肺炎。

3. 发热伴大便次数增多，或呈稀水样，量多有时带点泡沫，一般为淡黄色，大多为病毒引起的腹泻；如大便次数多呈稀糊状夹有黏液，甚至带少量脓血，很可能是菌痢。

4. 发热伴随皮疹，常见于猩红热、风疹、水痘、手足口等。

5. 发热伴随咽痛、吞咽困难，见于咽炎、扁桃体炎。

6. 发热伴随耳垂下方肿大、疼痛，见于流行性腮腺炎。

7. 发热伴随腹痛、腹泻，常见于胃肠炎。

（二）幼儿发热的处理措施

发热是机体的一种防御反应。发热使吞嗜细胞活性增强，抗体生成增多，白细胞及肝脏的解毒功能增强，抵御疾病的侵袭，促进机体康复。因此，如果发热温度不是太高，一般情况尚好，不应盲目或急于采取降温治疗。但是，发热过久或高热不退，对机体会有一定危害性，应查明原因，并采取必要的处理措施。幼儿发热时常见的处理措施如下。

1. 发热初期，如果幼儿四肢冰凉且打寒战，需要适当保暖。

2. 发热时，营养物质和水分消耗多，应注意及时补充有营养、易消化的流食并多饮水，以助发汗并防脱水。

3. 发热时，口腔黏膜干燥，适宜细菌生长繁殖，会引起口腔炎症，要注意口腔卫生，饭后用盐水漱口或刷牙。

4. 幼儿发热时，教师要保持室内空气流通，温度适宜。在冬天，应避免幼儿吹对流风。在夏天，可用空调来调节室内温度，但温度不宜过低，保持在26~28℃比较适宜，以免骤冷，引起幼儿皮肤下血管收缩，不利散热。

5. 发热幼儿在退热过程中，出汗比较多，要用热毛巾擦去胸、背、腋下及颜面的汗，及时更换内衣；避免给幼儿穿戴或盖得过厚。

6. 如果幼儿体温在38.5℃以下，尽可能采取物理降温法，如用冷毛巾敷头部、使用降温贴贴在额头降温等。

7. 以前曾有高热惊厥史的幼儿，应对其密切观察并及时就诊。

8. 密切观察幼儿病情的变化，至少每四小时测量一次体温。如果发热伴有精神萎靡、表情淡漠、眼神发呆、喷射性呕吐、面色发紫（或苍白）、腹痛、腹泻、皮疹等情况，必须及时送医院诊治。

二、咳嗽

咳嗽是呼吸道疾病的常见症状。咳嗽是人体的一种保护性呼吸反射动作。通过咳嗽反射能有效清除呼吸道内的分泌物或进入呼吸道的异物，但长期、剧烈、频繁的咳嗽会给身体带来危害，要及时治疗。

（一）咳嗽的伴随症状

咳嗽可伴随一些其他症状，不同伴随症状见于不同疾病，有提示诊断的意义。常见伴随症状如下。

1. “空、空”如狗叫般的咳嗽声伴呼吸困难，见于喉炎。

2. 咳嗽伴打喷嚏、鼻塞、流涕等症状，见于感冒。

3. 咳嗽伴有胸痛，常见于肺炎、胸膜炎等。

4. 咳嗽伴有哮鸣音、呼气性呼吸困难、烦躁不安等症状，见于哮喘。

5. 咳嗽伴有呼吸困难，见于喉水肿、支气管哮喘及支气管异物等。

保育问答

问题：

如何区分幼儿咳嗽的类型？

由于幼儿呼吸系统的解剖特点和免疫特点，极易发生咳嗽，但是，幼儿咳嗽种类繁多，教师可根据咳嗽的不同类型做出判断，初步了解什么情况时该担心，什么情况时则无需挂念。

1. 咽喉炎引起的咳嗽：声音嘶哑，有浓痰，咳出的少，多数被咽下；较大的幼儿会说咽喉疼痛，不会表述的幼儿表现为烦躁，咳嗽时发出“空、空”的声音。

2. 过敏性咳嗽：持续或反复发作性的剧烈咳嗽，多呈阵发性发作，晨起较为明显，活动或哭闹时加重，遇到冷空气时爱打喷嚏、咳嗽，但痰很少；夜间咳嗽比白天严重，咳嗽时间长久，通常会持续3个月，花粉季节较多。

3. 吸入异物引发咳嗽：如果幼儿先前并没有咳嗽、流涕、打喷嚏或发烧等症状，突然出现剧烈呛咳，同时出现呼吸困难、脸色不好，有可能是幼儿在成人不注意时，将某种异物放进了嘴里，不小心误入咽喉或气管。

4. 上呼吸道感染引发的咳嗽：多为一阵刺激性咳嗽，好似咽喉瘙痒，无痰；不分白天、黑夜，不伴随气喘或急促的呼吸；幼儿嗜睡，流鼻涕，有时可伴随发热，体温不超过38℃；食欲不振，出汗退热后，症状消失，咳嗽仍会持续3~5日。

5. 支气管炎引发的咳嗽：支气管炎通常在感冒后接

着发生，由细菌感染导致；咳嗽有痰、有时剧烈咳嗽，一般在夜间咳嗽次数较多并发出咳喘声；咳嗽最厉害的时间是幼儿入睡后的两个小时，或凌晨6点左右。

（二）幼儿咳嗽的处理措施

1. 为幼儿创造空气流通，温度、湿度适宜而且无烟的环境，同时避免幼儿着凉。

2. 当幼儿咳嗽有痰时，鼓励或设法帮助幼儿把痰咳出。教师可以让幼儿横向俯卧在自己大腿上，然后有节奏地轻拍幼儿背部，注意不要太用力。

3. 如果幼儿在睡眠中咳嗽，教师可将其头部抬高或让幼儿坐起来，自下而上轻轻拍击其背部，这样有助于幼儿将痰咳出。睡眠过程中，教师要不断调整幼儿睡姿，一般以侧卧为宜。

4. 如果幼儿干咳，教师要多让幼儿喝水，以缓解幼儿喉部不适。

5. 幼儿咳嗽时，不要让幼儿食用辛辣甘甜的食品，应食用口味清淡的饮食。

6. 多喝温热的饮品可使幼儿黏痰变得稀薄，缓解呼吸道黏膜的紧张状态，促进痰液咳出。

7. 如果发现幼儿出现以下咳嗽，应及时到医院救治。

（1）幼儿突然咳得很厉害，并且出现呼吸困难，可能有异物堵住了气管。这类情况非常危险，应及时去医院。

（2）发高烧、咳嗽、喘鸣并伴呼吸困难，需立即送医院紧急处理。

（3）幼儿脸色不好，发紫，或者呼吸增快，吸气时胸壁下部凹陷，应及时送医院。

（三）预防

绝大部分咳嗽都是由呼吸道疾病引起的，因此，预防呼吸道疾病是防止咳嗽的关键。具体措施如下。

1. 加强锻炼，多进行户外活动，提高机体抗病能力。

2. 根据天气变化及时增减衣服，防止感冒。

3. 避免去拥挤的公共场所，减少感染机会。

4. 注意开窗通风，保持室内空气清新。

5. 及时接种流感疫苗，减少传染病发生。

6. 注意饮食调节，达到平衡膳食。

7. 保证充足睡眠，睡眠时不要吹对流风。

三、呕吐

呕吐是幼儿不适的常见症状之一。呕吐的原因很多。吃了不合适的食物、进食过多、哭闹厉害、晕车、胃肠道感染、伤风感冒、中耳炎、脑膜炎、脑积水等都可以引起幼儿呕吐。频繁而剧烈的呕吐可引起脱水、电解质紊乱等并发症。因此，对于幼儿呕吐，要慎重对待。

（一）呕吐的伴随症状

1. 伴有发热、头痛，神经系统体征呈阳性则提示颅内感染。

2. 伴有发热、恶心伴厌食、疲乏、上腹部不适，甚至出现黄疸，见于病毒性肝炎。

3. 伴有腹痛、腹泻，见于消化道疾病、食物中毒、过敏性紫癜。

4. 伴有血便，可能是痢疾、肠套叠、坏死性肠炎。

5. 喷射性呕吐伴发热、头痛，见于脑膜炎、脑炎。

6. 伴有高热、惊厥、昏迷或休克，可考虑败血症、严重感染。

7. 伴有一侧剧烈头痛，见于周期性偏头痛。

8. 乘车船时，幼儿出现面色苍白、不愿说话、恶心、呕吐，可能是晕车、晕船。

9. 摔倒或头部外伤后发生呕吐，幼儿精神差、嗜睡、反应不佳，可能颅内损伤。

10. 呕吐物中带有血丝或胆汁，表情痛苦，哭闹不安，双腿向上屈曲，可能是胃肠道梗阻。

11. 呕吐伴头痛见于鼻窦炎、偏头痛、屈光不正。

12. 在呕吐前，觉得头晕，有天旋地转的感觉，可能是美尼尔病。

温馨提示

如果幼儿呕吐伴有发热、腹泻、剧烈腹痛等症状，或者呕吐物中有血液，或者呕吐物呈黄绿色，教师要及时带幼儿就医，以免延误病情。

（二）幼儿呕吐的处理措施

1. 如果幼儿呕吐厉害，呕吐物从鼻腔喷出，教师应立即将幼儿鼻腔中的异物清除干净，保持呼吸道畅通。若呕吐发生在幼儿直立时，教师可以先让幼儿身体前倾，让呕吐物易于流出，以免造成窒息或吸入性肺炎。

2. 消除幼儿紧张情绪。幼儿停止呕吐后，教师要让幼儿用清水漱口，清除口中难闻的味道，然后侧卧休息，并在旁边备好盛装呕吐物的容器。

3. 幼儿呕吐后，不要让其着急进食，应等症状改善，无明显恶心、呕吐情形后，再给予清淡的食物（如稀饭、面包、馒头等）。

4. 幼儿呕吐后若出现脱水症状，如呼吸和心跳加快、眼眶凹陷、乏尿、活力变差等，应尽快送医诊治。

5. 如幼儿呕吐弄脏衣物，教师要及时为其更换，并对呕吐物以及被呕吐物污染的衣服、地面等进行清洁、消毒。

（三）预防

1. 注意饮食，宜定时定量，避免暴饮暴食。

2. 对于容易呕吐的幼儿，尤其是感冒后或者咳嗽后呕吐的，应当平时加强营养和体育锻炼以提高机体免疫力。

3. 注意饮食卫生。食物一定要新鲜卫生，不要给幼儿吃过于辛辣、肥腻及冷的食物。

4. 对于晕车、晕船现象严重的幼儿，可在乘车船前半小时为其服用抗晕车药；幼儿乘车船时坐在适宜的位置，窗户打开一些，呼吸一些新鲜空气，备好呕吐使用的清洁袋，可尽量想办法让其分散注意力。

四、腹泻

腹泻是幼儿疾病常见症状之一。腹泻指排便次数明显超过平日习惯的频率，大便忽然变稀，并且便量和次数明显增多，常伴有排便感急迫、肛门不适、失禁等症状。严重腹泻可引起脱水及电解质紊乱。根据病因，腹泻可分为非感染性腹泻和感染性腹泻。

1. 非感染性腹泻

一般因喂养不当引起，如进食量过多、食物不宜消化等。另外，腹部受凉，或吃冷食过多，致肠蠕动加快，也可引起腹泻。

2. 感染性腹泻

主要由细菌或病毒等微生物的侵袭所造成，如吃了不洁食物或食具消毒不严等。

（一）腹泻的伴随症状

1. 伴有不同程度的腹痛、呕吐、发热、里急后重等症状，可能是肠炎或菌痢。

2. 伴大便带血、贫血、消瘦等，需警惕肠癌。

3. 伴发热、腹痛、呕吐等症状，常提示急性感染。

4. 伴明显消瘦可见于吸收不良。

（二）幼儿腹泻的处理措施

1. 观察幼儿精神状态。若幼儿出现精神萎靡、嗜睡、抽搐、惊厥等症状，应及时就医。

2. 观察幼儿体温。幼儿腹泻容易出现体温升高。幼儿腹泻时，如出现高烧，尤其是早于腹泻出现的高烧应特别重视，要及时就医。

3. 观察大便的性状与次数。幼儿腹泻一般常见稀便、水样便、蛋花样便、黄绿色便或便中有少量黏液。如幼儿每天腹泻不超过5次，大便量不多，无明显脱水现象，表明症状较轻，教师需继续观察。如果幼儿便中有血丝或出现血水样便、脓样便，每次便量不多，就有可能患有痢疾，应立即就医。

4. 幼儿腹泻时，教师要让幼儿多补充水分，可以给幼儿喝一些糖盐水。如果幼儿喝不进水，出现尿量少，皮肤及黏膜干燥、眼窝塌陷等脱水症状，要及时就医。

5. 一般腹泻不需禁食，但教师要保证幼儿的饮食清淡，忌食油腻、不易消化的食物。

6. 对于肠道感染性腹泻，尤其是菌痢、肠炎等，教师要做好排泄物以及被排泄物污染的衣服、便器、用具等的清洁、消毒，避免交叉感染。

7. 幼儿每次腹泻后都要将臀部洗净并擦干，也可以适当涂一些对皮肤有保护作用且没有刺激的油或油膏，如液体石蜡、鞣酸软膏等。

（三）预防

1. 提倡合理喂养。注意饮食卫生，防止病从口入。保证食品的新鲜，生熟食品分开，注意饮水、水果及食具的清洁和消毒。

2. 精心照料幼儿，根据天气变化及时增减衣服，注意腹部保暖。

3. 做好日常饮食及餐具的消毒工作，不饮用生水。生吃的瓜果蔬菜一定要清洗干净。

4. 培养幼儿良好的卫生习惯，做到饭前便后要洗手。

5. 发现腹泻患儿时，要及时隔离，对患儿接触的用品和污染区域及时消毒。

6. 不要长期滥用广谱抗生素，以免发生肠道菌群失调。

7. 加强体格锻炼，增强体质。

8. 及早治疗营养不良、佝偻病、贫血、微量元素缺乏等慢性病。

9. 避免腹部着凉。睡觉时空调温度不宜过低。

10. 接种轮状病毒疫苗。此疫苗使用方便、安全、免疫效果良好，是预防秋季腹泻的唯一有效手段。

五、腹痛

腹痛是幼儿最常见的症状之一。腹痛的原因很多，着凉、吃坏东西、急性肠胃炎、肠痉挛、阑尾炎、肠套叠等都可导致腹痛。其中，阑尾炎、肠套叠等外科急腹症非常危险，要及时治疗，否则后果严重。

（一）腹痛的伴随症状

1. 如幼儿不肯让大人轻压自己的腹部，同时出现腹泻及呕吐，可能是急性胃肠炎。

2. 腹痛持续3个小时以上，从开始的脐周痛逐渐转为腹部右下疼，可能是阑尾炎。

3. 腹痛伴呕吐、腹胀、停止排便排气，可能是肠梗阻。

4. 腹痛伴便血，急性者见于痢疾、肠套叠等；慢性者见于慢性痢疾、慢性结肠炎等。

5. 腹痛伴寒战、高热，见于右下肺炎、化脓性心包炎、急性化脓性胆管炎症。

6. 腹痛伴发热，如果先发热、后腹痛多为内科疾病，如上呼吸道感染、扁桃体炎等；反之，先腹痛、后发热多为外科疾病，如急性阑尾炎、继发性腹膜炎等。

7. 还要注意幼儿的心理问题，心理疾病如忧郁症、幼儿园恐惧症等也会产生腹痛。

（二）幼儿腹痛的处理措施

1. 当幼儿腹痛时，教师首先要耐心安慰幼儿，消除幼儿的恐惧心理。

2. 让幼儿卧床休息，取俯卧位可使腹痛缓解，双手适当压迫腹部也可缓解腹痛。

3. 观察幼儿是否有发热、腹泻、呕吐等症状，有腹泻和呕吐时，要注意观察呕吐物及排泄物的颜色。出现以下情况时应及时就诊：持续腹痛3个小时以上、腹股沟或睾丸处疼痛并肿胀、呕吐和腹泻后3个小时仍有腹痛、呕吐黄绿色物或大便出血等。

4. 病因诊断未明确前，禁止让幼儿服用止痛药，以免掩盖病情，贻误疾病的诊断和治疗。如幼儿是空腹，最好暂时不要让其进食和饮水，以便医生确诊后能作相应的处理；如果幼儿体温升高，不要任意降低体温，去医院确诊后再处理。

5. 便秘诱发肠痉挛引起的腹痛，可用开塞露等排便后使腹痛缓解。

6. 因受寒、饮食过多引起的胃肠道痉挛引发的绞痛，按揉或热敷能有效缓解胃肠痉挛，减轻疼痛。

（三）预防

1. 防止运动时腹痛的发生，应避免精神紧张，充分做好准备活动，注意循序渐进加大运动量，量力而行。剧烈运动前，既不要吃得过饱，也不要饿着肚子参加运动。一般在餐后一小时再进行运动。

2. 严防幼儿暴饮暴食，而且不得进食大量冷饮。

3. 必须注意腹部的保暖，防止腹部受凉。

4. 多食水果、蔬菜，防止便秘，养成定时排便的良好生活习惯。

5. 养成良好的卫生习惯，饭前便后洗手，不吃生冷不洁食物。

教师加油站

儿童腹痛点滴谈

一、从腹部体征判断看腹痛

教师可以适当地学习和掌握怎样检查儿童腹部的体征。一般的方法是：教师让儿童仰面躺在床上，下肢弯起来，教师一边与儿童交谈，一边用温暖的手指平贴在儿童的腹壁上，手指轻轻弯曲感觉儿童腹壁肌肉的紧张度；如果腹部柔软无抵触，则一般病变较轻或者是功能性病变，如果腹部硬或儿童不让抚摸腹部或者全腹疼痛，则大多数是器质性病变。

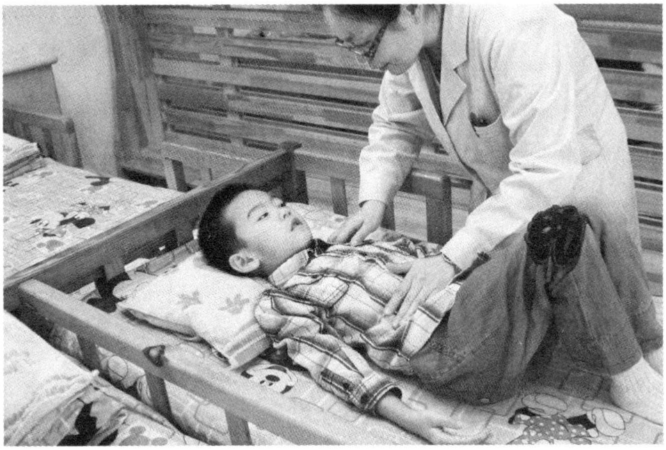

特别提示：

教师不要随便采取措施，如果儿童腹痛是器质性病变，此时如果按揉儿童肚子，或做局部热敷，就可能促使炎症化脓处破溃穿孔，形成弥漫性腹膜炎。如果儿童体内有蛔虫，按揉腹部，刺激虫体时，可使蛔虫窜上窜下地蠕动，甚至引起胆道蛔虫症；蛔虫还可能穿破儿童娇嫩的肠壁，引起弥漫性腹膜炎。盲目按揉，可能造成病情加重。鉴于儿童腹痛病因复杂，所以教师不要自己动手给儿童按揉，最好的办法是带儿童就医。

二、儿童腹痛可能是胃肠生长痛

胃肠生长痛是一种正常的生理现象，多见于3~12岁处于生长发育期的儿童。出现这种腹痛是由于儿童生长发育快，机体一时性供血不足，肠道在暂时缺血状态下，出现痉挛性收缩，从而引起疼痛；也可能是因为植物神经功能紊乱，导致肠壁神经兴奋与抑制作用不协调，肠管平滑肌强烈收缩而引起疼痛，医学上称之为“肠痉挛”。

“肠痉挛”表现为在一段时间内反复发作，每次疼痛时间较短，一般不超过10分钟，有的每天数次，有的每小时数次。疼痛部位以脐周为主，其次是上腹部。疼痛无一定规律性，疼痛程度也不一致，轻的仅为腹部不适感，重则表现为肠绞痛，可见儿童疼痛难忍，面色发青或发白，甚至恶心呕吐，还可听到“咕噜咕噜”的肠鸣音。一般情况下，疼痛可以很快缓解，缓解后儿童的精神状态、饮食玩乐恢复如常。

儿童胃肠生长痛是一种正常的生理现象，一般无需治疗。疼痛时可热敷、按摩腹部或足三里穴，这都对解除疼痛有一定帮助。此外，儿童受凉、过量食用生冷食物，也常可诱发腹痛。所以必须严格控制儿童饮食，要少食冷饮，睡觉时避免肚子受凉。另外，儿童腹痛的原因很多，因而不能将所有的腹痛都误认为是儿童胃肠生长痛。如果疼痛持续时间过长，用手按压时疼痛加剧或儿童惧怕触摸，应考虑到其他疾病的可能，要及时就诊，以免延误病情。

三、判断儿童腹痛的指标

1. 儿童进食与排泄是否和往常一样规律

如果儿童的进食和排泄与以前一样正常，就不必担心儿童肚子疼的问题了，但是如果有明显的食欲减退、拒食、大小便异常等，就应及时就医。

2. 平躺或睡觉时可否伸直双腿

可以观察儿童平躺或睡觉的姿势，如果双腿能够伸直平卧或睡得很安逸，腹部应该没有问题；但如果平卧或侧躺时，身体及腿部呈弯曲状，且想将儿童的腿拉直时，儿童执意不肯伸直，那么就可能有腹痛问题了。

3. 走路或快跑时步伐是否正常

如果出现脚步左右有异、不太想走路或不太愿意迈步快走，就可能肚子有问题。

4. 触摸肚子，看是否有异常

触摸肚子，儿童正常的反应就是肚子松软、不胀不鼓，而且一点反应都没有；如果稍微扭动肢体或肚子稍微紧缩，就需要多加注意；如果每次触摸儿童肚子，不论是整个腹部还是腹部的一点，肚子有明显的肌肉变硬，同时伴有不安或哭泣等状况，即说明确实有问题，必须就诊。

六、哮喘

哮喘是幼儿常见的变态反应性疾病，其发病率呈上升趋势，以1~6岁幼儿多见。规范治疗可使哮喘得到非常好的控制，让患者生活几乎不受疾病的影响；否则会反复发作，严重影响健康。哮喘的病因包括遗传因素和环境因素两个方面。

遗传因素在很多幼儿病史上可以体现出来，如家庭成员爷爷、奶奶或父母中有哮喘病史。

大多数哮喘患者属于过敏体质。环境中的很多因素都可诱发哮喘，如呼吸道感染、剧烈运动、烟尘、螨虫、花粉、化学气体、动物皮毛、油漆等非特异性刺激物，寒冷、空气干燥、大风等气候变化，鱼虾、鸡蛋、食品添加剂等食物，过度兴奋、过度紧张、大哭大笑等情绪变化，都易导致哮喘发作。

（一）症状

哮喘典型症状为发作性的喘息、气急、胸闷、咳嗽，常反复出现；夜间和清晨，症状容易发生或加剧。发作前，患者常有刺激性干咳、鼻痒、流涕、打喷嚏、揉眼睛等现象；发作时，患者呼气性呼吸困难，可听到喘鸣音。

（二）哮喘的处理措施

1. 安抚并鼓励幼儿不要紧张、害怕，及时缓解幼儿的恐惧心理，促使幼儿放松。给幼儿取舒适坐位或半坐位，缓解呼吸困难。

2. 为幼儿提供一个安静、舒适的环境，以利于休息，然后采取措施缓解其恐惧心理，促使幼儿放心。

3. 及时祛除致敏原，一旦脱离致敏原，即使不给任何治疗，也可缓解病情。

4. 哮喘发作时，可以用拇指与食指紧压双手合谷穴至幼儿感到酸胀为止，对平喘也有一定的效果。

5. 哮喘发作较重或呈持续状态时，通知家长的同时必须尽快送医院救治。

6. 若出现口唇周围发紫说明已缺氧，有条件的话可低流量给氧。

7. 依病情指导幼儿活动，逐渐增加活动量，尽量避免情绪激动及紧张的活动。活动前后，监测幼儿呼吸、心率情况。活动时，若气急促、心率加快，可给予持续吸氧并休息。

8. 经常指导幼儿做深而慢的呼吸运动，可强化其横膈呼吸肌。

（1）腹部呼吸运动

- 平躺，双手平放在身体两侧，膝弯曲，脚平放。
- 用鼻连续吸气，但胸部不扩张。
- 缩紧双唇，慢慢吐气直至吐完。
- 重复以上动作10次。

（2）向前弯曲运动

- 坐在椅上，背伸直，头向前下低至膝部，使腹肌收缩。
- 慢慢伸直躯干并由鼻吸气，扩张上腹部。
- 胸部保持直立不动，将气由嘴慢慢吹出。

（三）预防

1. 预防幼儿呼吸道感染，消除幼儿鼻咽、口腔病灶。如果哮喘幼儿出现感冒（如流鼻涕、咳嗽），应及早诊治。

2. 生活要有规律，保证充足睡眠，避免过度疲劳。

3. 应保持稳定的情绪，避免不良精神刺激。

4. 在饮食上，既要防止幼儿食用容易引起过敏的食物；又要保证营养充足，有利于身体的健康发育。

5. 哮喘幼儿冬季要注意保暖，平时注意根据气温的变化随时增减衣物。

6. 平日加强体育锻炼，增强体质，保证足够的户外活动时间。

7. 尽可能避免幼儿接触诱发哮喘的因素，如保持室内空气新鲜，经常打扫环境、清洗被褥，避免让“过敏儿”接触羽绒衣被、花粉、动物皮毛等。

8. 根据雾霾天气预报，选择户外活动的时间，外出时要加强防护。

七、惊厥

惊厥是幼儿常见的急症，由于多种原因使脑神经功能紊乱所致，表现为突然的全身或局部肌肉群呈强直性和痉挛性抽搐，常伴有意识障碍。幼儿惊厥发病率很高，惊厥频繁发作或持续状态可使幼儿遗留严重的后遗症，影响智力发育和健康。

惊厥的原因有很多，在没有颅脑疾病或外伤的情况下，多是因为发热。由于幼儿神经系统发育不完善，对大脑皮层的抑制作用较差，热调节功能弱，机体发热刺激大脑很容易引起强烈的兴奋与扩散，导致神经细胞异常，从而发生惊厥。

（一）症状

部分幼儿惊厥发作前有以下前兆：极度烦躁、精神紧张；神情惊恐，四肢肌张力突然增加；呼吸突然急促、暂停或不规律；体温骤升，面色剧变；瞳孔大小不等；边缘不齐。典型表现为：突然发生意识丧失，头向后仰，眼球固定上翻或斜视，口吐白沫，牙关紧闭，局部或全身肌肉呈强直性或痉挛性抽动、持续数秒至数分钟或更长，继而转入嗜睡或昏迷状态。发作停止后不久意识恢复。

（二）惊厥的处理措施

1. 一旦幼儿惊厥发作，不要慌乱，要保持镇定，应先把幼儿放到平坦、宽敞的地方，立即就地抢救，不要搬运，松解幼儿衣服领口，让幼儿去枕持平卧位，头偏向一侧。

2. 将幼儿舌轻轻向外牵拉，防止舌后坠阻塞呼吸道，及时清除呼吸道分泌物及口腔分泌物，保持呼吸道通畅。

3. 上下牙之间放置纱布包裹的压舌板（或干净软布包裹的勺子把），防止舌咬伤。

4. 对高热幼儿可用冷湿敷或者冰枕、冰袋冷敷，既可降温也可减少大脑耗氧量，保护脑细胞。

5. 注意观察瞳孔大小的变化，观察呼吸的节律、形式和深浅度，观察惊厥发作时的表现及发作持续时间。

6. 惊厥发作时，勿强行牵拉或按压幼儿肢体，以防骨折或关节脱臼，应保持室内安静，光线不宜过强，以减少不必要的刺激。要专人看护，防止跌伤等意外事故发生。

7. 控制惊厥，可用手按压幼儿人中、合谷、内关等穴位两三分钟。

8. 一般情况下，幼儿惊厥3~5分钟即能缓解，如果幼儿持续抽搐5~10分钟以上不能缓解，或短时间内反复发作，预示病情较重，必须急送医院。就医途中应将幼儿暴露在外，伸直颈部保持呼吸通畅。

（三）预防

1. 加强锻炼，增强机体免疫力。

2. 注意及时增减衣物，防止呼吸道感染。

3. 加强营养，合理膳食；荤素搭配，粗细兼吃；纠正偏食、厌食习惯，避免积食。

4. 避免到人群密集的公共场所。

八、幼儿急性喉炎

幼儿急性喉炎是以声门区为主的喉黏膜急性炎症，多在冬、春季发病，好发于5岁以下幼儿，常继发于急性鼻炎、咽炎。幼儿营养不良，抵抗力低下，过敏性体质以及患上呼吸道慢性疾病时易诱发急性喉炎。

（一）症状

急性喉炎起病急，幼儿除声嘶主要症状外，多伴有发热、咳嗽，咳嗽呈“空、空”犬吠样声。夜间症状加重，同时水肿加重，可出现吸气性喘鸣。如不及时治疗，病情加重，会出现吸气性喉鸣、吸气性呼吸困难，导致幼儿鼻翼扇动，胸骨上窝，锁骨上窝、肋间隙及上腹部软组织吸气时下陷等喉阻塞症状，临床称为“三凹征”。此刻幼儿出现烦躁不安、鼻翼扇动、出冷汗、脉搏加快等严重缺氧、呼吸困难的症状，有发生生命危险的可能。

（二）急性喉炎的处理措施

1. 安抚幼儿，消除其恐惧心理；尽量使幼儿安静休息，减少哭闹，以免加重呼吸困难。

2. 密切观察病情，注意呼吸、脉搏等生命体征，必要时给氧。

3. 不食有刺激性的食物，多饮水。

4. 可用一杯热水，用干毛巾将口、鼻与杯口围住，张口慢呼吸，杯内可放薄荷等；注意蒸汽的温度不可太高，以免烫伤。

5. 保持室内空气新鲜，温度应控制在18~20℃，湿度应保持在60%~70%。

6. 病情严重者，及时送医院救治。

（三）预防

1. 平时加强户外活动，多晒太阳，增强体质，提高抗病能力。

2. 注意幼儿防寒保暖，根据天气变化，及时增减衣服，防止感冒。

3. 在感冒流行季节，尽量少去密闭的公共场所，预防传染。

4. 生活要有规律，饮食要有节制。睡眠时，避免吹对流风，以免着凉。

5. 养成良好的卫生习惯，避免与患流感、麻疹等呼吸道传染病的患者接触。

6. 加强营养，杜绝偏食，培养幼儿良好的饮食习惯。

7. 注意口腔卫生，让幼儿养成晨起、饭后和睡前刷牙漱口的好习惯。

8. 一旦发现幼儿患有流感等引发的上呼吸道炎症要及时就诊。

复习与思考

1. 幼儿出现发热、呕吐、腹痛等症状时教师应如何护理？

2. 如何区分幼儿咳嗽的类型？

3. 幼儿腹泻、哮喘、惊厥、急性喉炎的处理措施有哪些？

第十五章
幼儿常见伤害的处置方法

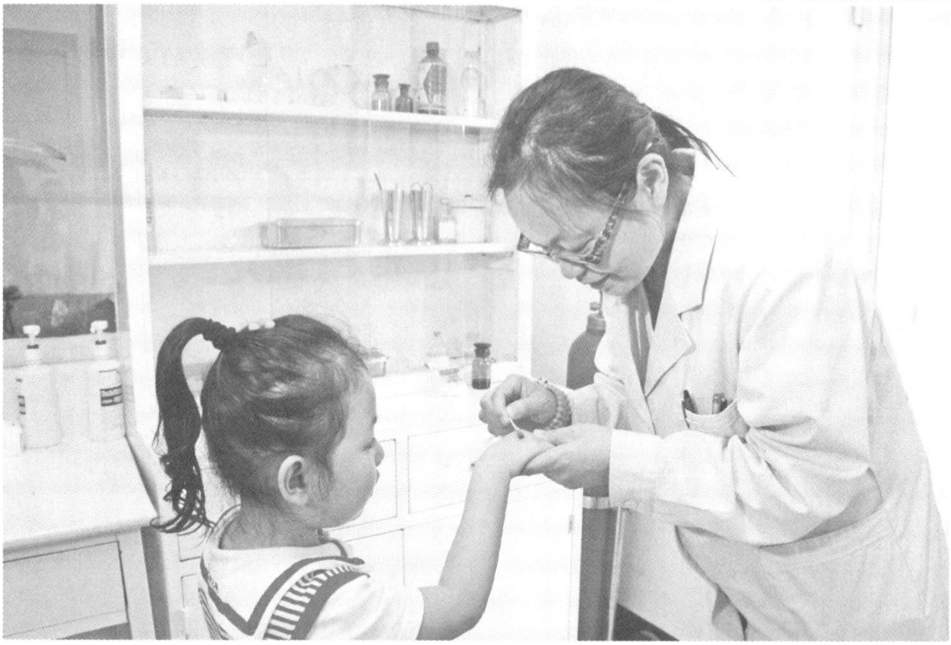

学习目标

1. 掌握幼儿常见伤害的处置方法。
2. 掌握幼儿意外伤害发生后教师应采取的处置程序。

幼儿天性活泼好动，生活经验少，自我控制能力弱，是发生伤害事故的高危人群。教师在工作中尽管时刻加以预防，也难免还会出现一些令人痛心的意外伤害。因此，每位教师都必须掌握一些必要的急救处理技术，以便伤害发生时能及时控制幼儿伤情，减少幼儿痛苦，为进一步的治疗赢得时间。

本章详细介绍了教师在工作中经常会遇到的一些伤害的处置方法，这对于避免伤亡，减少后续危害的发生，提高急救处理的成功率来说十分重要。

一、开放性损伤的处置

开放性损伤是指受伤部位的内部组织（如肌肉、骨头等）与外界相通的损伤，主要表现为皮肤出现伤口，完整性遭到破损。处理方法为消毒、止血、包扎。

1. 消毒：先用凉开水或生理盐水清洗伤口，再用消毒棉球（或棉签）蘸碘伏沿伤口的边缘由内向外擦拭，预防感染。

2. 止血：根据具体出血部位及时止血。

3. 包扎：要做到轻、准及松紧适度。

（一）撕裂伤的处置方法

皮肤撕裂伤，指由于钝物冲击或碰撞所引起的表皮或软组织的损伤。其伤口的边缘不整齐，多发于身体与硬性物的撞碰中（包括人与人），在眉弓、下颌部、头皮、面部等常见，撞击力的大小常与伤情呈正比。撕裂伤创面较小时，可先压迫止血，用生理盐水清洗、消毒创口后，用创可贴或无菌纱布包扎好即可。如果是较大的撕裂伤，首先应止血，然后迅速送医院治疗，同时通知家长。

（二）擦伤的处置方法

擦伤多发生在膝盖肘部和手掌。轻微的擦伤，可用清水清洗伤口，再用消毒棉球蘸生理盐水擦洗伤口周围并清理异物，然后涂抹碘伏预防伤口感染。较为严重的伤口在经过消毒处理后可用无菌纱布包扎，特别严重的要及时送往医院救治。

（三）割伤的处置方法

幼儿割伤多是因为使用小刀或者触摸玻璃碎片、金属物锋利边缘所致。创伤伤口较小且内无异物时，可用碘伏涂抹创口预防感染，外贴创可贴处理即可；如果伤口内有金属、玻璃等异物，首先要将异物清理干净后再对伤口进行消毒处理。

若幼儿手指被利器割断，要保护好断指，将断指放入消过毒的玻璃容器内或用干净的塑料袋包住，连同幼儿一起及时送往医院治疗。

如果割伤严重、流血过多，要及时对伤口进行加压止血处理，并立即将受伤幼儿送往医院治疗。

（四）刺伤的处置方法

幼儿皮肤、肌肉刺伤，可用清水清洗伤口，然后用镊子顺着刺物刺入的方向将刺夹住拔出，再用75%酒精或碘伏对伤口进行消毒处理。如果幼儿脚部皮肤刺伤（如铁钉），教师切勿自行处理且不要拖延时间，要及时将受伤幼儿送往医院进行治疗，避免幼儿因流血过多造成更加严重的后果。

如果幼儿眼睛刺伤，教师应立即拨打120急救电话，同时通知家长，报告幼儿伤情。教师在等待专业救护人员到来之前，要立即用干净的纸杯或塑料杯盖在幼儿受伤的眼睛上，保护眼睛，千万不要碰触或施压，然后使用绷带包扎双眼，以避免因健康眼睛活动而带动受伤眼球的转动进而加剧幼儿疼痛。教师切忌自行将异物拔出，或将受伤幼儿单独一人放置一边，自己去拨打急救电话、找人帮忙等。

条件具备的幼儿园也可直接迅速地将幼儿送往附近医院，在送往医院途中，教师可将幼儿头部放在自己的大腿和腹部之间，以免行车途中幼儿头部摇晃加重伤情。

二、闭合性损伤的处置

闭合性损伤是指受伤部位的皮肤黏膜保持完整性，深层组织没有裸露的损伤，其主要表现是皮肤红、肿、热、痛和功能受限。处理方法是抬高和固定受伤肢体或部位，观察幼儿脉搏、尿量及其性状。

（一）扭伤的处置方法

轻微扭伤可用冷水浸湿的毛巾或冰块敷于伤处。如果幼儿扭伤的是脚踝关节，可先用红花油涂抹伤处，再让幼儿平躺休息，并在伤处下面垫些可以稳住脚部的软性物品，将受伤的踝关节抬高。

严重扭伤出现肿胀或淤血时，不要让幼儿再走动，要立即将幼儿送往医院治疗。四肢某个部位的严重扭伤，可先用木板、纸板、绷带等在扭伤的上下部位做固定包扎处理，再将受伤幼儿送往医院治疗。

（二）压伤的处置方法

幼儿在追逐嬉戏中，会由于兴奋而相互拥抱甚至挤压，致使某些幼儿被压伤。压伤不同于其他外伤，不容易直接通过外表来判断受伤程度。多数情况下，压伤都会造成体内伤。当发生挤压时，教师要立即终止幼儿聚集玩耍的行为，将幼儿疏散。让受伤幼儿原地静坐或平躺，观察幼儿是否被压伤，判断压伤的程度。

若幼儿身体某部位出现红肿、淤血或水泡，表明已受外伤，可用冷水浸湿的毛巾或是裹了冰块的毛巾敷于受伤部位。若幼儿胸腹部被挤压伤，在将幼儿身体放平的同时，迅速拨打急救电话。注意胸部及腹部不可放置冰袋，以防心率减慢或腹泻。

若幼儿出现皮肤苍白、视觉模糊、出冷汗、口干、烦躁不安、恶心想吐或已呕吐等现象，表明已受内伤。应将幼儿身体放平，同时迅速拨打急救电话，并通知家长，报告幼儿伤情。

（三）骨折的处置方法

幼儿发生骨折时，要立即拨打急救电话或及时送往医院救治。在专业医务人员急救处理前，教师可先进行清洁、消毒，并用宽绷带和木板等把骨折部位的关节暂时固定，切不可用手揉搓骨折部位，发现伤处流血时要采取相应部位的止血措施。使用止血带结扎止血要每隔1小时放松15分钟，并做好记录，防止结扎肢体时间过长造成远端肢体缺血性坏死。下面为不同部位骨折时的处理办法。

1. 颌骨骨折

要立即清除幼儿口腔中的异物，防止异物堵塞咽喉，可用纱布、手绢等软质物品做垫托，放在受伤幼儿的下颌处托住受伤部位，易于下颌固定不动又可张口。

2. 四肢骨折

让幼儿平躺，告诫幼儿不要用手去揉搓骨折部位，并协助保健人员及时检查幼儿伤情。可在幼儿骨折部位的周围或伤口处用宽一些的无菌纱布包扎，固定好幼儿受伤骨部的原位，然后在下面垫一些软质材料，如衣服、枕头、毛毯等，再用合适的木板或硬纸板把断骨处的关节固定住。如果没有合适的材料，可以利用健肢作固定。木板或硬纸板的长度必须超过伤处的上下两个关节，将伤肢的上下两个关节都固定住，同时还要露出手指或脚趾，以便观察肢体的血液循环。若指、趾苍白、发凉，表示绷带捆得太紧，应放松绷带，重新固定。例如，前臂骨折，要将腕关节和肘关节都固定，使断骨不再有活动的可能。一侧大腿骨折，可用夹板固定，也可将伤肢与健肢固定在一起，以避免伤肢再活动。

图15-1 前臂骨折的处理

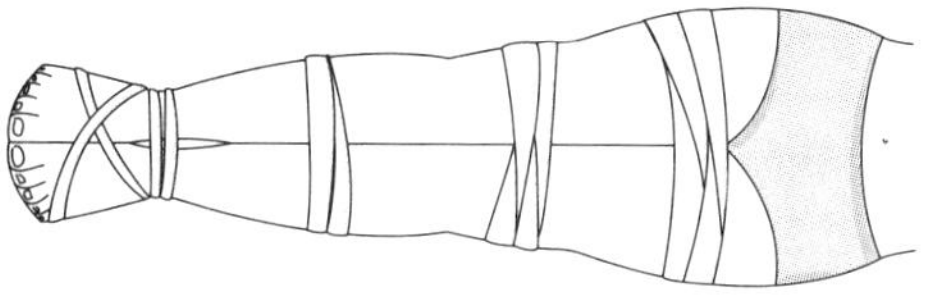

图15-2 大腿骨折与健肢固定

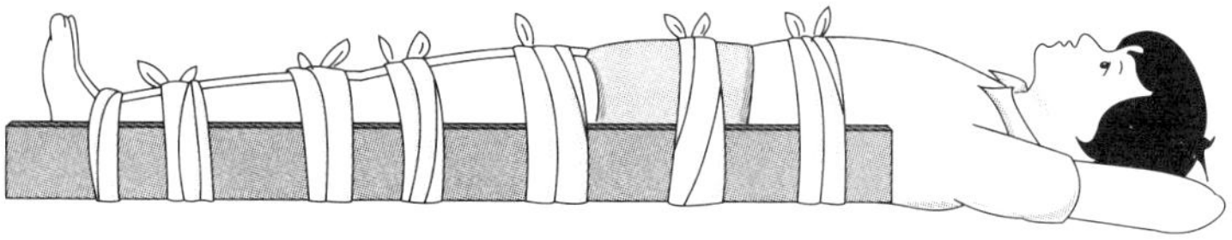

图15-3 大腿骨折用夹板固定

3. 颈部骨折

幼儿要仰卧，并用有一定厚度的软质物品垫在颈部两侧，以稳定颈部原有状态。

4. 肋骨骨折

幼儿会有呼吸困难或胸部疼痛难忍的症状，此时要注意检查幼儿血压以防休克。

5. 脊椎骨折

切不可随意挪动幼儿，要等待专业医务人员救治。

三、烫烧伤的处置

（一）烫伤的处置方法

烫伤一般由开水、热粥、热蒸汽等所致。根据程度的不同，烫伤可分为轻微烫伤和严重烫伤。

1. 轻微烫伤

轻微烫伤只损伤皮肤表面，未出现皮肤破损，有红、肿、痛的症状。教师要迅速降低局部温度和减少伤害程度，用冷水冲烫伤部位或将烫伤部位浸入冷水中15分钟左右；对不易冲洗的部位，可用冷毛巾冷敷，然后在烫伤部位涂抹烫伤药膏，预防感染。

温馨提示

不要在幼儿的烫伤部位涂抹食用油、酱油、黄酱、牙膏等，以免加重感染。

2. 严重烫伤

严重烫伤时，烫伤部位会出现水泡或创面皮肤破损。教师应用消毒纱布包扎，包扎时要将烫伤部位裸露出来，并立即将幼儿送往医院救治。

在脱掉被烫伤幼儿的衣服鞋袜时，一定要注意用剪刀轻轻剪开幼儿烫伤部位的衣物，并视幼儿烫伤的具体情况用纱布包扎处理后及时送往医院治疗。切忌直接将衣物脱掉或用手揉搓烫伤创面。

多部位或大面积烫伤时，教师要立即拨打120急救电话，并通知家长，同时给幼儿服用淡盐水，做好脱水、休克的预防。

（二）烧伤的处置方法

1. 火烧伤

教师应迅速让幼儿脱离热源，并告诉幼儿赶快趴在地上，翻滚身体灭火，同时教师应尽快将被子、床单等物品浸湿，覆盖在幼儿身上的着火处。火灭之后，用剪刀轻轻剪开幼儿烧伤部位的衣服，检查烧伤程度，并及时降温、清洁、止痛、服用淡盐水防脱水、休克，送医院救治。

2. 化学物品烧伤

应立即清洁创伤表面残留的化学物质，降低受损伤程度，需根据化学物品的不同性质进行不同方式的清洁，例如干石灰粉烧伤，应当先用干净的棉球、干毛巾、衣物等将粘在皮肤上的石灰轻轻抹去，再用流动水冲洗，以避免石灰与水接触后产生大量热，造成创面的进一步损害。

3. 电击烧伤

应迅速用木棍、塑料制品等绝缘物品切断电源，烧伤部位用生理盐水清洗，或覆盖凡士林油纱布处理。

四、异物伤害的处置

（一）眼异物的处置方法

幼儿在户外活动时，沙子、尘土、小飞虫等异物有可能会进入幼儿的眼睛。教师首先应告诉幼儿不要用手揉眼睛，让幼儿平躺，然后用温开水或矿泉水清洗幼儿眼睛；或用手绢角、消毒棉签轻轻擦去眼结膜内的异物。若幼儿眼睛已红肿或异物难以取出时，应立即将幼儿送往医院进行救治。

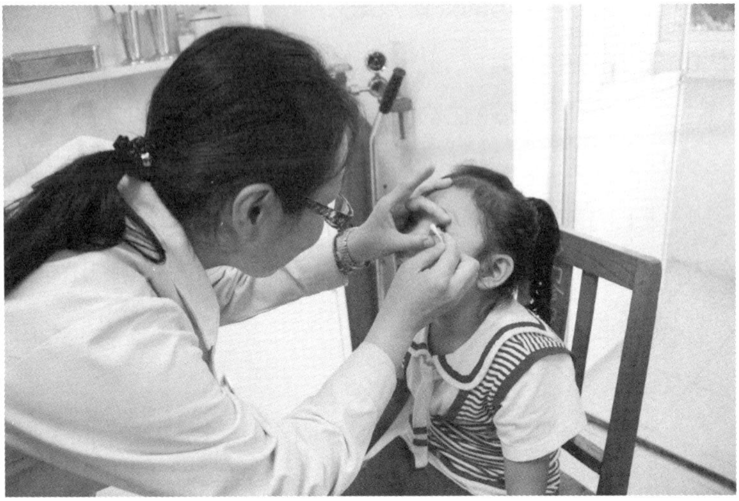

图15-4　用消毒棉签擦去幼儿眼结膜内的异物

教师千万不能任凭幼儿揉搓眼睛，这可能会造成幼儿的眼角膜擦伤，甚至会导致幼儿失明。不能用未经清洁、清洗的手直接翻开幼儿的眼皮，甚至用手指在幼儿的眼睑上擦抹，试图将异物取出来，这会造成幼儿眼睛严重擦伤或眼部细菌感染。也不能用有颜色的饮料等给幼儿冲洗眼睛，这会导致幼儿眼睛被灼伤或感染。

（二）鼻腔异物的处置方法

不论单侧或双侧鼻腔，如果异物没有造成鼻孔的堵塞，教师可用湿纸巾或干净的面巾纸捻成纸捻，伸入到幼儿的鼻孔中轻轻转动以刺激鼻黏膜，促使幼儿打喷嚏将异物喷出。

如果上述方法不能奏效，教师千万不要用任何工具插入幼儿鼻孔试图为幼儿取出异物，以免将异物插入鼻孔深处，而是应立即将幼儿送往医院进行救治。切忌让幼儿用力吸气，若吸入鼻腔深处，将严重堵塞鼻腔，加重去除异物的难度；若吸入气管内，还会造成幼儿窒息死亡。

（三）口腔异物的处置方法

幼儿在吃鱼时，如果被鱼刺刺伤，教师应让幼儿立即停止用餐，教师边做示范边引导幼儿努力张大嘴巴，用力发出“咔哈”或“啊”的声音，尽力将鱼刺咳出来。如果鱼刺仍然咳不出来，教师应当迅速通知幼儿园保健人员，由保健人员进行处理。如果保健人员也无法处理，应当迅速将幼儿送至医院，请专业的医生进行处理。

当异物位置较浅，在能够看到的位置，并且幼儿能够配合时，教师可协助保健人员进行处理。教师拿手电筒帮助照明，让幼儿张大嘴巴，保健人员一手用小勺或医用器械（压舌板）轻轻平压幼儿的舌头，另一只手稳稳地拿住镊子夹住鱼刺慢慢取出。夹住鱼刺的手千万不要晃动，避免折断鱼刺而更难于取出，加重伤情。

教师切勿通过让幼儿进食蔬菜、水果或米饭、馒头、烙饼等方法把鱼刺咽下去，这些方法非常危险，如果食物过大，幼儿不能彻底吞咽或将鱼刺折断，还可能造成其他的伤害。

（四）耳道异物的处置方法

对于小异物，可用消毒棉签蘸一些凡士林，将小异物由里向外轻轻粘出；或边示范边指导幼儿把头歪向有异物的耳侧，单脚跳，异物有可能会掉出来；对于小昆虫，可用台灯光或手电光对准幼儿耳道，诱使小昆虫自行爬出。

若异物不能及时取出，或硬性固体物卡在耳道当中，应将幼儿及时送往医院进行救治。

切忌让幼儿自己用手指在耳朵里掏。幼儿自己抠耳朵很容易损伤外耳道皮肤，也极有可能将异物推入耳道深处，损伤鼓膜，甚至将异物推入中耳，造成严重后果。

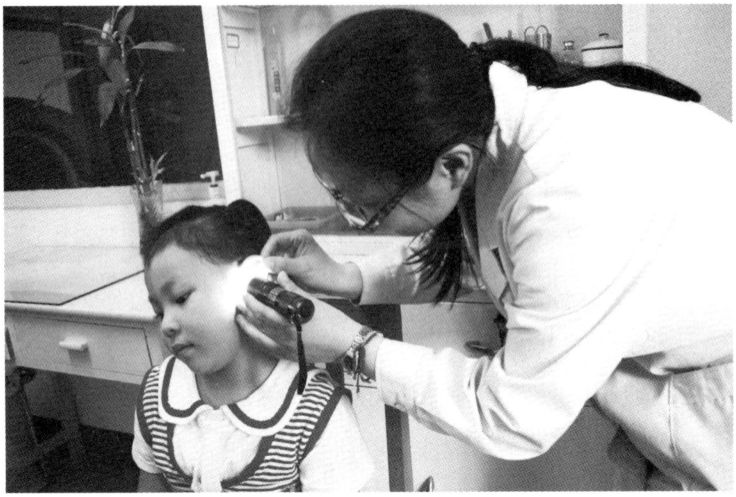

图15-5　用手电筒照射幼儿耳道，引诱小昆虫爬出

（五）气管异物的处置方法

幼儿在进食瓜子、豆类、花生等食品，或玩珠子、扣子等物品时，会因突然哭笑、跌倒等而将这些物品吸入口中，一旦异物阻塞气道，幼儿会因为窒息而危及生命。因此，教师能够现场紧急施救非常关键，有助于将异物排出，为幼儿的生命争夺宝贵时间。

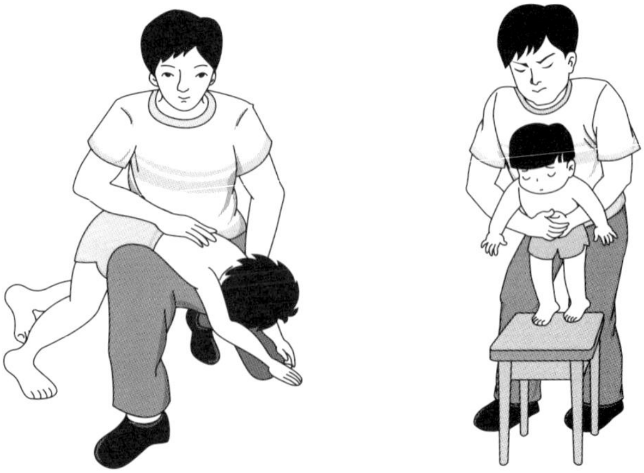

图15-6　气管异物的处置方法

1. 海姆立克急救法

海姆立克急救法，也叫“海姆立克腹部冲击法”，是一种运用于呼吸道异物窒息的快速急救方法，其原理是利用肺部残留气体，形成气流，冲出异物。不同年龄的急救对象，使用的方法有所差异。对于3~6岁幼儿来说，实施海姆立克急救法的方式如下。

（1）让幼儿坐、跪或躺下，用手掌根部拍打幼儿背部5下左右。

（2）若仍有呼吸阻塞，到幼儿身后，双臂绕过幼儿身体，一只手握拳紧靠在幼儿的胸骨下；另一只手放在拳头上，按住幼儿腹部向上挤压，重复操作5次。

（3）若仍有呼吸阻塞，检查幼儿的口腔内是否有可以清除的阻塞物。

（4）若有必要，从拍打背部开始重复以上步骤。

教师加油站

海姆立克急救法的原理和并发症

原理

用力冲击患儿的腹部（膈肌下软组织），突然的冲击，使腹部下陷，造成膈肌突然上升，使患儿胸腔压力骤然增加。由于胸腔是密闭的，只有气管一个开口，因此，胸腔（气管和肺）内的气体就会在压力的作用下自然地涌向气管。每次冲击将产生450~500毫升的气体，从而有可能将堵住气管、喉部的食物硬块等异物驱除，使人获救。

并发症

海姆立克急救法虽卓有成效，但也可能产生并发症，如：肋骨骨折、腹部或胸腔内脏的破裂或撕裂，故除非必要时，一般不随便采用此法。如果患儿呼吸道部分梗阻，气体交换良好，就应鼓励患儿用力咳嗽，并自主呼吸；如患儿呼吸微弱，咳嗽乏力或呼吸道完全梗阻，则立刻使用此手法。在使用本法成功抢救患儿后，应检查患儿有无并发症的发生。

2. 催吐法

如果幼儿的气管异物靠近喉部，更适合采取催吐法，即用手指伸进口腔，刺激舌根催吐。还可用硬羽毛、压舌板、匙柄、筷子等搅触咽弓和咽后壁使之呕吐。如因食物过稠不能吐出、吐净，可让幼儿先喝适量的温水或盐水，然后再促使其呕吐，如此反复行之，直至吐出液体变清为止。

3. 气管异物处置的注意事项

（1）运用适宜的方法迅速对幼儿进行施救。

（2）在进行快速急救后，教师应检查幼儿口腔，让幼儿将口中的异物全部排出；不要马上让幼儿继续用餐，而是要安慰并稳定幼儿情绪，休息一会后再继续用餐。

（3）如果异物去除，阻塞缓解，但幼儿呼吸、心跳已停止，应立即进行人工呼吸和胸外按压。

（4）若多种方法都不能让幼儿将异物吐出，应立即将幼儿送往医院进行救治。

五、心肺复苏术

幼儿一旦发生窒息，无论是溺水还是异物窒息，黄金抢救时间只有4~6分钟。这期间，实施心肺复苏术可为抢救赢得时间，尽快挽救脑细胞因在缺氧状态下发生的坏死。因此，心肺复苏术，是针对骤停的心跳和呼吸采取的“救命技术”。教师有必要学习幼儿心肺复苏的技术，以便在紧急情况发生时及时有效地挽救幼儿的生命。

（一）什么是心肺复苏术

心肺复苏术，简称CPR（Cardiopulmonary Resuscitation），是胸外按压和人工呼吸交替进行的急救技术。基本顺序为“胸外按压、打开气道、人工呼吸”。

（二）心肺复苏术的步骤

1. 判断幼儿状况

（1）检查幼儿是否有出血状况，在出血状况得到有效控制之前，不要进行心肺复苏术。

（2）确保引发幼儿呼吸道堵塞的异物已经清除。打开幼儿口腔，检查口腔中有无异物；如有异物，先将幼儿头部偏向一侧,清除其口腔及呼吸道中的异物。

（3）检查幼儿的呼吸和脉搏，但不要超过10秒钟，如果难以测知呼吸和脉搏，则立即开始胸外按压。

教师加油站

判断幼儿呼吸和脉搏是否正常的方法

1. 判断幼儿的呼吸

轻拍幼儿的脚或肩膀，并呼唤幼儿。可以拍击其足跟部或捏掐其合谷穴，如能哭泣，则为有意识。检查幼儿的呼吸，低下头靠到幼儿的嘴前，眼睛看向幼儿的脚，检查幼儿的胸部是否有起伏，并仔细听是否有呼吸声。

2. 判断幼儿的脉搏

触摸幼儿颈动脉或肱动脉判断有无脉搏。肱动脉位于上臂内侧、肘和肩之间，抢救者大拇指放在上臂外侧，食指与中指轻轻压在内侧，即可感觉到脉搏。

2. 给幼儿做胸外按压

让幼儿头面部向上仰，平躺在背部能够有较硬物支撑平直的床面、桌面或地面上。按压部位为胸部正中乳头连线水平中点，单手掌根（手放在幼儿胸骨中下1/3处）进行按压，按压深度为2.2~3.5厘米，按压频率为80次/分。若单人进行复苏，首先予30次胸外按压；若双人进行复苏，首先予15次胸外按压，其后再打开呼吸道，给予2次人工呼吸。

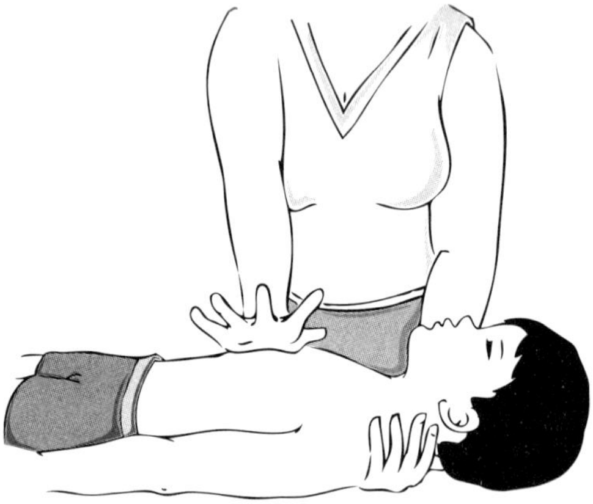

图15-7　为幼儿做胸外按压

3. 打开幼儿的气道

一只手轻按幼儿额头，另一只手轻轻抬起幼儿的下巴（幼儿的头不用向后倾斜很多），就可以打开气道。

4. 给幼儿做人工呼吸

如果幼儿没有呼吸，抢救者要深吸一口气捏住幼儿的鼻孔，用口贴紧幼儿的口向里吹气，吹完一口，移开，同时放开幼儿鼻孔，轻压幼儿胸部，帮助呼气，直至看到幼儿胸部出现起伏。

5. 重复胸外按压和人工呼吸

如果幼儿仍无反应，继续交替上述步骤的胸外按压和人工呼吸，直至急救人员赶到。如果幼儿恢复了自主呼吸，在专业急救人员赶到

图15-8 为幼儿做人工呼吸

之后，也要再次进行检查，以确定幼儿的气道完全畅通，并且没有受到其他损害。

温馨提示

- 在判断幼儿状况的同时，拨打120急救电话，一定要讲清楚事发类型以及目前的基本情况、事发单位的具体地址等，以便专业的救护人员能顺利地找到事发地点。
- 在检查幼儿状况时，应轻拍幼儿肩膀或按压人中，要注意幼儿有无颈椎受伤，不可剧烈摇晃幼儿。

六、出血与止血

在各种突发创伤中，出血是最为常见和突出的表现，因此，正确、及时、有效地止血是挽救幼儿生命，降低伤残、死亡率的关键。

（一）出血的类别

1. 皮下出血：因跌、撞、挤、挫伤，造成皮下软组织内出血，形成血肿、瘀斑，且可短期自愈的为皮下出血。

2. 内出血：深部组织和内脏损伤，血液流入组织内或体内，形成脏器血肿或积血的为内出血。内出血对幼儿的生命威胁很大，教师必须密切注意。

3. 外出血：幼儿身体受到外伤后血管破裂，血液从皮肤创口流向体外的为外出血。

表15-1 根据出血的情况和颜色判断出血类别

出血类别	判断
动脉出血	动脉血管压力高，出血时血液呈自伤口向外一股股喷射状出血。血液鲜红色，速度快，量多，可在短时间内大量失血，并危及生命。
静脉出血	血液暗红色，出血时血液呈涌出状或徐徐外流，速度稍缓慢，量中等。
毛细血管出血	血液多为鲜红色，自伤口像水珠样流出或渗出，常能自行凝固止血，但如果伤口较大，也可造成大量出血。

（二）根据情绪判断出血量

1. 幼儿情绪稳定或稍有激动，唇色正常，四肢温度无变化，多为小量出血。

2. 幼儿情绪烦躁或抑郁，对外界反应淡漠，口唇苍白，四肢湿冷，脉搏加快，收缩压下降，为中量失血。

3. 幼儿反应迟钝，神志模糊不清或躁动不安，脉搏极弱或者无法测出，收缩压下降，为大量失血。

（三）常用止血方法

1. 指压止血法

指压止血法是指用拇指压住出血动脉的上方（近心端），以达到暂时应急止血的目的。指压止血法是应急措施，且因四肢动脉有侧支循环，故该法效果有限，而且不能持久。紧急情况下，教师可先用指压止血，然后根据具体部位和伤情采用其他止血措施。

表15-2 指压止血的具体部位

出血部位	指压部位和方法
头顶、额部和颞部出血	用拇指或食指在伤侧耳前正对下颌关节处，用力压迫颞浅动脉。
面部出血	用拇指、食指或中指压迫双侧下颌角前约3cm的凹陷处，在此处压迫明显搏动的面动脉。由于面动脉在面部有很多分支，即使一侧面部出血也要压迫双侧面动脉。
头后部出血	用两只手的拇指压迫耳后与枕骨粗隆间的枕动脉搏动处。
上肢出血	用手指压迫腋窝部搏动强烈的腋动脉。
前臂出血	用手指压迫上臂肱二头肌内侧的肱动脉。
手掌、手背出血	用两手拇指分别压迫手腕的尺动脉和桡动脉搏动处。
手指或脚趾出血	用拇指、食指分别压迫手指和脚趾两侧的动脉。
小腿出血	一手固定膝关节正面，另一手拇指摸到腘窝处跳动的腘动脉，用力向前压迫。
足部出血	用两手拇指分别压迫足背动脉和内踝与跟腱之间的胫后动脉。
小伤口出血	直接压迫止血，用无菌纱布、创可贴或干净的布块直接压迫伤口处，压迫约10分钟。

2. 加压包扎止血法

此方法大多数用于体表和四肢小动脉、静脉或毛细血管的出血。其具体方法是：检查伤口有无异物，如无异物，将伤口用无菌敷料（一般指无菌纱布和医用棉花）覆盖，再用消毒的纱布垫、急救包（在紧急情况下可用清洁布类，如将毛巾、衣服等折叠成相应大小的布块）垫置于无菌敷料上面，然后再用绷带、三角巾等紧紧包扎，以增加压力，达到止血的目的。

包扎的力度要均匀，松紧适中，范围要大，松紧度以能达到止血为宜。同时应抬高患肢，避免因静脉回流受阻而增加出血量。若伤口内有尖锐异物或碎骨片时，禁用此法，以免加重损伤。

3. 填塞止血法

对于颈部、腋窝、腹股沟和臀部较大且深的伤口出血，可用无菌纱布、绷带等敷料填塞创口内，外面再用加压包扎。

注意不要将伤裂的皮肤组织、脏物一起填塞进去。所用的填塞物一定要尽量无菌或干净，并且应使用大块的敷料，以便既能保障止血效果，又尽可能避免在随后的进一步处理时遗漏填塞物在伤口内。

4. 止血带止血法

止血带止血一般只适用于四肢大动脉破裂出血，且在上述诸方法都不能有效止血时才使用。这种方法压力大且容易损伤局部组织，而在结扎止血带以下部位，血流被阻断，造成组织缺血，时间过长会引起组织坏死；如果力量较小，对组织损伤虽小，但达不到止血的目的。

正确使用止血带可挽救生命和肢体，但使用不当会造成严重出血、肢体缺血坏死以致截肢等严重后果。因此，非四肢大动脉出血，或前述方法不可止血的，均不应使用止血带止血。

止血带主要有充气止血带、橡皮止血带和布制止血带三种。此外，紧急情况下还可使用三角巾、绷带等代替。充气止血带弹性好，压力均匀、压迫面积大，可控制压力，对组织损伤小，易于定时放松及有效控制止血，较其他止血带效果更佳。橡皮止血带易携带和收放，弹性好，易勒闭血管，但压迫面积细狭，对组织容易造成损伤。

止血带只适用于四肢大动脉止血，原则上止血带位置应在出血部位稍上方：上臂（肱骨）宜在中上1/3处，大腿（股骨干）应在大腿根近腹股沟处。

教师加油站

止血带使用的要点	止血带使用有以下要点： 1. 快——动作快，抢时间； 2. 准——看准出血点，准确上好止血带； 3. 垫——垫上垫子，不要直接扎在皮肤上； 4. 上——扎在伤口上方（禁止扎在上臂中段）； 5. 适——松紧适宜； 6. 标——加上红色标记，注明日期、时间； 7. 放——每隔1小时，放松止血带一次，每松一次，时间不超过3分钟，并用指压法代替止血。
止血带使用的注意事项	1. 止血带是应急措施，并且是危险措施。上止血带时间过长（超过5小时）会引起肌肉坏死、神经麻痹、厌氧菌感染等。因此，只有在十分必要时才用，并准确记录止血带使用的起始时间，然后紧急送往医院。 2. 尽量缩短使用止血带时间，如超过2小时，则应每小时放松止血带5分钟，如出血过剧，则最长也不宜超过3小时。 3. 止血带不可直接缠在皮肤上，必须要有衬垫。 4. 必须做出显著标记，注明上止血带的时间及原因等。

教师加油站

幼儿意外伤害后教师的处置程序

一

安慰、看护受伤幼儿。

二

1. 报告保健人员，辅助保健人员对幼儿进行救护。
2. 发现幼儿出现严重症状时，立即拨打120急救电话或将幼儿送往附近医院救治。
3. 拨通120急救电话后，要冷静、清楚地报告事发地点、目前幼儿的基本情况、事发单位的具体地址（包括事发现场所在区、街或路、门牌号、附近明显建筑物）以及联系方式等，以便专业救护人员能顺利找到。

三

1. 及时向园领导及幼儿家长汇报幼儿伤情。
2. 护送幼儿进行诊治。

四

1. 按园内要求写明伤害发生的原因及伤情处理过程。形成幼儿伤害书面报告后，向园领导及事故处理小组汇报，园领导及事故处理小组商议后做出处理意见。
2. 在书写幼儿伤害书面报告时，教师应写清以下内容。
   （1）伤害发生的时间：用24小时计时法记录。
   （2）伤害的类型（如皮肤、躯体伤害等）以及伤害的部位（如头面、四肢等）。
   （3）伤害发生的地点（如活动室、操场等）。
   （4）伤害的性质（如无意伤害、自己或他人有意伤害、不确定）。
   （5）伤害发生的原因及伤情处理过程。

五

幼儿伤害满足以下条件之一者，教师要将幼儿伤害书面报告交幼儿园留档。
1. 因伤到各级医疗机构就诊的（包括医院、保健中心、诊所）；
2. 虽未就诊，但因伤未能上幼儿园一天及以上的；
3. 因伤导致幼儿自己不能吃饭、穿衣、洗澡、如厕、移动物体一天及以上的。

教师加油站

幼儿意外伤害处置实例

一天中午，某幼儿园一名中班幼儿，午睡上床时站在床上，不慎从床上跌下，仰面摔倒在地上，大哭。教师连忙查看幼儿伤势并迅速报告保健人员。教师先是发现幼儿肘部有擦伤，头后部有肿块。保健人员到场后让幼儿平躺，观察幼儿意识、面色、呼吸、心跳、擦伤等情况后，让教师立即拨打120急救电话。

教师拨通120急救电话，说："你好！这里是××幼儿园，我们有一名幼儿从床上摔下来了，头部和背部着地，头后部有一块肿块，肘部有擦伤。幼儿目前意识比较清醒，我们不清楚是否有内伤。我们的地址是××区××路29号，工商银行正对面，我的座机电话是：66××××××，手机电话是：136×××××××2，我是中一班丽丽老师，请你们快点过来，谢谢！"

打完120急救电话后，教师将幼儿伤情报告园领导及家长。教师放下电话，回到受伤幼儿身旁，边安慰幼儿边协助保健人员处理肘部擦伤并密切观察幼儿有无头晕、头痛、恶心、呕吐等情况。

专业急救人员到来后，教师报告了幼儿的受伤过程，保健人员报告了对幼儿实施的基本诊治。专业急救人员清楚基本情况后，由教师和保健人员一同护送幼儿去医院作进一步的诊治。

复习与思考

1. 幼儿发生跌磕伤后应该如何处置？

2. 幼儿发生骨折后应该如何处置？

3. 当幼儿眼里进了沙子、小虫等异物时，教师应该如何处置？

4. 说一说常用的止血方法都有哪些？

5. 分组练习，两人一组，一人用玩具娃娃练习“海姆立克急救法”，另外一人观察其操作是否正确，然后两人互换练习。

主要参考文献

1. 中华人民共和国卫生部:《托儿所幼儿园卫生保健工作规范》,卫妇社发〔2012〕35号。

2. 上海市教育委员会基础教育处、上海市托幼协会组编:《上海市托幼机构保育工作手册》,上海教育出版社2010年版。

3. 万钫著:《幼儿卫生学》(第三版),人民教育出版社2009年版。

4. 王占春主编:《幼儿园体育活动的理论与方法》,人民教育出版社2002年版。

5. 阎岩主编:《幼儿园保育》,北京师范大学出版社2001年版。

6. 教育部人事司、教育部工人参考委员会组编:《保育员应知应会》,北京师范大学出版社1998年版。